全国会计专业技术资格考试辅导教材 | 2024

考点直击
中级财务管理

高顿教育中级会计教研中心　编著

文汇出版社

图书在版编目（CIP）数据

中级财务管理 / 高顿教育中级会计教研中心编著.
—上海：文汇出版社，2024.5

考点直击

ISBN 978-7-5496-4245-8

Ⅰ.①中… Ⅱ.①高… Ⅲ.①财务管理—资格考试—自学参考资料 Ⅳ.①F23

中国国家版本馆 CIP 数据核字（2024）第 074683 号

考点直击　中级财务管理

编　　著／高顿教育中级会计教研中心
责任编辑／戴　铮
封面设计／汤惟惟
版式设计／汤惟惟
出版发行／文匯出版社
　　　　　上海市威海路 755 号
　　　　　　（邮政编码：200041）
印刷装订／上海中华印刷有限公司
版　　次／2024 年 5 月第 1 版
印　　次／2024 年 5 月第 1 次印刷
开　　本／787 毫米×1092 毫米　1/16
字　　数／430 千字
印　　张／15.25
书　　号／ISBN 978-7-5496-4245-8
定　　价／80.00 元

一、财管科目内容范围及应试重难点

（一）财管科目内容范围

"中级财务管理"科目是根据企业经营和资金流向来进行编写的，一共十个章节，考生可以按照财务管理入门基础知识（第一~二章）→企业进行财务预算（第三章）→企业进行各种财务活动（第四~九章）→企业进行财务分析与评价（第十章）这一条主线来进行串联学习。各章节分别涉及以下重要知识点：

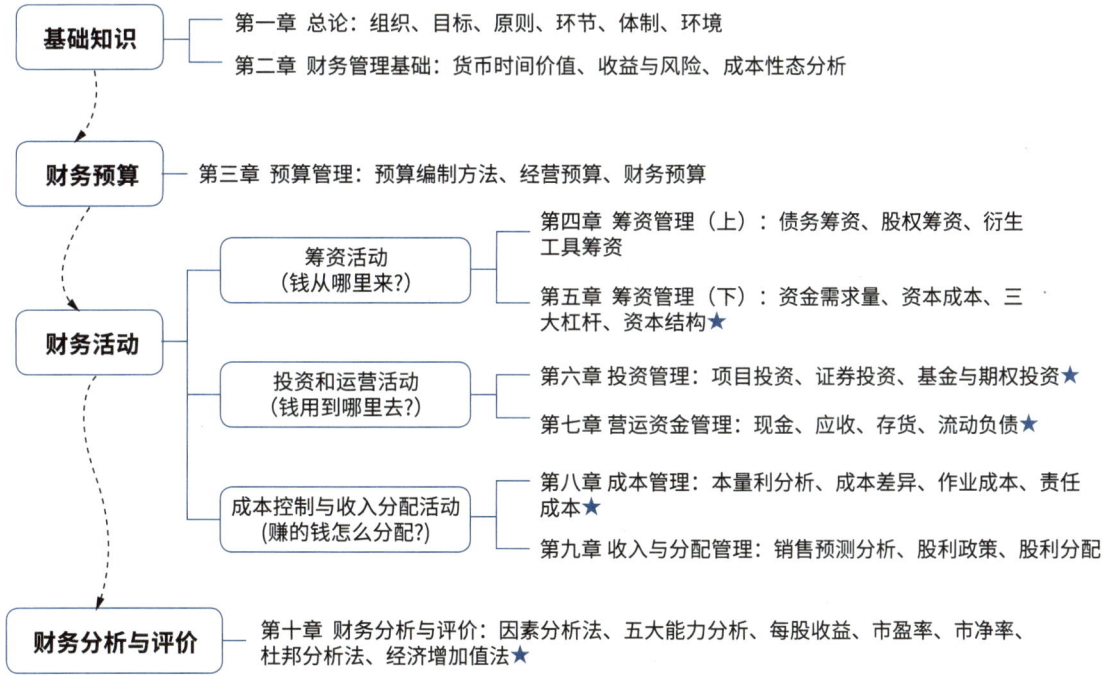

（二）财管科目应试重难点

从学习难度及近五年考情来看：

章名	学习难度	考试重要性	预估分值
第一章 总论	★	★	3

续表

章名	学习难度	考试重要性	预估分值
第二章 财务管理基础	★★★	★★	10
第三章 预算管理	★★	★★	9
第四章 筹资管理（上）	★★	★★	10
第五章 筹资管理（下）	★★★	★★★	12
第六章 投资管理	★★★	★★★	14
第七章 营运资金管理	★★★	★★	12
第八章 成本管理	★★★	★★★	12
第九章 收入与分配管理	★★	★★	8
第十章 财务分析与评价	★★★	★★★	11

二、财管科目考试特点

（一）2024 年中级会计职称报名及考试时间

- 中级会计职称报名缴费时间：待各省级考试管理机构公布
- 中级会计职称准考证下载时间：待各省级考试管理机构公布
- 中级会计职称考试时间：2024 年 9 月 7 日~9 月 9 日

日期	时间		
	8：30~11：15	13：30~15：45	18：00~20：00
9月7日	中级会计实务（第一批次）	中级财务管理（第一批次）	中级经济法（第一批次）
9月8日	中级会计实务（第二批次）	中级财务管理（第二批次）	中级经济法（第二批次）
9月9日	中级会计实务（第三批次）	中级财务管理（第三批次）	中级经济法（第三批次）

（二）近五年财管科目考试题型、题量及分值分布

中级财管考试都采用机考模式。近五年来，财管科目考试题型非常稳定。自 2020 年起，各题型对应的题量和分值稍作调整，目前稳定如下：

题型		题量	每题分值	总分	建议用时	考查内容及判分规则
客观题	单项选择题	20题	1.5分	30分	25分钟	多为概念，5~7个小计算，选择最符合题意的选项
	多项选择题	10题	2分	20分	15分钟	多为概念，1~2个小计算，选择2~4个选项，少选得相应分数，多选、错选、不选不得分
	判断题	10题	1分	10分	10分钟	多为概念，偶尔有个别小计算，答错不得分

（60分合并显示）

续表

	题型	题量	每题分值	总分	建议用时	考查内容及判分规则
主观题	计算分析题	3题	5分	15分	30分钟	单一章节某些知识点的整合，根据得分点计分
	综合题	2题	1道12分，1道13分	25分	45分钟	多个章节知识点的整合，根据得分点计分
				40分		
检查时间					10分钟	

注：2019年及之前年度，单项选择题共25题，每题1分，共25分；多项选择题共10题，每题2分，共20分；判断题共10题，每题1分，共10分；客观题共计55分。计算分析题共4题，每题5分，共20分；综合题共2题，共25分；主观题共计45分。自2020年起，分值分布作出调整，题量有所下降。

（三）财管科目考试特点

纵观近五年本科目考查内容，财管科目考试特点突出表现为：

1. 涉及计算的题目比较多，但难度普遍不大，偶尔会出现所考查的知识点跨章节的情况。综合分析题综合性较高，知识点跨多个章节，历年考题的重要考点在考题中会反复出现，考生须重视对历年试题的练习。

2. 客观题以记忆类的题目为主，要重视对概念和定义的理解。客观题中计算类的题目主要在单选题中出现，考试较简单。主观题的考试难度近五年基本保持稳定。计算分析题综合性低，考试难度较小，一道题目考查一个知识点。综合题有一定的案例分析性质，虽然综合性较高、难度较大，但案例背景的展开是有一定逻辑的，考生在做题时最好按照题目的顺序进行答题。

3. 财管的重点内容很清晰，每年都会考查。考生要全面掌握书中重点知识，对可能会考查主观题的知识点，要进行有针对性的训练。

三、2024年官方辅导教材财管科目重要变化

财管科目总体变动较小，页数从408页变成416页，主要变动体现在部分内容的新增、优化表述及删减。本书每章开篇都详细列示了2024年的主要变化，建议考生重点关注新增的"**政府出资产业投资基金的认定条件**""**主要作业、次要作业的含义**""**速动资产的范围**"这几部分内容。其他主要变动包括：修改了"**发行公司债券**"的相关表述；调整了"**私募股权筹资**"的相关表述；调整并完善了"**生产预算、营业现金净流量和每股股利**"等相关公式。

四、财管科目学习建议

（一）三阶段学习法

第一阶段（基础阶段）
要点：搭建整体框架、快速吸收、做经典例题和真题、制作错题集、力求80分以上
1. 结合精讲班课程、老师讲义和思维导图把各章节的知识点进行整体梳理和归纳总结，理解各科目知识点原理，形成自己的知识体系。
2. 结合本书中讲解的知识点底层逻辑和做题步骤来有针对性地刷题巩固，重视经典例题和真题，理解出题人的意图，进一步加深对知识点的理解，达到举一反三的效果。
3. 归纳汇总错题，特别难以理解的错题可以整理到错题本上，以供强化阶段使用，并且可以找相关知识点的题目，多做多练。

续表

第二阶段（强化阶段）
要点：学习有重点、做题有目的、巩固复习错题集、模拟测试摸底
1. 巩固重难点，进行归纳总结。第五章筹资管理（下）、第六章投资管理、第七章营运资金管理、第八章成本管理、第十章财务分析与评价，这几章加起来分值占比约为60%，所以在此阶段我们的备考要分清重难点，正所谓重者恒重，将重点章节拿下，让自己应试更有底气。 2. 结合重难点专题和错题集，重视经典例题，理解出题人的意图。财管科目的性质是计算量大，所以做题练习题感也很重要，在审题过程中锁定关键字、关键数据，提高审题效率，熟练运用公式，多练习避免计算错误。针对弱点做专项练习题，将未掌握的知识点逐个攻破。 3. 借用题库系统模拟考试，摸清自己对知识点掌握的程度。一定要在机考系统上模拟考试，机考形式相对于财管学科来说并不友好，运算过程、计算速度、操作系统熟悉程度都会影响做题效率。
第三阶段（冲刺阶段）
要点：真题训练、60分万岁
1. 结合自身学习情况、突击重点、精准拿分。 2. 掐时间做近三～五年真题。做真题套卷的目的在于熟悉真题的考法，练习做真题的感觉，检验对知识点的掌握。 3. 60分万岁。前面几个阶段学习的目的本质上只有一个：通过考试。在自己时间不那么充裕，在有把握通过考试的前提下，可以适当地战略性放弃某些知识点。

（二）本书内容设计

《考点直击》是高顿教育中级会计教研中心的十年积淀，主张一切皆有方法，找对方向、找到方法，将复杂的学习化繁为简。"简"，不代表学得少或学得浅，而是为考生减去不必要的负担、回归应试本质，省心、省时、省力地取证。下表是《考点直击》各板块的编排说明，希望这样的精心设计可以帮助大家通过考试。

本书体例	说明
考情驿站	梳理本章重要性、学习难度及考情，指明学习方向及策略，消除考生学习疑虑
考点地图	以思维导图的形式罗列本章节涉及的全部考点，★代表该知识点的重要程度，越多越重要，▶代表靶心考点
靶心考点课	针对高频、易懂、拿分快的考点搭配视频讲解，帮助考生快速拿分
2024年本章主要变化	总结本章2024年新增、修改、调整、删除等考点，需要重点关注
考频	在相关知识点下面列示了近三年真题考试形式，帮助考生了解该考点的考频及重要性
考点速递	围绕"应试、精简、高效"的原则进行编写，将可考的知识点多用表格和对比形式展现，增强理解
通关文牒—很好懂	从该知识点的底层逻辑入手，用通俗易懂的语言讲解专业知识点，让考生对该内容"知其然也知其所以然"
通关文牒—速提分	建立知识点与考点的链接，提示命题角度，轻松辨析易错易混点，凝练归纳应试重点和应试技巧，亦是本书精华中的精华

续表

本书体例	说明
趁热答题	本书知识点一般会配备经典例题或真题，目的在于帮助考生理解出题人的意图，进一步加深对知识点的理解，达到举一反三的效果
考点加油站	每章结尾处以思维导图的形式呈现本章考点及重点内容，标示主观题可考点，帮助考生回顾整体框架，抓住重点，形成一套完整的学习体系

你的坚持和努力或许不能立竿见影，但只有坚持了别人不能坚持的坚持，才能收获别人不能收获的收获。希望大家好好生活，好好努力，准备好迎接证书的到来！

目 录

第一章 总论
- 2 第一节 企业与企业财务管理
- 3 第二节 财务管理目标
- 7 第三节 财务管理体制
- 10 第四节 财务管理环境

第二章 财务管理基础
- 15 第一节 货币时间价值
- 26 第二节 收益与风险
- 34 第三节 成本性态分析

第三章 预算管理
- 41 第一节 预算管理概述
- 43 第二节 预算的编制方法与程序
- 48 第三节 预算编制
- 60 第四节 预算的执行与考核

第四章 筹资管理（上）
- 64 第一节 筹资管理概述
- 67 第二节 债务筹资
- 74 第三节 股权筹资
- 79 第四节 衍生工具筹资
- 83 第五节 筹资实务创新

第五章 筹资管理（下）
- 87 第一节 资金需要量预测
- 93 第二节 资本成本
- 99 第三节 杠杆效应
- 104 第四节 资本结构

第六章　投资管理

- 112　第一节　投资管理概述
- 113　第二节　投资项目财务评价指标
- 122　第三节　项目投资管理
- 128　第四节　证券投资管理
- 135　第五节　基金投资与期权投资

第七章　营运资金管理

- 141　第一节　营运资金管理概述
- 145　第二节　现金管理
- 150　第三节　应收账款管理
- 155　第四节　存货管理
- 161　第五节　流动负债管理

第八章　成本管理

- 168　第一节　本量利分析与应用
- 179　第二节　标准成本控制与分析
- 184　第三节　作业成本与责任成本

第九章　收入与分配管理

- 194　第一节　收入与分配管理概述
- 195　第二节　收入管理
- 200　第三节　纳税管理
- 201　第四节　分配管理

第十章　财务分析与评价

- 215　第一节　基本的财务报表分析
- 224　第二节　上市公司财务分析
- 227　第三节　财务评价与考核

第一章 总论

轻装上阵

考情驿站

本章属于非重点章节，难度不大。本章主要介绍的是财务管理的基础理论，只考查客观题，近三年平均考查分值在3分左右。

考点地图

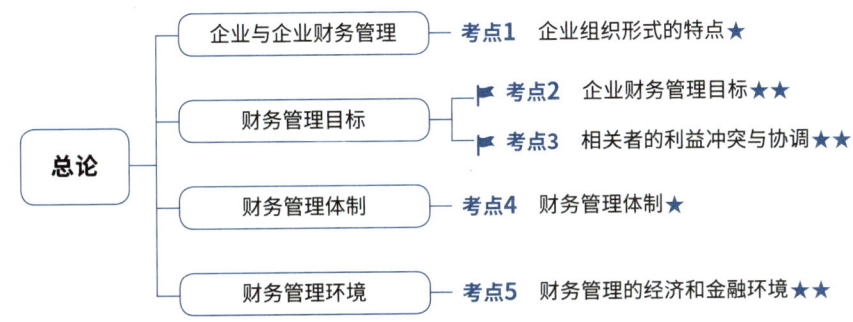

2024年本章主要变化

本章内容改动较小，考试时须注意以下变动点，其他无实质性变化。

（1）调整："设立股份有限公司，应当有2人以上200人以下为发起人"调整为"设立股份有限公司，应当有**1人以上**200人以下为发起人"；"有限责任公司股东的股权是通过投资人所拥有的比例来表示"调整为"有限责任公司股东的股权是通过投资人**所认缴的出资额**来表示"。

（2）调整："集中筹资、融资权"调整为"集中筹资权"。

第一节 企业与企业财务管理

考点 1 企业组织形式的特点（★）

考频 2022 年单选题；2021 年判断题

典型的企业组织形式有三种：个人独资企业、合伙企业和公司制企业。

（1）个人独资企业：由一个自然人投资人投资，全部资产为投资者个人所有，全部债务由投资者个人承担的经营实体。

（2）合伙企业：由两个或两个以上的自然人（有时包括法人或其他组织）合伙经营的企业。

（3）公司制企业：由投资人（自然人或法人）依法出资组建，有独立法人财产，自主经营、自负盈亏的法人企业。

以上三种组织形式的优缺点及特征如下表所示：

企业组织形式	个人独资企业	合伙企业	公司制企业
法律特征	非法人	非法人	法人
优缺点	优点： 创立**易**、成本**低**、经营管理灵活**自由**、**不交企业所得税**。 缺点： **无限**责任、**有限**寿命、筹资难、所有权转移难	优缺点与个人独资企业类似。 有限合伙人：有限债务责任； 普通合伙人：无限连带责任	优点： **无限**存续、**有限**债务责任、筹资渠道**多**、**易**转让所有权。 缺点： 组建成本**高**、存在代理问题、**双重纳税**（企业所得税+个人所得税）

其中，公司制企业分为有限责任公司和股份有限公司。区别如下表所示：

公司制企业形式	有限责任公司	股份有限公司
设立时投资人数	1~50 名股东	1~200 名发起人（**2024 年调整**）
股权表现形式	股权不作等额划分，由投资人所拥有的比例来表示	股权等额划分，股权以股东认缴的出资额表示（**2024 年调整**）
股份转让限制	转让出资需经股东会或董事会讨论通过	可发行股票，股票可依法转让

▶ 很好懂 ◀

（1）合伙企业纳税问题：只交个人所得税（合伙人为自然人）或企业所得税（合伙人为法人）。

（2）公司制企业的双重纳税是指公司利润需缴纳企业所得税，利润分配给股东后，股东个人需缴纳个人所得税。

▶ 速提分 ▶

【命题角度】个人独资企业/合伙企业与公司制企业的优缺点。可对比记忆，总结如下表：

组织形式	个人独资/合伙企业	公司制企业
企业寿命	有限存续	无限存续
权益转让难度	难	易
融资难度	难	易
代理问题	不突出	突出
组建成本	低	高
受政府监管程度	低	高

趁热答题

例1-1·单选题（2022年） 下列各项中，不属于公司制企业缺点的是（ ）。

A. 导致双重课税　　　　　　　B. 组建公司的成本高
C. 存在代理问题　　　　　　　D. 股东须承担无限连带责任

解析 本题考查企业的组织形式。公司制企业的缺点有：（1）组建公司的成本高（选项B）；（2）存在代理问题（选项C）；（3）双重课税（选项A）。公司制企业的股东承担的是有限债务责任，因此选项D不属于公司制企业的缺点。

答案 D

第二节　财务管理目标

考点2　企业财务管理目标（★★）

靶心考点精讲

考频 2023年单选题、判断题；2022年判断题；2021年单选题、多选题、判断题

（一）利润最大化：企业管理以实现利润最大为目标

优点	缺点
（1）有利于企业资源的合理配置； （2）有利于企业整体经济效益的提高	（1）没有考虑利润实现**时间**和**资金时间价值**（今年利润100万与10年后利润100万不等同，体现在：折现）； （2）没有考虑**风险**问题（行业不同风险不同体现在：折现率）； （3）没有反映创造的**利润与投入资本**之间的关系（取得相同利润，投资1元和1万元意义不同，体现在：投资效率）； （4）可能导致企业**短期行为**倾向，影响企业长远发展（企业决策取决于年度利润目标实现）

每股收益最大化是利润最大化的另一种表现形式，其优点是克服了利润最大化中"**反映创造利润与投入资本之间的关系**"（反映投资效率）这一缺点，其他优缺点与利润最大化基本相同。

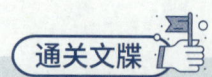

▶ 很好懂 ▶

每股收益=归属于普通股股东的净利润/发行在外的普通股加权平均数,分母就体现了初始投入资本。

(二) 股东财富最大化:企业财务管理以实现股东财富最大为目标

股东财富=股票数量×股票市场价格(适用于上市公司)

股票数量(即初始投入资本)一定时,股票价格达到最高,股东财富也就最大(等同于股价最大化)。

优点	缺点
(1) 考虑了风险因素(股价中反映); (2) 一定程度上能避免企业短期行为(考虑了整个期间现金流量); (3) 对于上市公司,容易量化,便于考核	(1) 通常只适用于上市公司,非上市公司难以应用(无法获得股价); (2) 股价受多种因素影响,不能完全反映企业财务管理状况; (3) 更多强调股东利益,对其他相关者利益重视不够

▶ 很好懂 ▶

股东财富=股票数量×股票市场价格,因此,股价为衡量股东财富大小的最直观的指标。

(三) 企业价值最大化:以实现企业的价值最大为目标

企业价值=股东权益市场价值+债权人权益市场价值=企业预计未来现金流量的现值

优点	缺点
(1) 考虑了取得收益的时间(货币时间价值); (2) 考虑了风险与收益的关系(体现为折现); (3) 克服了企业追求利润上的短期行为,用价值代替价格,有效避免了企业短期行为	(1) 过于理论化,不易操作; (2) 非上市公司只能专门评估,难以客观准确

(四) 相关者利益最大化:综合考虑各利益相关者的利益

利益相关者:**股东**、债权人、员工、企业经营者、客户、供应商、政府等。

优点	缺点
(1) 有利于企业长期稳定发展; (2) 体现了合作共赢的价值理念; (3) 较好地兼顾了各利益主体的利益; (4) 体现了前瞻性和现实性的统一	难以操作

▶ 很好懂 ▶

(1) 在众多利益相关者中,**股东居于首要地位**,并强调企业与股东之间的协调关系。

(2) 相关者利益最大化目标强调风险与收益的均衡,强调将风险限制在企业可承受范围内。

(五) 各种财务管理目标之间的关系

(1) 各种财务管理目标,都以**股东财富最大化为基础**——企业的创立和发展都必须以股东的投入为基础,股东承担着最大的义务和风险。

(2) 以股东财富最大化为核心和基础,还应考虑利益相关者的利益——股东权益是剩余权益,其他利益相关者的要求应先于股东被满足,且必须是有限度的。

(3) 在强调公司承担应尽的社会责任的前提下,应当允许企业以股东财富最大化为目标。

▶ 速提分 ▶

【命题角度】各财务管理目标之间的区别和联系。

其联系为其他财务管理目标均以股东财富最大化为核心和基础,其区别可从不同角度进行对比记忆,总结如下表:

财务管理目标	时间	风险	长远发展	投入产出	衡量难易度
利润最大化	×	×	×	×	易
每股收益最大化	×	×	×	√	易
股东财富最大化	√	√	√	—	上市公司易操作
企业价值最大化	√	√	√	—	过于理论化,难以操作
相关者利益最大化	√	√	√		难以操作

注:"√"为"已考虑","×"为"未考虑"。

趁热答题

| 例1-2·单选题(2018年) | 与企业价值最大化财务管理目标相比,股东财富最大化目标的局限性是( )。

A. 对债权人的利益重视不够 B. 容易导致企业的短期行为
C. 没有考虑风险因素 D. 没有考虑货币时间价值

(解析) 本题考查股东财富最大化目标的缺点。股东财富最大化目标的局限性有:(1) 通常只适用于上市公司,非上市公司难以应用;(2) 股价受众多因素影响,不能完全准确反映企业财务管理状况;(3) 强调更多的是股东权益,而对其他相关者的利益重视不够(选项A正确)。

答案 A

考点3　相关者的利益冲突与协调（★★）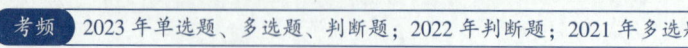

考频　2023年单选题、多选题、判断题；2022年判断题；2021年多选题

（一）股东 VS 管理层

项目	股东 VS 管理层（经营者）
利益冲突	股东希望以较小的代价实现更多财富；而管理层希望创造财富的同时获取更多报酬和享受，并避免各种风险（公司制企业**代理问题**的体现）
结果	损害**股东**利益
协调措施	（1）解聘——**股东**约束经营者； （2）接收——**市场**约束经营者； （3）激励：股票期权、绩效股、限制性股票、股票增值权等

▶ 很好懂 ◀

　　解聘和接收都是广义监督的含义，实为"大棒"，激励则是给管理者"大枣"。
　　解聘是由股东监督管理者，如管理层绩效不佳，就解聘管理者。接收是由市场监督管理者，如管理者决策失误、经营不善，该企业就可能被其他企业接收或吞并，相应管理者也会被解聘。

（二）股东 VS 债权人

项目	股东 VS 债权人
利益冲突	股东改变举债资金原定用途或举借新债，增加偿债风险，降低原有债权人的债权价值
结果	损害**债权人**利益
协调措施	（1）限制性借债、限制支付现金股利——事前约束； （2）收回借款或停止借款——事后补救

（三）大股东 VS 中小股东

项目	大股东 VS 中小股东
利益冲突	（1）大股东侵占上市公司资产（包括转移和非法占用，或以上市公司名义进行担保恶意筹资或给大股东委派的高管不合理报酬及特殊津贴）； （2）侵占中小股东财富（包括发布虚假信息操纵股价、采用不合理股利政策）
结果	损害**中小股东**利益
协调措施	（1）完善上市公司治理结构，使得股东会、董事会、监事会相互制约； （2）规范上市公司信息披露制度，保证信息的完整性、真实性、及时性

通关文牒

▶ 速提分 ▶

【命题角度】三对利益冲突关系的冲突表现及其解决协调方式。

不论是股东与管理层、股东与债权人还是大股东与中小股东，协调他们之间利益冲突的主要宗旨是**保护弱者利益**，从而使两者相互制衡，最终实现财务管理的目标。

利益冲突类型	弱者	保护措施
股东 VS 管理层	股东	针对管理层： （1）解聘；（2）接收；（3）激励
股东 VS 债权人	债权人	针对股东： （1）限制性借债、限制支付现金股利； （2）收回借款或停止借款
大股东 VS 中小股东	中小股东	针对大股东： （1）完善上市公司治理结构； （2）规范上市公司信息披露制度

趁热答题

例 1-3 · 单选题（2023 年） 下列各项中，不能用于协调股东与管理层之间利益冲突的措施是（　　）。

A. 限制企业借款用于高风险项目　　B. 授予管理层股票期权

C. 解聘企业高管　　D. 企业被强行征收

解析 本题考查财务管理目标与利益冲突。为了协调股东与管理层之间的利益冲突，通常采取以下方式解决：（1）解聘（选项C）；（2）接收（选项D）；（3）激励（选项B）。选项A属于协调股东与债权人之间利益冲突的措施。因此，本题选项A当选。

答案 A

第三节　财务管理体制

考点 4　财务管理体制（★）

考频　2022 年单选题

（一）财务管理体制的一般模式

企业财务管理体制是明确财务层级"权、责、利"的制度，其核心问题是如何配置财务管理权限。

项目	集权型	分权型	集权与分权相结合型
特点	权力集中于总部	权力分散到各下属单位	重大问题总部集权，日常经营下属单位分权
优点	（1）充分展示一体化管理优势，决策的统一化、制度化得到有力保障； （2）有利于内部优化配置资源，有利于实行内部调拨价格； （3）有利于内部避税、防范汇率风险等	（1）能够积极有效地作出决策； （2）分散经营风险，促进所属单位人员成长	吸收了二者优点，避免了二者缺点
缺点	（1）下属单位缺乏主动性、积极性； （2）决策程序复杂，失去适应市场弹性，丧失市场机会	（1）缺乏全局观念和整体意识； （2）资金管理分散、资金成本增大、费用失控、利润分配无序	

通关文牒

▶ 速提分 ◀

【命题角度1】集权和分权优缺点的比较。考生可根据一定规律性进行判断，无须记忆。具体规律如下：

集权型优势在于具有全局性，是企业的"总舵头"，可管控资金，控制风险。

分权型优势在于具有灵活性，是企业的"分舵"，能够适应市场的变化，调动下属积极性，促使下属人员高速成长。

集权型的优势反过来就是分权型的劣势，同理，分权型的优势反过来就是集权型的劣势。

趁热答题

例 1-4 · 单选题（2017 年） 集权型财务管理体制可能导致的问题是（　　）。

A. 利润分配无序　　　　　　　　　B. 削弱所属单位主动性
C. 资金成本增大　　　　　　　　　D. 资金管理分散

解析 本题考查集权型财务管理体制。集权型财务管理体制下企业内部的主要管理权限集中于企业总部，各所属单位执行企业总部的各项指令。它的缺点是：集权过度会使各所属单位缺乏主动性、积极性，丧失活力，也可能因为决策程序相对复杂而失去适应市场的弹性，丧失市场机会。因此选项 B 正确。

答案 B

（二）影响集权与分权选择的因素

影响因素	集权	分权
企业生命周期	初创阶段（经营风险高）	稳定增长期（经营风险较低）
企业战略	纵向一体化战略	—
企业所处市场环境	环境稳定	环境复杂多变
企业规模	规模小、工作量少	规模大、工作量大
企业管理层素质	素质高、能力强	素质低、能力弱
信息网络系统	完善	薄弱

▶ 速提分 ▶

【命题角度 2】判断在不同情形下应选择集权还是分权模式。

一般来说，可从企业内部环境和外部环境两个角度分析。**内部环境好、外部环境稳定的，通常选择集权；内部环境不好、外部环境复杂的，通常选择分权。**

趁热答题

| 例 1-5·单选题（2022 年）| 关于企业财务管理体制的模式选择，下列说法错误的是（　　）。

A. 若企业处于初创阶段，经营风险高，则更适合采用分权型财务管理体制
B. 若企业管理者的素质高、能力强，则可以采用集权型财务管理体制
C. 若企业面临的环境是稳定的，对生产经营的影响不显著，则更适合采用集权型财务管理体制
D. 若企业规模小，财务管理工作量少，则更适合采用集权型财务管理体制

【解析】本题考查影响企业财务管理体制集权与分权选择的因素。初创阶段，企业经营风险高，财务管理宜偏重集权模式，选项 A 说法错误。选项 BCD 说法均正确。

【答案】A

（三）与企业财务管理体制相适应的企业组织体制

企业组织体制主要有 U 型组织、H 型组织和 M 型组织。具体如下表所示：

企业组织体制	组织结构	典型特征	集权程度
U 型	职能化管理	管理分工下的集权	U 型>M 型>H 型
M 型	事业部制	有一定的自主权	
H 型	控股公司体制	过度分权	

【提示】现代意义上的 H 型组织既可以实行分权管理，也可以实行集权管理。

趁热答题

例 1-6·判断题（2013 年） 由于控股公司组织（H 型组织）的母、子公司均为独立的法人，是典型的分权组织，因而不能进行集权管理。（　　）

解析 本题考查与企业财务管理体制相适应的企业组织体制。随着企业管理实践的深入，H 型组织的财务管理体制也在不断演化。总部作为子公司的出资人对子公司的重大事项拥有最后的决定权，因此，也就拥有了对子公司"集权"的法律基础。现代意义上的 H 型组织既可以分权管理，也可以集权管理。本题表述错误。

答案 ×

（四）集权与分权相结合型财务管理体制的实践

集中：（1）制度制定权；（2）筹资权；（3）投资权；（4）用资、担保权；（5）固定资产购置权；（6）财务机构设置权；（7）收益分配权。

分散：（1）经营自主权；（2）人员管理权；（3）业务定价权；（4）费用开支审批权。

通关文牒

▶ 很好懂 ◀

涉及重大问题的决策，如制度、机构、资金相关的权力→**集权**

涉及日常经营活动的权力→**分权**

第四节　财务管理环境

考点 5　财务管理的经济和金融环境（★★）

考频 2023 年多选题；2022 年单选题；2021 年单选题、多选题

（一）经济环境——通货膨胀水平

通货膨胀对企业财务活动的影响：
(1) 资金占用增加——钱不值钱，买东西更贵；
(2) 因利润虚增导致分配资金流失——赚得越多，分得越多，留得越少；
(3) 利率上升；
(4) 有价证券价格下降；｝筹资难、筹资少、筹资贵
(5) 资金供应紧张。

总之，通货膨胀对企业财务活动的影响是不利的。为了减轻这种不利影响，企业应当采取措施防范。具体应对措施如下：

期间	应对措施
初期	(1) 进行投资（避免风险，实现资本保值）； (2) 签订长期购货（非销货）合同（提前锁定低价格，避免物价上涨造成损失）； (3) 取得长期负债（提前锁定低借款利率，避免利率上升造成资金流失）
持续期	(1) 减少企业债权，采用严格的信用条件（避免资金流失，如紧缩信用期限）； (2) 调整财务政策，防止和减少资本流失（比如少发股利）

通关文牒

▶ 很好懂 ▶

由于通货膨胀会使得"钱不值钱"，所以初期的应对措施主要是为了锁定成本和利率，持续期的应对措施主要是为了减少资金流失。

▶ 速提分 ▶

【易错易混】长期购货合同 VS 长期销货合同

√签订长期购货合同：会使采购价格固定在目前较低水平上，减少物价上涨的损失。

×签订长期销货合同：会使销售价格固定在目前较低水平上，减少了资金流入价值。

因此，在通货膨胀初期，企业应签订长期购货合同而非长期销货合同。

趁热答题

例 1-7·单选题（2017 年） 下列各项措施中，无助于企业应对通货膨胀的是（　　）。

A. 发行固定利率债券　　　　　　　　B. 以固定租金融资租入设备

C. 签订固定价格长期购货合同　　　　D. 签订固定价格长期销货合同

解析 本题考查通货膨胀的应对措施。

选项 A，通货膨胀会引起未来利率上涨，现在发行固定利率债券的话，未来支付利息就按照固定利息支付，不会随着通货膨胀而上涨，因此有助于企业应对通货膨胀。

选项 BC，通货膨胀会引起未来物价上涨，以固定租金融资租入设备、签订长期购货合同可以避免未来支付更高的租金或更高的购货款，因此有助于企业应对通货膨胀。

选项 D，通货膨胀会引起货币贬值、物价上涨，签订长期销货合同会减少现金流入的价值，从而造成损失，无助于企业应对通货膨胀。

答案 D

（二）金融环境

1. 金融工具

项目		说明
种类	基本金融工具	货币、债券、票据、股票、基金等
	衍生金融工具（依赖于基本金融工具存在）	期权合同、期货合同、互换合同、远期合同等
特征	(1) 流动性；(2) 风险性；(3) 收益性	

2. 货币市场与资本市场（以期限为标准划分）

项目	货币市场	资本市场
主要功能	调节短期资金融通	调节长期资金融通
主要特点	（1）期限短（1年以内）； （2）融资目的是解决短期资金周转； （3）具有较强"货币性"，流动性强、价格平稳、风险较小	（1）期限长（1年以上）； （2）融资目的是解决长期投资性资本需要； （3）资本借贷量大、收益高、风险大
举例	拆借市场、票据市场、大额定期存单市场、短期债券市场等	债券市场、股票市场、期货市场、融资租赁市场

通关文牒

▶ 很好懂 ▶

考生应按照主要功能区分货币市场和资本市场，货币市场与"短期"有关，资本市场与"长期"有关。

趁热答题

| 例1-8·单选题（2019年）| 相对于资本市场而言，下列各项中，属于货币市场特点的是（　　）。

A. 收益高　　　　　B. 期限长　　　　　C. 流动性强　　　　　D. 风险大

解析　本题考查货币市场的特点。货币市场的主要特点是：（1）期限短；（2）交易目的是解决短期资金周转；（3）货币市场上的金融工具有较强的"货币性"，具有流动性强、价格平稳、风险较小等特性，选项C正确。选项ABD为资本市场的主要特点。

答案　C

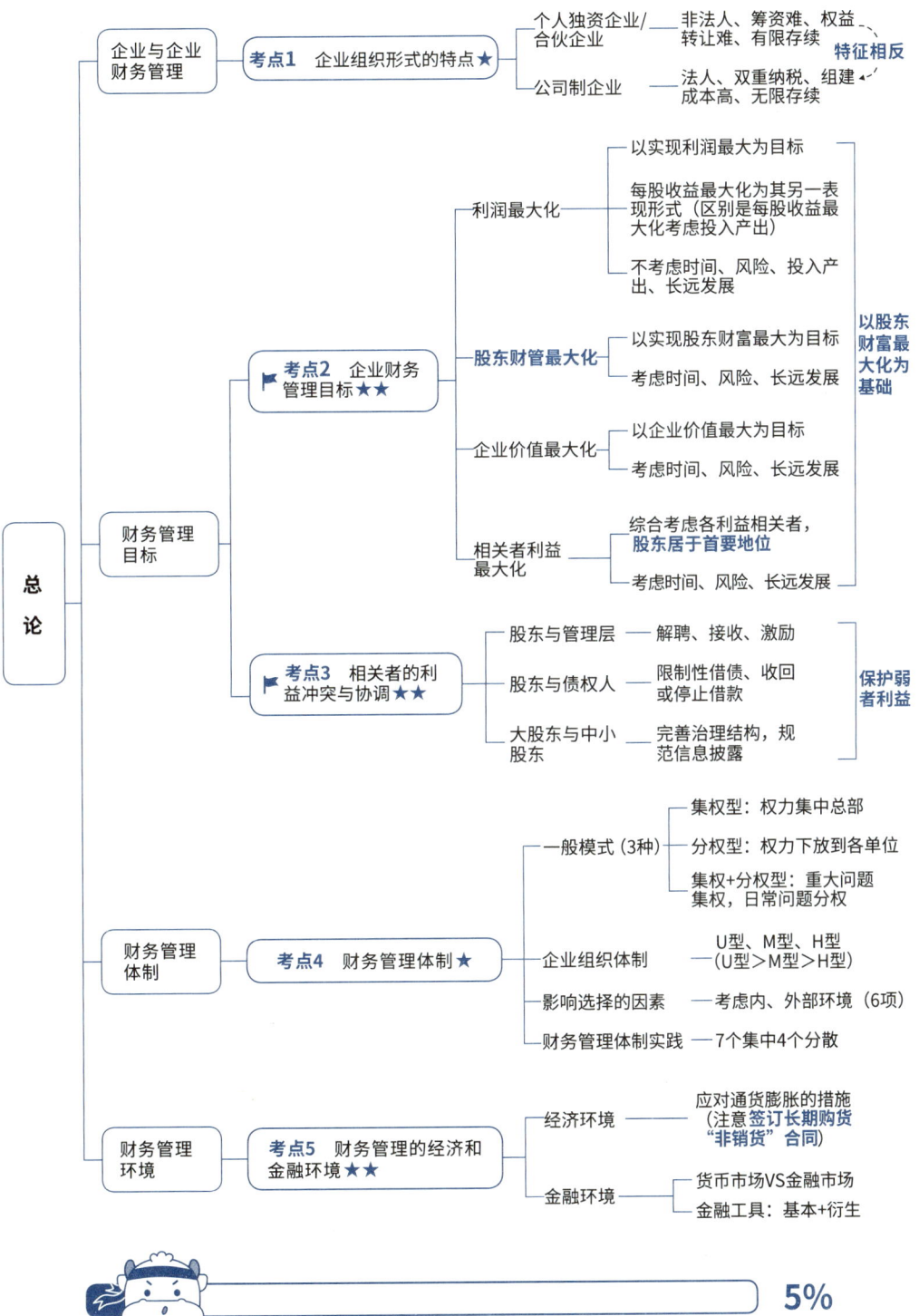

第二章 财务管理基础

轻装上阵

考情驿站

本章属于重点章节,同时也是后续章节学习的基础,难度中等。本章可单独或结合其他章节考查主观题,其中货币时间价值的计算、收益与风险的衡量可单独考查主观题。本章近三年平均考查分值在 10 分左右。

考点地图

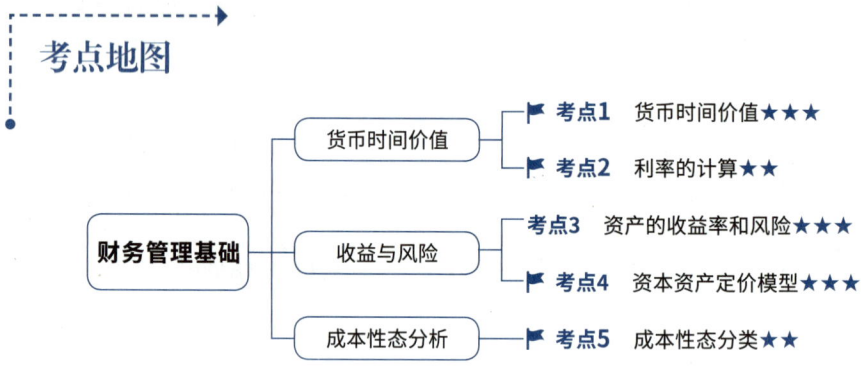

2024 年本章主要变化

本章无实质性变动。

第二章 财务管理基础

> 考点速递

第一节 货币时间价值

考点 1　货币时间价值（★★★）

靶心考点精讲

考频 2023 年多选题、判断题；2022 年单选题、判断题；2021 年单选题

（一）货币时间价值的相关概念

概念	解释
货币时间价值	是指在<u>没有风险和没有通货膨胀</u>情况下，货币经过一定时间的投资和再投资后所增加的价值，也称为资金的时间价值。 实务中，通常用相对数表示货币的时间价值，也称为<u>纯粹利率</u>，简称纯利率（纯利率是指在没有通货膨胀、无风险情况下资金市场的<u>平均</u>利率） 【提示】没有通货膨胀时，"<u>短期国债利率</u>"可视为纯利率，作为货币时间价值的衡量标准。
单利与复利	**单利**：只对本金计算利息。 **复利**：不仅对本金计算利息，对前期的利息也要计算利息。（俗称"利滚利"）
现值与终值	**现值**：未来某一时点上的一定量折算到现在的价值，俗称"本金"，记作"P"。 **终值**：现在时点的一定货币量折算到未来某一时点的价值，俗称"本利和"，记作"F"。

注：课程中除特别说明，通常使用复利模式计算。

▶ **很好懂** ▶

货币时间价值的理解——理论层面：

（1）**并非所有货币都具有时间价值**，只有投入生产经营的货币才能产生价值增值，形成货币时间价值（反例：长期储藏在家中保险柜的货币不产生价值增值）。

（2）**并非生产经营中产生的所有价值增值都是货币时间价值**，扣除了风险报酬和通货膨胀贴水后的增值部分，才是货币时间价值。

利率＝纯利率＋通货膨胀溢价＋风险溢价

因此，扣除了风险溢价和通货膨胀溢价之后的利率就是纯利率，也是货币时间价值。

【延伸概念】无风险收益率＝纯利率＋通货膨胀溢价。一般而言，无风险收益率可用短期国债利率衡量。没有通货膨胀时，短期国债利率可以表示纯利率（货币时间价值）。

货币时间价值的理解——举例：

现将 1 元钱存入银行，1 年后取出，银行 1 年的存款利率是 10%，那么 1 年后可取出 1.1 元［计算式：1×(1+10%)］，1 年时间增值了 0.1 元（计算式：1.1-1），这 0.1 元就是利息，也可以理解为货币时间价值。用相对数表示就是 10%（计算式：0.1/1×100%），即存款利率。当然，这是没有考虑通货膨胀和风险溢价下对货币时间价值的简单理解。

通关文牒

▶ 速提分 ▶

【命题角度1】纯利率的概念。

纯利率是指在没有通货膨胀、无风险情况下资金市场的**平均**（非"**最低**"）利率。

【命题角度2】可以用货币时间价值表示的指标或相关说法。

可以用货币时间价值表示的指标：内含收益率、净现值、现值指数、动态回收期等。（均为第六章投资管理的相关指标，具体含义会在第六章详细讲解）

货币时间价值的相关说法：无通货膨胀时的短期国债利率、纯（粹）利率、没有通货膨胀和风险条件下的社会资金平均利（润）率。（关键：**无通货膨胀、无风险**）

趁热答题

| 例2-1·多选题 | 下列可以表示货币时间价值的有（　　）。

A. 没有考虑通货膨胀、没有考虑风险情况下，资金市场的平均利率
B. 没有考虑通货膨胀情况下的短期国债利率
C. 纯粹利率
D. 不考虑风险情况下的社会平均资金利润率

解析 本题考查货币时间价值的概念。货币时间价值是指在没有风险和没有通货膨胀的情况下，货币经历一定时间的投资和再投资所增加的价值。资金市场的平均利率本身是包含通货膨胀和风险的，加上"没有考虑通货膨胀、没有考虑风险"这一前提后可以表示货币时间价值，选项A正确。短期国债本身风险很低，可以忽略不计，加上"没有考虑通货膨胀"这一前提之后，可以用来表示货币时间价值，选项B正确。纯粹利率即为货币时间价值，选项C正确。社会平均资金利润率是包含通货膨胀和风险的，仅仅"不考虑风险"的社会平均资金利润率不能用来表示货币的时间价值，选项D错误。

答案 ABC

（二）复利现值与终值

复利现值：

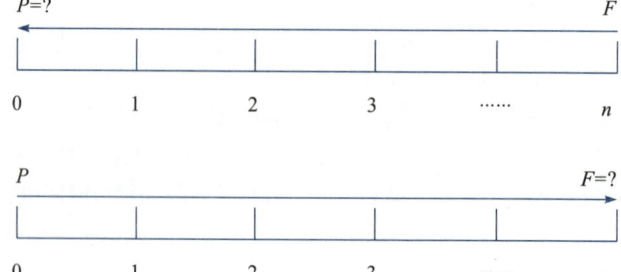

复利终值：

复利现值是指未来某一时点的特定资金按复利计算方法，折算到现在的价值。或者说是为取得将来一定的本利和，现在所需要的本金。

复利终值是指现在的特定资金按复利计算方法，折算到将来某一时点的价值。或者说是现在的一定本金在将来一定时间，按复利计算的本利和。

二者之间的相关性如下表所示：

项目	复利终值	复利现值
计算	$F=P\times(1+i)^n=P\times(F/P, i, n)$	$P=F\times(1+i)^{-n}=F\times(P/F, i, n)$
通俗理解	已知现值 P，求终值 F	已知终值 F，求现值 P
系数	$(1+i)^n$，也可用符号 $(F/P, i, n)$ 表示	$(1+i)^{-n}$，也可用符号 $(P/F, i, n)$ 表示
结论	（1）复利终值与复利现值互为逆运算； （2）复利终值系数与复利现值系数互为倒数，即 $(F/P, i, n)\times(P/F, i, n)=1$	

注：P 表示现值（或初始值），i 表示计息期利率，F 表示终值（或本利和），n 表示计息期数。

▶ 很好懂 ▶

复利现值与复利终值的计算均属于一次性收付款项的计算，且终值一定大于现值。其本质的不同总结如下：

复利终值——已知现值（本金）P 计算终值（本利和）F（F/P）

复利现值——已知终值（本利和）F 计算现值（本金）P（P/F）

【举例1】复利终值

某人将 100 元存入银行，银行年利率为 2%，5 年后能从银行取出多少钱？已知：$(F/P, 2\%, 5)=1.1041$

【解答1】已知现值 100 元，求终值。符合复利终值的计算。

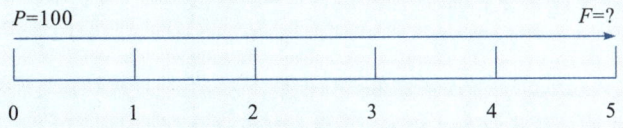

$F=100\times(F/P, 2\%, 5)=100\times(1+2\%)^5=100\times1.1041=110.41$（元）

【举例2】复利现值

某人想 5 年后从银行取出 100 元，银行年利率为 2%，现在应存入多少钱？已知：$(P/F, 2\%, 5)=0.9057$

【解答2】已知终值 100 元，求现值。符合复利现值的计算。

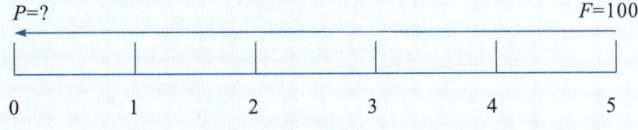

$P=100\times(P/F, 2\%, 5)=100\times(1+2\%)^{-5}=100\times0.9057=90.57$（元）

▶ 速提分 ▶

【命题角度1】复利现值和终值的计算。

常用计算公式：（1）$P=F\times(P/F, i, n)$；（2）$F=P\times(F/P, i, n)$。

计算现值和终值时，需要灵活运用时间轴，并需要注意以下几点：

（1）**现值点和终值点的选取**。现值泛指某一时段的"前一时点"（不一定是真的"现在"）的价值，终值表示在某一时段的"后一时点"的价值。时间轴上的时点（1时点、2时点……n时点）通常表示**当期期末**时点，也可以表示**下期期初**时点。

（2）**0时点的判断**。0时点表示现值时点，具体需要结合题意判断，比如"甲公司于2018年1月1日购置一条生产线，款项在以后年度支付"，则2018年年初就是0时点；"甲公司**欲在2018年6月30日购买一台设备**"，则2018年年初也表示0时点。

（3）**一年多次计息时 i、n 的判断**。涉及一年多次计息时，i 与 n 需要运用计息期利率和计息期数，**计息期利率=年利率/计息期数**。比如："年利率为4%，按季度付息"，则计息期数=4，计息期利率 $i=4\%/4=1\%$。

（4）复利终值系数 $(F/P, i, n)$ 和复利现值系数 $(P/F, i, n)$ 一般会在题中作为已知条件给出，无须计算。

趁热答题

例2-2·单选题 小高于年初借钱给小吉100 000元，合同约定借款期限为5年，第5年年末一次还本付息，年利率为6%，每半年复利一次，则第5年年末的本利和为（　　）元。[已知 $(F/P, 3\%, 5)=1.1593$；$(F/P, 3\%, 10)=1.3459$；$(F/P, 6\%, 5)=1.3382$；$(F/P, 6\%, 10)=1.7908$]

A. 115 930　　　　B. 134 590　　　　C. 133 820　　　　D. 179 080

解析 本题考查复利终值的计算。根据"每半年复利一次"可知，计息期=5×2=10，计息期利率=6%/2=3%。则第5年年末的本利和=100 000×$(F/P, 6\%/2, 5×2)$=100 000×$(F/P, 3\%, 10)$=134 590（元）。因此选项B正确。

答案 B

例2-3·单选题 某人拟购房，开发商提出两种方案：方案1，现在一次性付100万元；方案2，5年后付125万元。若此人的投资报酬率是6%，应采取的付款方式为（　　）。[已知 $(F/P, 6\%, 5)=1.3382$，$(P/F, 6\%, 5)=0.7473$]

A. 方案1
B. 方案2
C. 方案1和方案2无差别
D. 无法选择

解析 本题考查复利现值与终值。因为支付时点不一致，需要把两个方案的支付金额放在同一时点上比较。可以比较现值，也可以比较终值，而后选择金额较小的方案。

比较现值

方案	现值	方案选择
方案1	100（万元）	×
方案2	125×$(P/F, 6\%, 5)$=125×0.7473=93.41（万元）	√

比较终值

方案	终值	方案选择
方案1	100×$(F/P, 6\%, 5)$=100×1.3382=133.82（万元）	×
方案2	125（万元）	√

因此，本题选项B正确。

答案 B

(三) 年金现值与终值

年金是指**间隔期相等**的**系列等额**收付款项。

1. 年金的类型

（1）普通年金。

普通年金是年金的最基本形式。它是从第 1 期起，在一定时期内**每期期末等额收付**的系列款项，又称后付年金。

（2）预付年金。

预付年金是指从第 1 期起，在一定时期内**每期期初等额收付**的系列款项，又称即付年金或先付年金。与普通年金的不同点仅在于收付款时点，普通年金发生在期末，而预付年金发生在期初。

（3）递延年金。

递延年金由普通年金递延形成，递延的期数称为递延期，一般用 m 表示递延期。递延年金**第一次收付发生在第（m+1）期期末**（$m>0$，且为整数）。

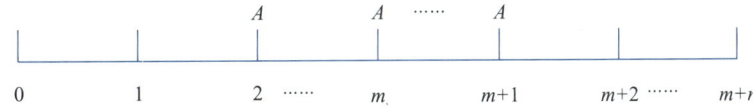

（4）永续年金。

永续年金是普通年金的极限形式，当普通年金的**收付次数为无穷大**时即为永续年金。永续年金的第一次等额收付发生在第 1 期期末。

2. 年金现值与终值的图解及计算

（1）普通年金终值。

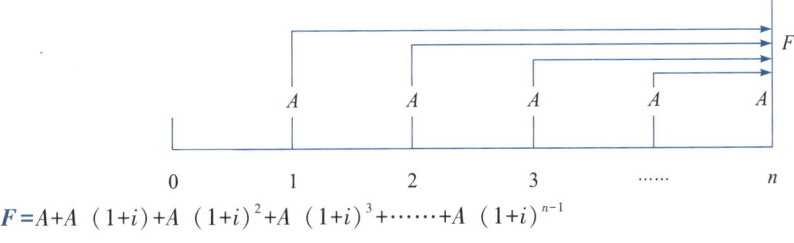

$$F = A + A(1+i) + A(1+i)^2 + A(1+i)^3 + \cdots + A(1+i)^{n-1}$$
$$= A \times \frac{(1+i)^n - 1}{i} = A \times (F/A, i, n)$$

其中，$\frac{(1+i)^n - 1}{i}$ 为年金终值系数，可用符号 $(F/A, i, n)$ 表示。

（2）普通年金现值。

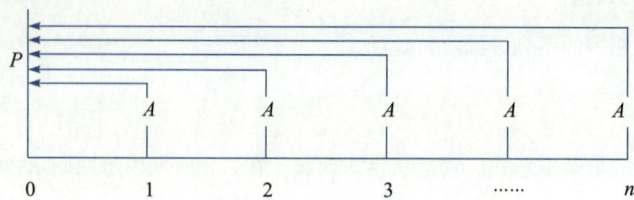

$P = A(1+i)^{-1} + A(1+i)^{-2} + A(1+i)^{-3} + A(1+i)^{-4} + \cdots + A(1+i)^{-n}$

$= A \times \dfrac{1-(1+i)^{-n}}{i} = A \times (P/A, i, n)$

其中，$\dfrac{1-(1+i)^{-n}}{i}$ 为年金现值系数，可用符号（$P/A, i, n$）表示。

【延伸】年偿债基金与年资本回收额。

（1）年偿债基金——已知：F, i, n，求 A。

为了在约定的未来某一时点清偿某笔债务或积聚一定数额的资金（F）而必须分次等额形成的存款准备金（A）。

$F = A \times (F/A, i, n)$ → $A = F/(F/A, i, n)$

结论：

①年偿债基金系数（$A/F, i, n$）与普通年金终值系数（$F/A, i, n$）互为倒数，二者相乘等于 1；

②年偿债基金与普通年金终值互为逆运算。

（2）年资本回收额——已知：P, i, n，求 A。

在约定年限内等额回收初始投入资本的金额。

$P = A \times (P/A, i, n)$ → $A = P/(P/A, i, n)$

结论：

①年资本回收系数（$A/P, i, n$）与普通年金现值系数（$P/A, i, n$）互为倒数，二者相乘等于 1；

②年资本回收额与普通年金现值互为逆运算。

▶ 很好懂 ▶

普通年金现值与终值的特点：

（1）n 期内发生 n 笔年金（n 为 A 的个数）；

（2）第 1 笔年金发生在 1 时点（第 1 期期末），最后 1 笔年金发生在 n 时点（最后 1 期期末）；

（3）0 时点为现值点（P），最后 1 期年金发生时点（n 时点）为终值点（F）。

(3) 预付年金终值。

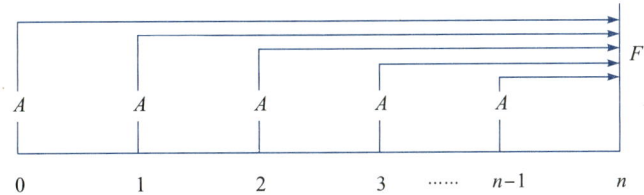

方法一：将 0~n-1 时点的 A 看作 n 期普通年金终值系数，再一次复利到终值点（F）。

$F = A \times (1+i) + A \times (1+i)^2 + A(1+i)^3 + \cdots + A(1+i)^n$

$\quad = A \times (F/A, i, n) \times (1+i)$

即：$F_{预} = F_{普} \times (1+i)$

方法二：假设 n 时点有现金收付 A，计算 (n+1) 期的普通年金终值，再减去 n 时点的 A。

$F = A \times (F/A, i, n+1) - A = A \times [(F/A, i, n+1) - 1]$

结论：预付年金终值是在普通年金终值的基础上，**期数加 1，系数减 1**。

(4) 预付年金现值。

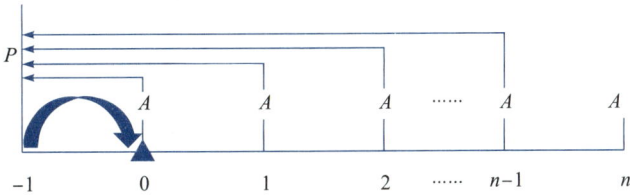

方法一：将 0~n-1 时点的 A 看作 n 期普通年金现值系数折现到 -1 时点，再一次往后复利到 0 时点（P）。

$P = A + A \times (1+i)^{-1} + A \times (1+i)^{-2} + A \times (1+i)^{-3} + A \times (1+i)^{-4} + \cdots + A \times (1+i)^{-(n-1)}$

$\quad = A \times (P/A, i, n) \times (1+i)$

即：$P_{预} = P_{普} \times (1+i)$

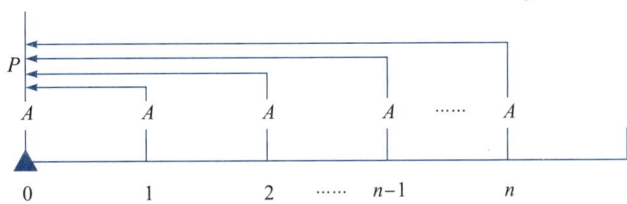

方法二：先计算 (n-1) 期（即 1 时点至 n 时点）的普通年金现值，再加上 0 时点的 A。

$P = A \times (P/A, i, n-1) + A = A \times [(P/A, i, n-1) + 1]$

结论：预付年金现值是在普通年金现值的基础上，**期数减 1，系数加 1**。

▶ 很好懂 ▶

预付年金现值与终值的特点：

(1) n 期内发生 n 笔年金（n 为 A 的个数）；

(2) 第 1 笔年金发生在 0 时点（第 1 期期初），最后 1 笔年金发生在 n-1 时点（最后 1 期期初）；

(3) 0 时点为现值点（P），最后 1 期年金发生时点（n-1 时点）为终值点（F）。

(5) 递延年金终值。

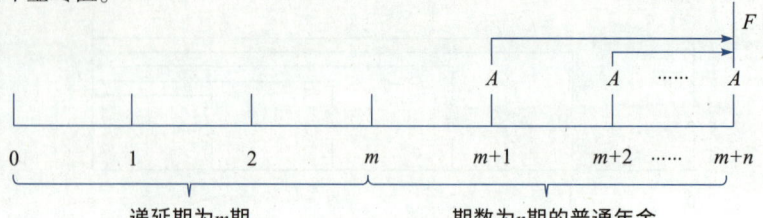

$F = A + A(1+i) + A(1+i)^2 + A(1+i)^3 + \cdots + A(1+i)^{n-1}$
$= A \times (F/A, i, n)$

(6) 递延年金现值。

方法一：假设递延期也收付，先计算（m+n）期的现值，再减去递延期 m 期的现值。

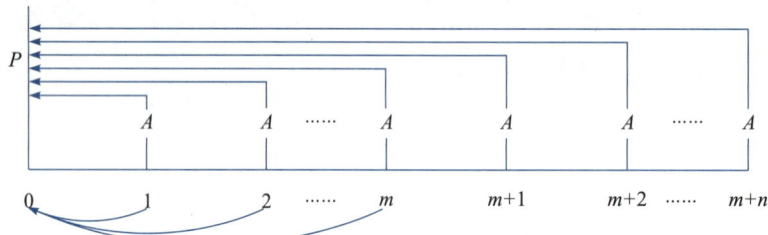

$P = A \times [(P/A, i, m+n) - (P/A, i, m)]$

方法二：将 n 期年金视为普通年金折现，再利用复利现值一次付现至期初。（二次折现）

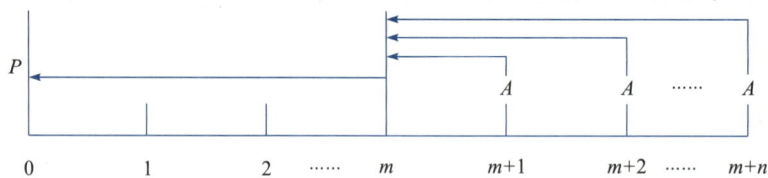

$P = A \times (P/A, i, n) \times (P/F, i, m)$

(7) 永续年金终值。

无终值。

(8) 永续年金现值

$P = A \times \dfrac{1-(1+i)^{-n}}{i}$

当 $n \to \infty$ 时，$(1+i)^{-n}$ 的极限为零，因此，永续年金现值 $P = A/i$。

通关文牒

▶ 速提分 ▶

【命题角度2】各类年金现值与终值的计算。

各类年金类型都是以普通年金为基础进行计算的，相关总结如下：

年金类型	现值	终值
普通年金	$P = A \times (P/A, i, n) = A \times \dfrac{1-(1+i)^{-n}}{i}$	$F = A \times (F/A, i, n) = A \times \dfrac{(1+i)^n - 1}{i}$
预付年金	(1) $P = A \times (P/A, i, n) \times (1+i)$ (2) $P = A \times [(P/A, i, n-1) + 1]$ 【提示】期数减1，系数加1。	(1) $F = A \times (F/A, i, n) \times (1+i)$ (2) $F = A \times [(F/A, i, n+1) - 1]$ 【提示】期数加1，系数减1。

续表

年金类型	现值	终值
递延年金	(1) $P=A\times(P/A, i, n)\times(P/F, i, m)$ (2) $P=A\times[(P/A, i, m+n) - (P/A, i, m)]$ 【提示】m 为递延期。	$F=A\times(F/A, i, n)$ 【提示】终值与递延期无关，n 为 A 的个数。
永续年金	$P=A/i$	无终值
年偿债基金	—	$A=F/(F/A, i, n)$ 【提示】与普通年金终值互为逆运算。
年资本回收额	$A=P/(P/A, i, n)$ 【提示】与普通年金现值互为逆运算。	—

趁热答题

|例 2-4·单选题（2022 年）| 某投资者从现在开始存入第一笔款项，随后每年存款一次，共存款 10 次，每次存款额相等，利率为 6%，采用复利计息，该投资者期望在 10 年后一次性取得 100 万元，则其每次存款金额的计算式为（　　）。

A. $100/(F/A, 6\%, 10)$
B. $100/(F/P, 6\%, 10)$
C. $100/[(F/A, 6\%, 10)\times(1+6\%)]$
D. $100/[(F/P, 6\%, 10)\times(1+6\%)]$

解析 本题考查预付年金终值。每年存一笔，且从现在（期初，0 时点）开始存，符合预付年金性质。存款 10 次（$n=10$），利率为 6%，10 年后的存款本息和（终值 F）为 100 万元，已知终值 F 求年金 A。设每年的等额存款额为 A，则 $A\times(F/A, 6\%, 10)\times(1+6\%)=100$，可得，$A=100/[(F/A, 6\%, 10)\times(1+6\%)]$，选项 C 正确。

答案 C

|例 2-5·单选题（2021 年）| 已知 $(F/P, 9\%, 4)=1.4116$，$(F/P, 9\%, 5)=1.5386$，$(F/A, 9\%, 4)=4.5731$，则 $(F/A, 9\%, 5)$ 为（　　）。

A. 4.9847　　　　B. 5.9847　　　　C. 5.5733　　　　D. 4.5733

解析 本题考查普通年金终值。

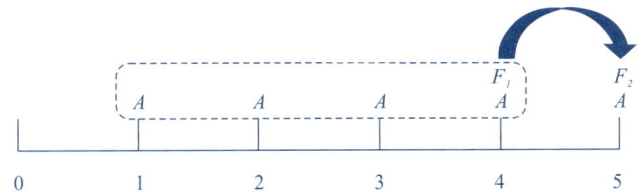

方法一：F_1 为 1~4 时点的年金终值，$F_1=A\times(F/A, 9\%, 4)$；$F_2=A\times(F/A, i, 5)=F_1\times(1+9\%)+A=A\times(F/A, 9\%, 4)\times(1+i)+A=A\times[(F/A, 9\%, 4)\times(1+i)+1]$。

所以，$(F/A, i, 5)=(F/A, 9\%, 4)\times(1+i)+1=4.5731\times(1+9\%)+1=5.9847$。

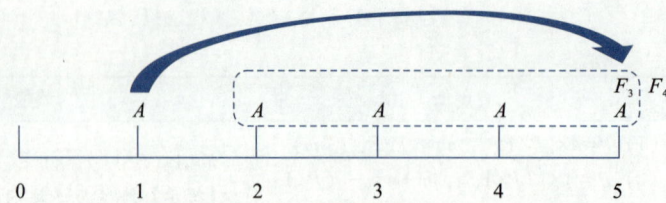

方法二：F_3 为 2~5 时点的年金终值，$F_3=A\times(F/A, 9\%, 4)$；F_4 为 1 时点的 A 一次复利到 5 时点的终值，$F_4=A\times(F/P, 9\%, 4)$。

所以，$A\times(F/A, i, 5)=A\times(F/A, i, 4)+A\times(F/P, i, 4)$，约掉 A 后，得到 $(F/A, i, 5)=(F/A, i, 4)+(F/P, i, 4)=4.5731+1.4116=5.9847$。

答案 B

例 2-6·多选题（2023 年） 某递延年金从第 4 年开始，连续 5 年每年年末收到现金 100 万元，假设年利率为 10%，下列计算中能正确计算出该递延年金现值的有（ ）。

A. $100\times[(P/A, 10\%, 8)-(P/A, 10\%, 4)]$
B. $100\times[(P/A, 10\%, 8)-(P/A, 10\%, 3)]$
C. $100\times[(P/A, 10\%, 5)\times(P/A, 10\%, 3)]$
D. $100\times[(P/A, 10\%, 5)\times(P/F, 10\%, 3)]$

解析 本题考查递延年金的现值。

（1）假设 1~8 年每年都收到现金 100 万元折现，再扣除实际前 3 年没有收到的现金折现。
$P=100\times[(P/A, 10\%, 8)-(P/A, 10\%, 3)]$

（2）从第 4 年开始，连续 5 年每年年末收到现金 100 万元，使用 5 年的年金现值折现到第 3 年年末，再一次折现到 0 时点，递延期数为 3 年。
$P=100\times(P/A, 10\%, 5)\times(P/F, 10\%, 3)$

因此，本题选项 BD 正确。

答案 BD

考点 2　利率的计算（★★）

靶心考点精讲

考频 2023 年单选题、判断题；2022 年判断题；2021 年单选题、多选题、判断题

（一）插值法（内插法）的运用

项目	说明
原理	利率与系数值具有线性关系 【提示】这里的系数也可为现值或终值数。
应用	利率　系数值 $\begin{pmatrix} i_1 \rightarrow B_1 \\ i \rightarrow B \\ i_2 \rightarrow B_2 \end{pmatrix}$ $\dfrac{i-i_1}{i_2-i_1}=\dfrac{B-B_1}{B_2-B_1}$ 解得：$i=i_1+\dfrac{B-B_1}{B_2-B_1}\times(i_2-i_1)$ 列式规则：等式左边的 i 和等式右边的 B 一一对应

▶ 很好懂 ▶

插值法的本质是解以 i 为未知数的一元一次方程。列方程时，等式左边和等式右边需一一对应，即 i_1 对 B_1、i 对 B、i_2 对 B_2，任意两者作差比较均可计算出正确答案。如：

$$\frac{i-i_2}{i_2-i_1}=\frac{B-B_2}{B_2-B_1} \text{ 或 } \frac{i-i_1}{i_2-i}=\frac{B-B_1}{B_2-B}$$

等式左边表示利率，等式右边通常表示系数，可能是终值系数也可能是现值系数，终值系数与利率正向变动，现值系数与利率反向变动。

另外，插值法的应用很广泛，在第三章"预算管理"中，弹性预算法的列表法需要用到插值法，第六章"投资管理"中的内含收益率的计算也需要用到插值法，计算原理一样。

例2-7·单选题（2020年） 已知（P/A，i，5）= 4.2，求i为（　　）。（百分数保留两位小数）

年金现值系数表（P/A，i，n）

利率期限	4%	5%	6%	7%	8%
1	0.9615	0.9524	0.9434	0.9346	0.9259
2	1.8861	1.8594	1.8334	1.8080	1.7833
3	2.7751	2.7232	2.6730	2.6243	2.5771
4	3.6299	3.5460	3.4651	3.3872	3.3121
5	4.4518	4.3295	4.2124	4.1002	3.9927

A. 5.83%　　　　B. 6.45%　　　　C. 6.11%　　　　D. 7.21%

解析 本题考查利用插值法进行利率计算。

（P/A，i，5）表示5年期的年金现值系数，i 越大，则（P/A，i，5）越小。已知（P/A，i，5）= 4.2，若要计算具体 i，有如下两个步骤：

第1步：找出 i 的最小区间范围。因为（P/A，6%，5）= 4.2124>（P/A，i，5）= 4.2>（P/A，7%，5）= 4.1002，所以 6%<i<7%。

第2步：利用插值法，计算出 i 的具体数值。

(i-6%)/(7%-6%) = [(P/A，i，5)-(P/A，6%，5)] / [(P/A，7%，5)-(P/A，6%，5)]

(i-6%)/(7%-6%) = (4.2-4.2124)/(4.1002-4.2124)

(i-6%)/1% = -0.0124/-0.1122

i-6% = 0.11%

i = 6%+0.11% = 6.11%

答案 C

（二）名义利率与实际利率的换算

1. 一年多次计息时的实际利率

$i=(1+r/m)^m-1$

其中，i 表示实际利率，r 表示名义利率，m 表示每年复利计息次数。
结论：
（1）一年一次计息时，实际利率=名义利率；
（2）一年多次计息时，实际利率>名义利率；名义利率相同时，计息次数越多，实际利率越大。

2. 通货膨胀情况下的实际利率

1+名义利率=（1+实际利率）×（1+通货膨胀率）

则，实际利率=（1+名义利率）/（1+通货膨胀率）−1

结论：通货膨胀率>0时，实际利率<名义利率；通货膨胀率>名义利率，则实际利率<0。

通关文牒

▶ 很好懂 ▶

在通货膨胀下，央行或其他资金借贷机构公布的利率为名义利率（未调整通货膨胀），实际利率是剔除了通胀后的真实利率。

趁热答题

| 例 2-8 · 单选题（2020 年） | 如果实际利率为 10%，通货膨胀率为 2%，则名义利率为（　　）。

A. 8%　　　　　B. 12.2%　　　　　C. 7.84%　　　　　D. 12%

〔解析〕本题考查名义利率和实际利率之间的关系。名义利率=（1+实际利率）×（1+通货膨胀率）−1=（1+10%）×（1+2%）−1=12.2%。因此，本题选项 B 正确。

〔答案〕B

| 例 2-9 · 单选题（2023 年） | 某企业向银行借款，年名义利率为 8%，按季度付息，则年实际利率为（　　）。

A. 10%　　　　　B. 8.16%　　　　　C. 8%　　　　　D. 8.24%

〔解析〕本题考查利率的计算。年实际利率=$(1+r/m)^m - 1 = (1+8\%/4)^4 - 1 = 8.24\%$。因此，本题选项 D 正确。

〔答案〕D

第二节　收益与风险

考点 3　资产的收益率和风险（★★★）

考频 2023 年单选题、多选题、计算分析题；2022 年单选题、多选题、判断题、计算分析题；2021 年单选题、多选题、判断题、计算分析题

（一）资产的收益率

1. 单项资产的收益率

类型	含义
实际收益率	已经实现或确定可以实现的收益率。存在通胀时，需扣除通货膨胀率的影响
预期收益率	也称期望收益率。在不确定的条件下，预测的某资产未来可能实现的收益率。 预期收益率 = $\sum_{i=1}^{n}(R_i \times P_i)$ R_i 表示情况 i 出现时的收益率，P_i 表示情况 i 出现的概率
必要收益率	也称最低报酬率或最低要求的收益率。表示投资者对某资产合理要求的最低收益率；风险越大，投资者要求的最低收益率（即必要收益率）越高。 必要收益率 = 无风险收益率 + 风险收益率 （1）无风险收益率 = 纯粹利率（货币时间价值）+ 通货膨胀补偿率，习惯用短期国债利率表示。 （2）风险收益率是投资者因承担资产的风险而要求超过无风险收益率的额外收益。它的大小取决于两个因素：①风险的大小；②投资者对风险的偏好
关系	（1）实际收益率 VS 预期收益率：二者的偏离程度反映了投资项目风险水平。 （2）必要收益率 VS 预期收益率：①预期收益率≥必要收益率，投资项目具有财务可行性；②预期收益率<必要收益率，投资项目不可行

注：若无特殊说明，资产的收益率均指资产的年收益率，又称资产的报酬率。

2. 资产组合的收益率

预期收益率是指组合内各种资产收益率的加权平均数，其权数为各种资产在组合中的价值比例。
$E(R_P) = \sum w_i \times E(R_i)$

（二）资产的风险

资产的风险，是资产收益率的不确定性，其大小可用资产收益率的离散程度衡量。

1. 单项资产的风险衡量

衡量指标	计算公式	相关结论
期望值（$\bar{E}$）	$\bar{E} = \sum_{i=1}^{n}(R_i \times P_i)$	不能直接衡量风险
方差（σ^2）	$\sigma^2 = \sum_{i=1}^{n}(X_i - \bar{E})^2 \times P_i$	期望值相同时，方差越大，风险越大。 方差 = 标准差^2
标准差（σ）	$\sigma = \sqrt{\sum_{i=1}^{n}(X_i - \bar{E})^2 \times P_i}$	期望值相同时，标准差越大，风险越大
标准差率（V）	$V = \sigma/\bar{E} \times 100\%$	无论期望值是否相同，标准差率越大，风险越大

注：（1）方差、标准差、标准差率都是衡量总体风险的指标。
（2）期望值不同时，不能直接根据标准差或方差比较来衡量风险的大小，要进一步计算标准差率进行比较。

2. 资产组合的风险衡量

衡量指标	计算公式	相关结论
方差（σ_P^2）	$\sigma_P^2 = \omega_1^2\sigma_1^2 + \omega_2^2\sigma_2^2 + 2\omega_1\omega_2\sigma_1\sigma_2\rho_{12}$（$\omega$：组合中两项资产的价值比例，$\sigma$：组合中两项资产收益率的标准差，$\rho_{12}$：相关系数）	组合风险**不等于**单项资产风险的加权平均，因为需要考虑相关系数的影响（$\rho_{12}=\pm1$时除外；$\rho_{12}=\pm1$时，组合风险**等于**单项资产风险的加权平均）
标准差	标准差 = $\sqrt{方差}$	
β系数	$\beta_P = \sum_{i=1}^{n} \beta_i \times \omega_i$	组合β系数等于所有单项资产β系数的加权平均数

注：方差、标准差可以衡量组合的总体风险，β系数衡量系统风险。

通关文牒

▶ 很好懂 ▶

组合方差的计算公式可以用$(a+b)^2 = a^2+b^2+2ab$来近似表示，只是组合方差还需考虑a和b之间的相关系数，因此组合方差 = $a^2+b^2+2ab\rho_{12}$。组合方差和标准差的计算公式无须记忆。

▶ 速提分 ▶

【命题角度1】 各项指标能否加权平均计算。总结如下：

（1）能加权平均计算：

①单一资产的预期收益率：$\bar{E} = \sum_{i=1}^{n}(R_i \times P_i)$

②资产组合的预期收益率：$E(R_P) = \sum w_i \times E(R_i)$

③资产组合的β系数：$\beta_P = \sum_{i=1}^{n} \beta_i \times \omega_i$

权数：①为情况i出现的概率；②③为单项资产在资产组合中的价值比例，即各项资产的投资金额比重。

（2）不能加权平均计算：资产组合的风险（方差、标准差）。

【命题角度2】 各指标能否衡量风险以及衡量的风险类型。总结如下：

（1）不能衡量风险——预期收益率；

（2）衡量总风险——方差、标准差、标准差率；

（3）衡量系统风险——β系数。

趁热答题

例2-10·多选题（2021年） 下列各项中，不使用加权平均计算的是（ ）。

A. 资产组合收益率的方差

B. 资产组合收益率的标准差

C. 资产组合收益率的标准差率

D. 资产组合的β系数

解析 本题考查证券资产组合的风险与衡量。方差、标准差、标准差率均可以衡量资产组合的整体风险，但会受到资产组合之间相关性影响，因此不能直接使用加权平均计算资产组合的相关指标，选项 ABC 符合题意；资产组合的 β 系数是组合所有单项资产 β 系数的加权平均数，选项 D 不符合题意。

答案 ABC

例 2-11·单选题（2020 年） 某公司拟购买甲股票和乙股票构成的投资组合，两种股票各购买 50 万元，β 系数分别为 2 和 0.6，则该投资组合的 β 系数为（　　）。

A. 2.6　　　　　　B. 1.2　　　　　　C. 0.7　　　　　　D. 1.3

解析 本题考查证券资产组合系统性风险的衡量。投资组合的 β 系数是组合中所有单项资产 β 系数的加权平均数，权数为各种资产在组合中所占的价值比例。所以，该投资组合的 β 系数 = 2×50/（50+50）+ 0.6×50/（50+50）= 1.3。选项 D 正确。

答案 D

3. 相关系数 ρ 与风险分散

ρ 反映两项资产收益率的相关程度，称为相关系数。理论上，相关系数介于 [-1, 1] 内。

ρ 在不同取值点表达的意义不同，具体如下表：

ρ 取值	意义
-1	(1) 两项资产收益率变化方向相反，变化幅度完全相同（**完全负相关**）； (2) 能够最大限度地抵消风险
0	两项资产收益率**无相关关系**
1	(1) 两项资产收益率变化方向和变化幅度完全相同（**完全正相关**）； (2) 不能抵消任何风险

相关结论：(1) ρ>0，两项资产收益率变化方向相同；ρ<0，两项资产收益率变化方向相反；

(2) -1<ρ<1 时，组合可以分散部分风险，且 ρ 越小，风险分散效应越强。

▶ 很好懂 ▶

只要相关系数 ρ<1，组合就可以分散风险，且只能分散非系统性风险。

4. 系统性风险与非系统性风险

项目	系统性风险	非系统性风险
含义	影响所有资产的、不能通过资产组合来消除的风险	影响个别公司的特有事件造成的风险
特点	**不可分散风险、市场风险**	**可分散风险、特有风险或特殊风险**
举例	宏观经济形势变动、国家经济政策变化、税制改革、企业会计准则改革、世界能源状况、政治因素等	一家公司的工人罢工、新产品开发失败、失去重要的销售合同、诉讼失败、取得重要合同等

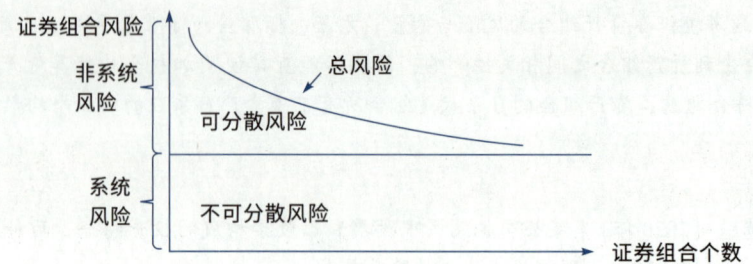

结论：

（1）系统性风险不能通过资产多样化组合来消除。

（2）资产组合个数较少时，风险分散效应较为明显；资产组合达到一定程度后，风险分散效应会逐渐减弱。

趁热答题

| 例 2–12·多选题（2023 年）| 在证券投资中，下列各项因素引起的风险，投资者可以通过投资组合予以分散的有（　　）。

A. 税制改革
B. 公司失去重要的销售合同
C. 公司新产品开发失败
D. 公司诉讼失败

（**解析**）本题考查系统性风险与非系统性风险。投资者可以通过投资组合予以分散的风险属于非系统性风险，是发生于个别公司的特有事件造成的风险。例如：一家公司的工人罢工、新产品开发失败（选项 C）、失去重要的销售合同（选项 B）、诉讼失败（选项 D），或者宣告发现新矿藏、取得一个重要合同等。选项 A 属于系统性风险，不能通过投资组合予以分散。因此，本题选项 BCD 正确。

（**答案**）BCD

5. β 系数与系统性风险

β 系数是衡量系统性风险的指标，它有两层含义：（1）反映特定资产的系统风险相对于市场组合系统风险的倍数（**市场组合 $\beta=1$**）；（2）反映该资产收益率波动与整个市场收益率波动的关系程度。

β 在不同取值点表达的意义也不同，具体如下表：

系数取值	意义
$\beta=1$	（1）资产系统风险＝市场组合系统风险； （2）资产收益率波动＝市场组合收益率波动
$\beta>1$	（1）资产系统风险＞市场组合系统风险； （2）资产收益率波动＞市场组合收益率波动
$0<\beta<1$	（1）资产系统风险＜市场组合系统风险； （2）资产收益率波动＜市场组合收益率波动
相关结论	（1）$\beta>0$，资产收益率与市场组合收益率同向变动，$\beta<0$，资产收益率与市场组合收益率反向变动； （2）无风险资产没有任何风险，因此其标准差和 β 系数均为 0

通关文牒

▶ 很好懂 ▶

(1) 举例理解 β 系数：若 $\beta=1.2$，则表示股市大盘上涨 1%，该股票上涨 1.2%；若 $\beta=-1.2$，则表示股市大盘上涨 1%，该股票下跌 1.2%。

(2) 绝大多数资产 β 系数是大于 0 的，个别资产 β 系数为负数。$\beta=0$ 不一定表示无风险资产，也可能是某项证券价格波动与市场价格波动无关，但无风险资产对应的 β 系数 $=0$。

(3) 不同公司之间的 β 系数有所不同，即便是同一家公司在不同计算期，其 β 系数也会有差异。

▶ 速提分 ▶

【命题角度 3】 相关系数 ρ 与 β 系数的不同点与相同点，尤其是不同取值表示的含义。

项目		相关系数 ρ	β 系数
不同点	表达含义	两项资产收益率的关系	任意资产与市场组合收益率的关系
	取值范围	[-1, 1]	任意值
	关键取值点	0	1
相同点	大于 0	同向变动	
	小于 0	反向变动	
	等于 0	无关	

趁热答题

例 2-13·多选题（2022 年） 下列关于两项资产构成的投资组合的表述中，正确的有（　　）。

A. 如果相关系数为 1，则投资组合的标准差等于两项资产标准差的加权平均数
B. 如果相关系数为 -1，则投资组合的标准差最小，甚至可能等于 0
C. 如果相关系数为 0，则表示不相关，但可以降低风险
D. 只要相关系数小于 1，则投资组合的标准差就一定小于各单项资产标准差的加权平均数

解析 本题考查证券资产组合的风险及其衡量：相关系数 ρ。相关系数介于 [-1, 1] 内，在相关系数等于 1 的情况下，组合不能分散风险，此时，组合的标准差=各单项资产标准差的加权平均数（选项 A）；当相关系数在 [-1, 1) 之间时，组合能分散风险，此时组合的标准差<各单项资产标准差的加权平均数，且相关系数 $=0$ 时，表示两项资产收益率不相关（选项 CD）；当相关系数为 -1 时，两项资产的风险可以充分地相互抵消，甚至完全消除，这样的组合能够最大限度的降低风险（选项 B）。

答案 ABCD

6. 风险管理对策

风险对策	重要特点	举例
风险规避	回避、停止、退出	退出竞争激烈的市场；拒绝与信用不好的对手交易；禁止投机行为
风险承担	接受风险带来的后果	—

续表

风险对策	重要特点	举例
风险转移	将风险转移给第三方	购买保险；采取合营方式实现风险共担
风险转换	由一种风险转换成另一种风险	通过放松客户信用标准增加了应收账款，但扩大了销售（将产品销售不出去的风险转换为应收款收不回来的风险）
风险对冲	多个风险相互冲抵	资产组合的使用、多种外币结算的使用和战略上的多种经营
风险补偿	对风险造成的后果进行补偿	企业自身的风险准备金或应急资本
风险控制	控制风险发生的概率和损失	控制风险发生的概率：电梯内禁止吸烟；控制风险发生的损失：修建防洪水坝

趁热答题

例2-14·单选题（2018年） 某公司购买一批贵金属材料，为避免资产被盗而造成的损失，向财产保险公司进行了投保，则该公司采取的风险管理对策是（　　）。

A. 风险规避　　　　　　　　B. 风险承担
C. 风险转移　　　　　　　　D. 风险转换

解析 本题考查风险管理对策。风险转移是指企业通过合同将风险转移到第三方，企业对转移后的风险不再拥有所有权。转移风险不会降低其可能的严重程度，只是从一方移除后移到另一方。常见的风险转移方式有购买保险、采取合营方式实现风险共担等。因此选项C正确。

答案 C

考点4　资本资产定价模型（★★★）

靶心考点精讲

考频 2023年计算分析题；2022年单选题、计算分析题；2021年判断题、计算分析题

（一）基本原理

资本资产定价模型中的资本资产主要是指**股票资产**，它是"必要收益率=无风险收益率+风险收益率"的量化计算，主要贡献是解释了风险收益率的决定因素和度量方法。

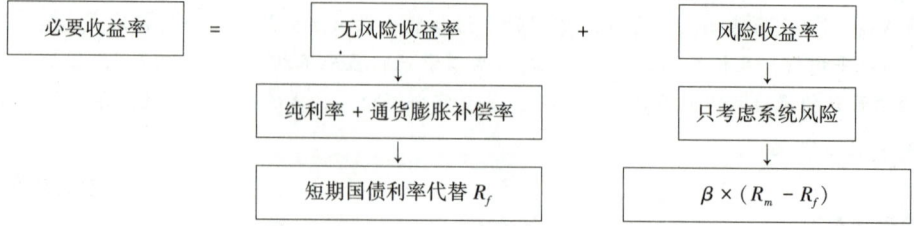

资本资产定价模型的完整表达式为：$R=R_f+\beta\times(R_m-R_f)$。

式中，R 表示某资产的必要收益率，β 表示该资产的系统性风险系数，R_m 表示市场组合收益率，R_f 表示无风险收益率。

重要结论:

(1) 该模型反映了必要收益与系统风险之间的函数关系;

(2) 该模型只考虑了系统性风险, 没有考虑非系统性风险, 因为非系统性风险可以通过资产组合消除。

▶ 速提分 ▶

【易混易错】 区分 "R_m" "R_m-R_f" "$\beta\times(R_m-R_f)$"。

项目	R_m	R_m-R_f	$\beta\times(R_m-R_f)$
反映对象	市场组合	市场组合	资产或资产组合
收益率类型	无风险收益率+风险收益率	风险收益率	风险收益率
常见叫法	市场组合收益率、市场组合的必要收益率、平均风险的必要收益率、股票市场的收益率 规律: 市场/市场组合/平均风险+收益率, 且收益率前无"风险"二字, 与 R_m-R_f 相区分。	**市场风险溢酬**、市场组合(平均风险)的风险收益率、股票市场的风险收益率 规律: 市场或平均+风险收益率/补偿率/溢价。	某资产或资产组合的风险收益率、某资产或资产组合的风险补偿率 规律: 股票+风险收益率/补偿率/溢价。

【命题角度】 资本资产定价模型的计算。总结如下:

(1) 从投资的角度, 资本资产定价模型计算的是股票资产的收益率(本章考查范围);

(2) 从筹资的角度, 资本资产定价模型计算的是股票或项目筹资的资本成本率(主要在第五章、第六章涉及)。

(二) 有效性和局限性

项目	说明
有效性	资本资产定价模型首次将"高风险伴随高收益"用关系式直观表达出来
局限性	(1) 某些资产或企业的 β 值难以估计, 特别是缺乏历史数据的新兴行业; (2) 经济环境的不断变化使以历史数据估算出的 β 系数对未来的指导作用大打折扣; (3) 该模型建立在一系列假设之上, 其有效性受到质疑

趁热答题

| 例 2-15·判断题(2020 年) | 基于资本资产定价模型, 如果甲资产 β 系数是乙资产 β 系数的 2 倍, 则甲资产必要收益率是乙资产必要收益率的 2 倍。 ( )

解析 本题考查资本资产定价模型。必要收益率=无风险利率+风险收益率, 其中风险收益率=$\beta\times(R_m-R_f)$。如果甲资产 β 系数是乙资产 β 系数的 2 倍, 那么应该是甲资产风险收益率是乙资产风险收益率的 2 倍。因此, 本题表述错误。

答案 ×

第三节　成本性态分析

考点5　成本性态分类（★★）

考频　2023年单选题、判断题；2021年单选题

（一）成本的分类及基本特征

按照成本性态不同，通常把成本区分为固定成本、变动成本和混合成本。

（1）固定成本：特定业务量范围内，一定期间成本总额**保持不变**。

基本特征：固定成本总额不随业务量的变动而变动，但单位固定成本会随业务量的变动呈反向变动。

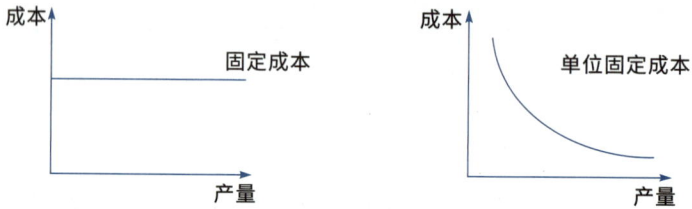

（2）变动成本：特定业务量范围内，成本总额随业务量的变动**呈正比例**变动。

基本特征：变动成本总额随业务量的变动而呈正比例变动，但单位变动成本不变。

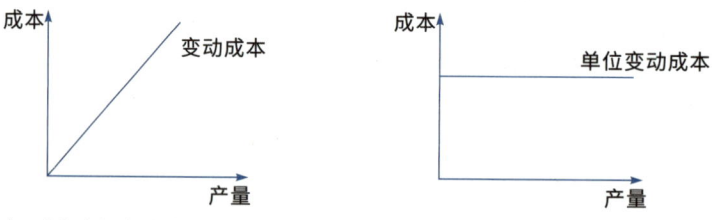

（3）混合成本：同时包含固定成本和变动成本两部分。

基本特征：混合成本总额随业务量的变化而变化，但**不成正比例**关系。

（二）各类成本的具体分类

（1）固定成本。

项目	约束性固定成本（经营能力成本）	酌量性固定成本（经营方针成本）
特点	管理当局短期经营决策行动**不能改变**数额	管理当局短期经营决策行动**可以改变**数额
举例	房屋租金、固定的设备折旧、管理人员基本工资、车辆交强险	广告费、职工培训费、新产品研究开发费用
降低成本措施	合理利用企业现有生产能力，提高生产效率，以取得更大经济效益	厉行节约、精打细算，编制出积极可行的费用预算并严格执行，防止浪费和过度投资

（2）变动成本。

项目	约束性变动成本（技术性变动成本）	酌量性变动成本
特点	管理当局**不能改变**数额，只要生产就必然会发生，若不生产便为零	管理当局**可以改变**数额，其单位变动成本的发生额可由企业**最高管理层**决定

续表

项目	约束性变动成本（技术性变动成本）	酌量性变动成本
举例	直接材料	按销售收入一定百分比支付的销售佣金、新产品研制费、技术转让费

通关文牒

▶ 很好懂 ▶

(1) 固定成本和变动成本的分类具有相似性。"约束性"均指过去已经决策的成本，企业管理当局不能通过决策改变当前成本；"酌量性"则相反，指企业管理当局可以通过决策改变当前成本。

(2) 不是所有折旧都属于约束性固定成本。采用直线法计算的折旧才属于约束性固定成本，采用工作量法计算的折旧属于技术性变动成本。如果题目没有特指，默认属于约束性固定成本。

趁热答题

例 2-16 · 单选题（2023 年） 根据成本性态分析，下列各项成本属于约束性固定成本的是（　　）。

A. 广告费　　　　B. 职工培训费　　　　C. 专家咨询费　　　　D. 厂房租赁费

(解析) 本题考查固定成本的分类。约束性固定成本是指管理当局的短期经营决策行动不能改变其数额的固定成本。包括房屋租金（选项 D）、固定设备折旧、管理人员基本工资、车辆交强险等。选项 ABC 均属于酌量性固定成本。因此，本题选项 D 正确。

(答案) D

(3) 混合成本。

类型	图示	举例
半变动成本	半变动成本	某电话卡，月租 10 元，本地呼叫每分钟 0.02 元
半固定成本（阶梯式变动成本）	阶梯式变动成本	检验员的工资：产量 10 万件以内，工资 5 000 元；产量 10 万~20 万件，工资 10 000 元

续表

类型	图示	举例
延期变动成本	（成本-产量图，延期变动成本曲线）	某电话卡，月租50元，享有500分钟本地通话时长，超过500分钟按每分钟0.02元收费
曲线变动成本	（递增曲线成本图、递减曲线成本图）	递增曲线成本：其变动率是递增的，如累计计件工资、违约金等； 递减曲线成本：其变动率是递减的，如有价格折扣或优惠条件下的水、电消费成本等

通关文牒

▶ 速提分 ▶

【易混易错】区分半变动成本和延期变动成本。

半变动成本：总成本分为变动成本和固定成本；总成本=变动成本+固定成本。

延期变动成本：分为两个阶段。前一阶段为"固定成本"，后一阶段为"固定成本+变动成本"。

【命题角度1】给出案例，要求考生判断属于哪种成本类型。

（1）对于固定成本和变动成本：先判断属于"固定"还是"变动"，再通过管理当局是否可以改变数额判断属于"酌量性"还是"约束性"。

（2）对于混合成本：根据案例特点画出对应图示，从而定位混合成本类型。

趁热答题

│例2-17·单选题（2023年）│ 某手机套餐为"5元保号，可免费接收短信和接听电话。主叫国内电话每分钟0.15元"。根据成本性态分析，手机费属于（　　）。

A. 半变动成本　　B. 固定成本　　C. 阶梯式变动成本　　D. 延期变动成本

（解析）本题考查混合成本的分类。半变动成本是指在一定初始量基础上，随着业务量的变化而呈正比例变动的成本。该成本特点是：它通常有一个初始的固定基数，在此基数内与业务量的变化无关，这部分成本类似于固定成本；在此基础之上的其余部分，随着业务量的增加呈正比例增加。本题选项A符合半变动成本的特征，为正确选项。

答案　A

(三) 混合成本的分解

混合成本分解方法	含义	特点
高低点法	选取业务量最高点和最低点，将总成本进行分解	(1) 计算较简单； (2) 代表性差（只采用最高和最低点两点数据）
回归直线法	利用历史数据和最小二乘法原理得出混合成本回归模型	(1) 计算复杂； (2) 代表性好（考虑了所有相关数据）
账户分析法（会计分析法）	根据成本账户和明细账内容，判断混合成本模型	(1) 简便易行； (2) 比较粗糙且带有主观判断
工业工程法	根据生产过程中对材料和人工的技术测定判断混合成本模型	通常只适用于投入成本与产出数量之间有规律的成本分解
合同确认法	根据合同或协议规定估算成本项目	要配合账户分析法使用

注：只有高低点法和回归分析法不适用新产品的成本分解，因为二者需运用历史资料，新产品不含历史资料。

速提分

【命题角度2】重点考查高低点法的应用。

高低点法适用模型：$y = a + bx$。

计算：选取业务量（x）最高点和最低点，将总成本进行分解。

单位变动成本（b）= $\dfrac{\text{最高点业务量成本} - \text{最低点业务量成本}}{\text{最高点业务量} - \text{最低点业务量}}$

固定成本总额（a）= 最高点业务量成本 − 单位变动成本 × 最高点业务量

或：固定成本总额（a）= 最低点业务量成本 − 单位变动成本 × 最低点业务量

【提示】
(1) 高低点法以业务量（x）为基准选择最高点和最低点，不是以业务量的成本为基准。
(2) 高低点法还在第五章中的资金习性预测法中用于预测资金的需要量，第五章会具体讲解。

趁热答题

|例2-18·计算分析题| 假设A公司的业务量以直接人工小时为单位，20×7年12个月份的业务量在5.0万~7.5万小时之间变化，维修成本与业务量之间的关系如下表所示。

A公司维修成本与业务量之间的关系

月份	1	2	3	4	5	6	7	8	9	10	11	12
业务量（万小时）	5.1	5.5	5.6	6.0	6.1	7.5	7.4	7.2	7.0	6.8	6.5	5.0
维修成本（万元）	100	104	105	108	109	120	121	118	115	112	111	101

【要求】

（1）利用高低点法计算维修成本模型公式。

（2）当业务量为7.0万小时，估计维修成本的金额。

【解析】以业务量为基准，选取最高点（7.5，120），最低点（5.0，101）。代入混合成本模型 $y=a+bx$，从而得到模型公式。业务量 $x=7$ 代入上述模型公式即可求解估计维修成本。

【答案】

（1）最高点：（7.5，120）；最低点：（5.0，101）。

$b = \dfrac{120-101}{7.5-5} = 7.6$；

把 $b=7.6$ 代入高低点模型 $y=a+bx$，

$a=120-7.6×7.5=63$。

维修成本模型公式：$y=63+7.6x$。

（2）将 $x=7.0$ 代入 $y=63+7.6x$，

$y=63+7.6×7.0=116.2$（万元）。

考点加油站

财务管理基础

货币时间价值

考点1 货币时间价值★★★

- 概念（无通胀、无风险下的平均利率）
- 复利终值和现值 —— 一次收付
  - $F=P\times(F/P,i,n)$
  - $P=F\times(P/F,i,n)$
  - $(F/P,i,n)\times(P/F,i,n)=1$
- **普通年金终值和现值**
  - $F=A\times(F/A,i,n)$
  - $P=A\times(P/A,i,n)$
  - 年偿债基金和年资本回收额
- 预付年金终值和现值
  - ①$F=$普通年金终值$\times(1+i)$
  - ②$F=A\times[(F/A,i,n+1)-1]$
  - ①$P=$普通年金现值$\times(1+i)$
  - ②$P=A\times[(P/A,i,n-1)+1]$
- 递延年金终值和现值
  - $F=A\times(F/A,i,n)$ ——与递延期无关
  - ①$P=A\times(P/A,i,n)(P/F,i,m)$
  - ②$P=A\times[(P/A,i,m+n)-(P/A,i,m)]$
- 永续年金现值 —— $P=A/i$ —— 无终值

考点2 利率的计算★★

- 一年多次计息 —— $i=(1+r/m)^m-1$ —— 实际利率与名义利率换算
- 通胀条件下 —— **1+名义利率=(1+实际利率)(1+通货膨胀率)**

（主观题可考）

收益与风险

考点3 资产的收益率和风险★★

- 资产的收益：单项+组合
  - 预期收益率、实际收益率、必要收益率
  - **可加权平均：预期收益率**
- 资产的风险：单项+组合
  - 方差、标准差、标准差率
  - 不可加权：ρ；可加权：β —— 注意特殊值

考点4 资本资产定价模型★★★

- 必要收益率R —— $R=R_f+\beta\times(R_m-R_f)$ —— 衡量系统风险

（主观题可考）

成本性态分析

考点5 成本性态分类★★

- 固定成本
  - 固定成本总额不变，单位固定成本随业务量增加而降低
  - 酌量性固定成本/约束性固定成本
- 变动成本
  - 变动成本总额随业务量增加而正比例增加，单位变动成本不变
  - 酌量性变动成本/约束性固定成本
- 混合成本
  - 分类 —— 半变动成本、半固定成本、延期变动成本、曲线变动成本 —— **掌握各类成本举例**
  - **分解方法** —— 注意高低点法计算

（本量利分析、杠杆效应分析的基础）

14%

第三章 预算管理

> 轻装上阵

考情驿站

本章属于重点章节，难度不大。本章可单独考查客观题、主观题，也可结合其他章节知识点考查主观题，比如经营预算的编制、财务预算的编制可结合第八章的成本差异的计算与分析，也可结合第十章的因素分析法进行考查。本章近三年平均考查分值在 9 分左右。

考点地图

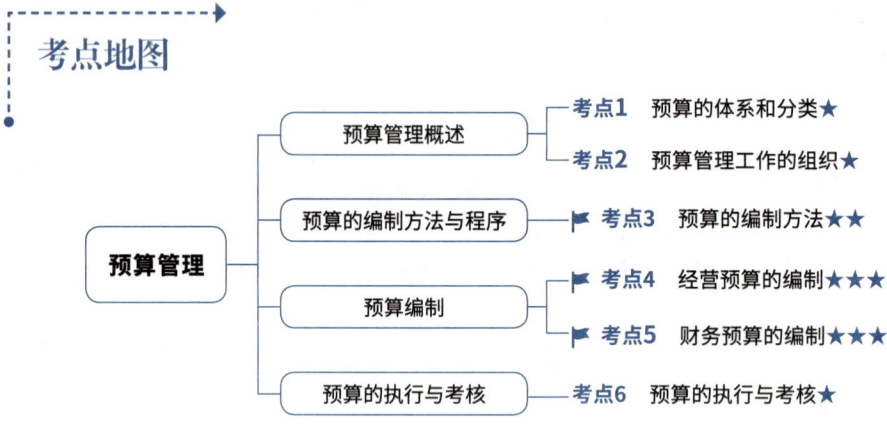

2024 年本章主要变化

本章内容改动较小，仅调整完善了生产预算的公式，考试时须注意。其他无实质性变化。

考点速递

第一节 预算管理概述

考点1 预算的体系和分类（★）

考频 2023年单选题；2022年多选题；2021年判断题

按照内容不同，企业预算可分为经营预算（即业务预算）、专门决策预算和财务预算。

（1）经营预算：与企业日常业务直接相关的一系列预算，包括销售预算、生产预算、采购预算、费用预算、人力资源预算等。

（2）专门决策预算：企业重大或不经常发生的、需要根据特定决策编制的预算，包括投融资决策预算、资本支出预算等。

（3）财务预算：与企业资金收支、财务状况或经营成果等有关的预算，包括资金预算、预计利润表、预计资产负债表等。

按照预算覆盖时间的长短，企业预算可分为短期预算（预算期≤1年）和长期预算（预算期>1年）。一般情况下，经营预算和财务预算多为短期预算，专门决策预算多为长期预算。

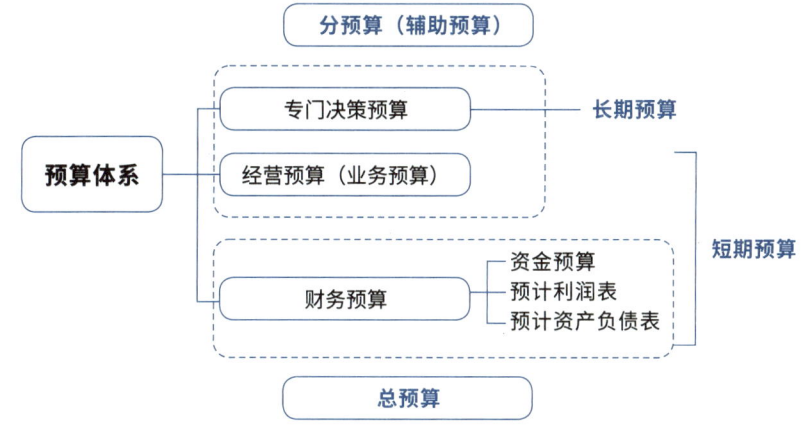

通关文牒

▶ 速提分 ▶

【命题角度】三大预算的内容及分类。总结如下：

（1）经营预算：包括销售预算、生产预算、采购预算、费用预算、人力资源预算等（记忆关键词：购、产、销、费、人）。——**分预算**、**短期预算**

（2）专门决策预算：包括投融资决策预算、资本支出预算等（记忆关键词：投融资、资本支出）。其编制依据是可行性分析资料、企业筹资决策资料。——**分预算**、**长期预算**

（3）财务预算：包括资金预算、预计利润表、预计资产负债表等。先编制经营预算、专门决策预算，后编制财务预算。——**总预算**、**短期预算**

趁热答题

例 3-1·多选题（2022 年） 下列各项中，属于总预算内容的有（　　）。

A. 管理费用预算
B. 预计利润表
C. 生产预算
D. 资金预算

解析 本题考查预算的分类。财务预算被称为总预算，财务预算包括资金预算（选项 D）、预计利润表（选项 B）、预计资产负债表；其他预算（选项 AC）被称为分预算或辅助预算。

答案 BD

例 3-2·判断题（2021 年） 在全面预算体系中，企业应当首先编制财务预算，在此基础上编制经营预算与专门决策预算。（　　）

解析 本题考查"三大预算"的编制顺序。财务预算作为全面预算体系的最后环节，需要以经营预算和专门决策预算为基础编制，因此应先编制经营预算、专门决策预算，最后编制财务预算。因此，本题表述错误。

答案 ×

考点 2　预算管理工作的组织（★）

层级	负责机构	关键职责	具体内容
决策层	董事会或类似机构	**负总责**	应当对企业预算管理工作负总责
管理层/考核层	预算管理委员会	审批细节、协调、发令	审批预算制度、政策，审议预算草案，监控、考核预算执行情况
	财务管理部门	汇总方案→跟踪监督→修正调整→分析原因、提出意见建议	跟踪管理，监督执行，找出差异，分析原因，提出意见建议
执行层	职能部门	负责本部门相关的预算工作	(1) 负责本部门预算工作；(2) 主要负责人对本部门预算执行结果负责
	基层单位	负责本单位预算	(1) 是企业预算的基本单位；(2) 单位负责人对本单位预算执行结果承担责任

通关文牒

▶ 速提分 ◀

【命题角度】判断各级预算工作组织的主要职责。常考考点如下：
(1) 董事会或类似机构：负总责；
(2) 职能部门：主要负责人对本部门预算执行结果负责；
(3) 基层单位：主要负责人对本单位预算执行结果负责。

趁热答题

例 3-3·单选题（2013 年） 下列各项中，对企业预算管理工作负总责的组织是（   ）。

A. 预算管理委员会
B. 董事会
C. 财务管理部门
D. 股东会

解析 本题考查预算管理工作组织的主要职责。由题干关键词"负总责"可知答案是董事会，选项 B 正确。企业董事会或类似机构应当对企业预算的管理工作负总责。选项 AC 不是负总责的预算管理组织，选项 D 不属于从事预算管理工作的组织。

答案 B

第二节　预算的编制方法与程序

考点 3　预算的编制方法（★★）

考频 2023 年判断题；2022 年单选题、多选题、判断题；2021 年单选题、多选题、判断题

按照不同的分类标准，常见的预算编制方法有三对。

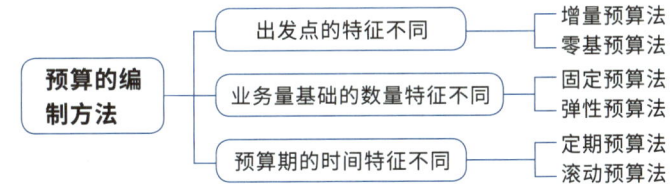

（一）增量预算法与零基预算法

增量预算法：以历史期实际经济活动及其预算为基础，结合预算期的变动情况，通过调整历史期经济活动项目及金额形成预算的编制方法。

零基预算法：不以历史期经济活动及其预算为基础，以零为起点，从实际需要出发分析预算期经济活动的合理性，经综合平衡，形成预算的编制方法。

增量预算法	零基预算法
以**历史期**为基础	以**零**为起点
优点： 工作量小、成本较低	缺点： （1）工作量大、成本较高； （2）准确性受管理水平和数据标准准确性影响较大
缺点： 受历史期影响，无效费用开支无法得到有效控制，不必要开支合理化，造成预算浪费	优点： （1）增加预算编制透明度，有利于预算控制； （2）不受历史期不合理因素影响，能够灵活应对内外环境变化，更贴近企业预算期需要

注：零基预算法适用于企业各项预算的编制，特别是**不经常发生**的预算项目或**预算编制基础变化较大**的预算项目。

▶ 很好懂 ▶

（1）增量预算的假设前提就是现有开支水平合理，并以现有开支水平确定预算期的预算数。增量预算的假设前提决定了增量预算法的优缺点所在。

（2）零基预算的适用范围可以根据其优缺点类推：

不经常发生的预算项目——不受历史期影响，可减轻工作量和成本；

预算编制基础变化较大的预算项目——不能以历史期数据为基础，只能从零开始。

（二）固定预算法与弹性预算法

靶心考点精讲

固定预算法：又称静态预算法，指以预算期内正常的、最可实现的某一业务量水平为固定基础，不考虑可能发生变动的预算编制方法。

弹性预算法：又称动态预算法，指企业在分析业务量与预算项目之间数量依存关系的基础上，分别确定不同业务量及其相应预算项目所消耗资源的预算编制方法。

固定预算法	弹性预算法
以**固定业务量水平**为基础	以**业务量与预算数据的依存关系**为基础
优点： （1）编制简单，工作量小，容易使管理者理解； （2）预算合理性不受主观判断影响	缺点： （1）工作量大； （2）预算合理性受主观判断影响
缺点： （1）适应性差； （2）可比性差	优点： 考虑了预算期可能的不同业务量水平，更贴近企业实际情况（适应性高、可比性好）

其中，弹性预算法又分为公式法和列表法。

公式法	列表法
成本与业务量关系公式： $$y = a + bx$$ a：固定基数；b：业务量弹性定额；x：预计业务量；y：预算成本总额	在确定的业务量范围内，划分出不同水平，再计算预算值
优点： （1）一定范围内可比性、适应性强； （2）工作量小	缺点： 往往需要用插值法计算预算成本，比较麻烦
缺点： （1）对于阶梯成本和曲线成本只能先用数学方法修正为直线； （2）公式分解比较麻烦	优点： （1）不用计算即可找到与业务量相近的预算成本； （2）阶梯成本和曲线成本不必用数学方法修正为近似直线成本，可直接按总成本模型计算填列

▶ 很好懂 ▶

弹性预算法需要注意以下几点：

（1）成本法的适用模型 $y=a+bx$ 可以根据成本性态进行分解。可理解为：预算总成本＝固定成本＋变动成本＝固定成本＋单位变动成本×业务量。

（2）业务量有一定区间要求：①正常生产能力的70%～110%；②以历史上最高业务量和最低业务量为其上下限。

（3）业务量的计量单位要选用最能代表生产经营活动水平的。例如：①以手工操作为主的车间——人工工时；②制造单一产品或零件的部门——实物数量；③修理部门——直接修理工时。

（三）定期预算法与滚动预算法

定期预算法：以固定会计期间（如日历年度）作为预算期的一种编制方法。

滚动预算法：企业根据上一期预算执行情况和新的预测结果，按既定的预算编制周期和滚动频率，对原有预算方案进行调整和补充、逐期滚动、持续推进的预算编制方法。

定期预算法	滚动预算法
预算期间＝会计期间	预算期间≠会计期间
优点： （1）工作量相对较小； （2）便于实际数与预算数对比，有利于分析评价	缺点： （1）滚动频率越高，对预算沟通要求越高，工作量越大； （2）过高的滚动频率易增加管理层的不稳定感
缺点： 缺乏长远打算，导致短期行为	优点： 能够动态反映市场，建立跨期综合平衡，有效指导企业营运，强化预算决策与控制职能

▶ 很好懂 ▶

（1）滚动预算法分为中期滚动预算（3年或5年）和短期滚动预算（12个月）。
①中期滚动预算：逐年滚动；
②短期滚动预算：逐月滚动、逐季滚动、混合滚动。

（2）三对预算方法的优缺点通常两两成对，**增量对零基，固定对弹性，定期对滚动**。其中一个预算方法的优点往往是另一个预算方法的缺点，考生无须逐个记忆。

▶ 速提分 ▶

【命题角度1】根据含义或特征判断预算方法所属类型。

一般使用关键词判断法或情境分析法。总结如下：

（1）以历史期为基础——增量预算法，以零为起点——零基预算法；
（2）以某一业务量水平为固定基础——固定预算法；
（3）分析业务量与预算项目依存关系——弹性预算法；
（4）以固定会计期间为预算期——定期预算法；
（5）按既定的滚动周期和滚动频率——滚动预算法。

趁热答题

例3-4·单选题（2021年） 在分析业务量与预算项目之间数量依存关系的基础上，分别确定不同业务量及其相应预算项目金额的预算编制方法是（　　）。

A. 定期预算法
B. 固定预算法
C. 滚动预算法
D. 弹性预算法

解析 本题考查预算编制方法所属类型。

题干关键词"分析业务量与预算项目之间数量依存关系"，属于弹性预算法特征，因此选择选项D。

选项A，定期预算法是指在编制预算时，以固定期限（如日历年度）作为预算期的一种预算编制方法。

选项B，固定预算法又称静态预算法，是以预算内正常的、最可实现的某一业务量水平为固定基础，不考虑可能发生的变动的预算编制方法。

选项C，滚动预算法是指企业根据上一期预算执行情况和新的预算情况，按既定的预算编制周期和滚动频率，对原有的预算方案进行调整和补充、逐期滚动、持续推进的预算编制方法。

答案 D

例3-5·单选题（2019年） 某企业当年实际销售费用为6 000万元，占销售额的30%，企业预计下年销售额增加5 000万元，于是就将下年销售费用预算简单地确定为7 500（6 000+5 000×30%）万元。从中可以看出，该企业采用的预算编制方法为（　　）。

A. 弹性预算法　　　　　　　　B. 零基预算法
C. 滚动预算法　　　　　　　　D. 增量预算法

解析 本题考查预算编制方法所属类型。考生需在理解定义的基础上判断。历史期预算为6 000万元，调整额为（5 000×30%）万元，符合增量预算法的定义。增量预算法，是指以历史期实际经济活动及其预算为基础，结合预算期经济活动及其相关影响因素的变动情况，通过调整历史期经济活动项目及金额形成预算的预算编制方法。因此选项D正确。

答案 D

通关文牒

▶ 速提分 ▶

【命题角度2】预算编制方法的优缺点判断。其中一个预算方法的优点对应另一个预算方法的缺点。

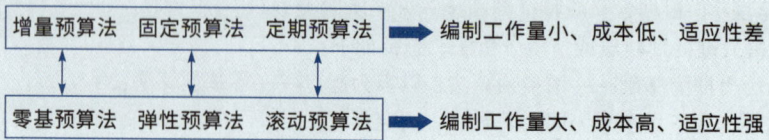

趁热答题

例 3-6 · 多选题（2021 年） 与增量预算法相比，属于零基预算法特点的有（　　）。

A. 不受历史期经济活动中的不合理因素影响

B. 有助于增加预算编制透明度

C. 预算编制工作量较大

D. 成本较高

解析 本题考查零基预算法与增量预算法的优缺点比较。

零基预算法的优点：（1）以零为起点编制预算，不受历史期经济活动中的不合理因素影响（选项 A）；（2）有助于增加预算编制透明度，有利于进行预算控制（选项 B）。

零基预算法的缺点：（1）预算编制工作量较大（选项 C）、成本较高（选项 D）；（2）预算编制的准确性受企业管理水平和相关数据标准准确性影响较大。选项 ABCD 均符合零基预算法特点，因此选项 ABCD 均正确。

答案 ABCD

通关文牒

▶ 速提分 ▶

【命题角度 3】 公式法的相关计算。

基础公式：$y=a+bx$

（1）根据给定的 a，b，x 值，求预算额 y 值（如例 3-7）；

如何找出 a、b？——a：找出"固定"；b：找出"单位变动"或"业务量（基准量）为 100% 时的变动额"。

（2）根据给定的两组数据，计算二元一次方程得到公式模型。再代入新的 x 值计算 y 值（如例 3-8）。

趁热答题

例 3-7 · 单选题（2020 年） 使用公式法编制制造费用预算时，固定制造费用为 1 000 元。如果业务量为基准量的 100%，变动制造费用为 3 000 元；如果业务量为基准量的 120%，则制造费用预算为（　　）元。

A. 3 000　　　　B. 4 000　　　　C. 4 600　　　　D. 3 600

解析 本题考查弹性预算法中公式法的相关计算。制造费用预算适用公式法，公式法表示为 $y=a+bx$，其中 a 表示固定成本，b 表示与业务量相关的弹性定额，x 表示预计业务量。根据题干可知：$a=1\,000$，$b=3\,000$，公式为 $y=1\,000+3\,000x$。把业务量 $x=120\%$ 代入公式，可求制造费用总额 $=1\,000+3\,000\times120\%=4\,600$（元）。

答案 C

例 3-8 · 多选题（2022 年） 某公司采用弹性预算法编制制造费用预算，制造费用与工时密切相关。若业务量为 500 工时，制造费用预算为 18 000 元；若业务量为 300 工时，制造费用预算为 15 000 元。下列说法中，正确的有（　　）。

A. 若业务量为 0，则制造费用为 0

B. 若业务量为 320 工时，则制造费用为 15 300 元
C. 制造费用中固定部分为 10 500 元
D. 单位变动制造费用预算为 15 元/工时

解析 本题考查弹性预算法中公式法的相关计算。公式法表示为 $y=a+bx$。根据题干可知：$18\,000=a+500b$，$15\,000=a+300b$。解得：固定制造费用 $a=10\,500$，单位变动制造费用 $b=15$。关系式为 $y=10\,500+15x$，选项 CD 正确。业务量为 0 时，制造费用是 10 500 元，选项 A 错误；业务量为 320 时，制造费用 $=10\,500+320\times15=15\,300$（元），选项 B 正确。

答案 BCD

第三节 预算编制

考点4 经营预算的编制（★★★）

考频 2023 年单选题；2022 年单选题、多选题、判断题、计算分析题；2021 年单选题、多选题、计算分析题

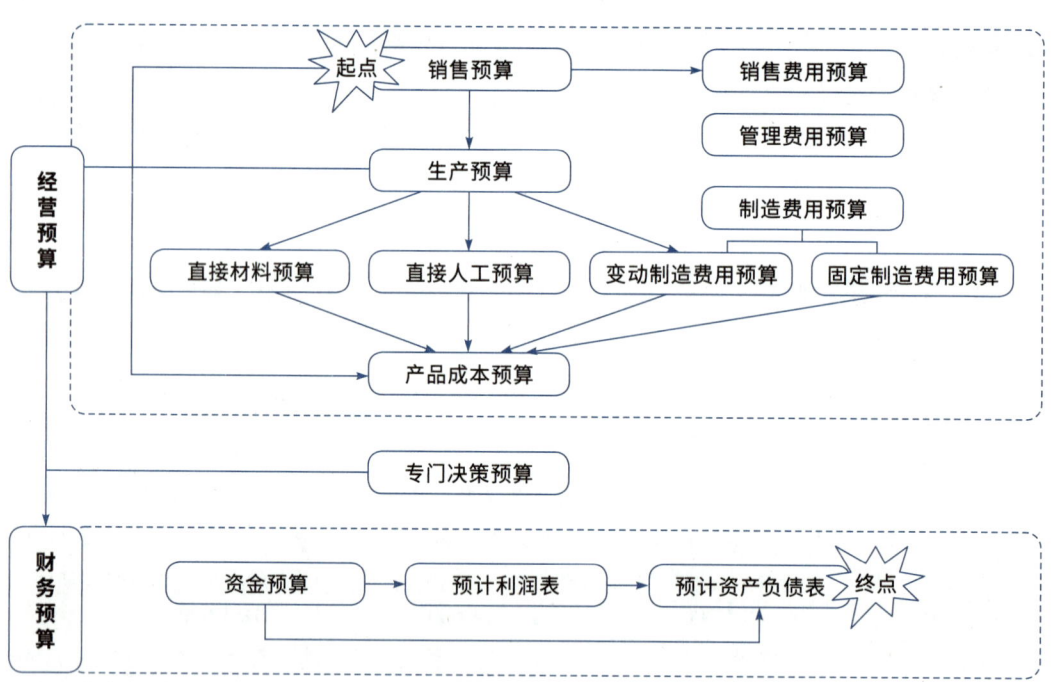

（一）销售预算

项目	说明
基本公式	销售收入=预计销量×预计单价

续表

项目	说明
与财务预算的关系	（1）资金预算：考虑收款政策，计算当期现金收入。 预计现金收入＝当期销售收入×当期销售本期收现百分比＋∑（前期销售收入×前期销售本期收现百分比） （2）预计资产负债表：计算预算期期末应收账款余额。 期末应收账款余额＝期初应收账款余额＋年度销售收入合计－年度现金收入合计
特点	是整个预算编制的**起点**

项目	说明
编制基础	销售预算
与销售预算的关系 （以销定产）	预计生产量＝预计销售量（来自销售预算）＋预计期末产成品存货量－预计期初产成品存货量（生＝销＋末－初）**（2024年调整）**
与财务预算的关系	不直接为财务预算提供资料
特点	经营预算中**只涉及实物量指标**，不涉及价值量指标

▶ 很好懂 ▶

由于生产预算是只有实物量指标、没有价值量指标的预算，所以无法给资金预算提供现金支出的数据。

（三）直接材料预算

靶心考点精讲

项目	说明
编制基础	生产预算
与生产预算的关系	预计材料采购量＝**生产需用量**＋期末材料存量－期初材料存量（采购＝生产＋末－初） 其中，**生产需用量**＝预计生产量（来自生产预算）×单位产品材料用量
与财务预算的关系	（1）资金预算：考虑付款政策，计算当期材料采购金额。 预计现金支出＝当期采购金额×当期付现百分比＋前期采购金额×前期采购本期付现百分比 （2）预计资产负债表：计算期末应付账款余额及期末存货余额。 ①期末应付账款余额＝期初应付账款余额＋年度采购额合计－预计采购现金支出合计 ②期末存货余额＝期末材料存量×预计采购单价

（四）直接人工预算

项目	说明
编制基础	生产预算
与生产预算的关系	人工总成本＝人工总工时×每小时人工成本 其中，人工总工时＝预计生产量（来自生产预算）×单位产品工时

续表

项目	说明
与财务预算的关系	资金预算：由于工资都需要用现金支付，所以不需要另外预计现金支出，可直接汇入资金预算

（五）制造费用预算

项目	说明
编制基础	变动制造费用预算：以**生产预算为基础**编制； 固定制造费用预算：需要逐项预计，通常与本期产量无关
与生产预算的关系	变动制造费用=预计生产量（来自生产预算）×单位产品标准成本
与财务预算的关系	资金预算：制造费用预计现金支出=年度制造费用总额-折旧及摊销额
分类	分为变动制造费用预算和固定制造费用预算

（六）产品成本预算

项目	说明
与财务预算的关系	**是销售预算、生产预算、直接材料预算、直接人工预算、制造费用预算的汇总**
特点	（1）预计利润表。 销货成本=单位产品成本×销量 （2）预计资产负债表。 期末存货余额=期末存货存量×单位产品成本

▶ 很好懂 ▶

产品成本预算是汇总预算，因此不涉及现金支出，与资金预算无关。

（七）销售及管理费用预算

项目	说明
编制基础	销售费用预算：以**销售预算为基础**编制； 管理费用预算：多属于固定成本
与销售预算的关系	销售费用预算=单位变动销售费用×预计销售量+固定销售费用
与财务预算的关系	资金预算：销售及管理费用预计现金支出=销售及管理费用预算总额-折旧及摊销额

通关文牒

▶ 很好懂 ▶

折旧及摊销额为非付现成本，非付现成本不引起当期现金的流出，因此不影响资金预算。

▶ 速提分 ▶

【命题角度1】判断某项预算的编制基础（编制依据）。

预算项目	编制基础/编制依据
直接材料/直接人工/变动制造费用预算	生产预算
销售费用预算/生产预算	销售预算

趁热答题

例3-9·多选题（2018年） 下列预算中，需要以生产预算为基础编制的有（　　）。

A. 销售费用预算　　　　　　　　B. 变动制造费用预算
C. 直接人工预算　　　　　　　　D. 管理费用预算

解析 本题考查某项经营预算的编制基础。选项A，销售费用预算以销售预算为基础，不以生产预算为基础编制；选项BC需要以生产预算为基础编制；选项D，管理费用多属于固定成本，所以一般是以过去的实际开支为基础，按预算期的可预见变化来调整，不以生产预算为基础编制。因此选项BC正确。

答案 BC

通关文牒

▶ 速提分 ▶

【命题角度2】各项经营预算编制的主要内容。总结如下：

预算项目	主要内容
销售预算	销量、单价、销售收入
生产预算	销售量、期初和期末产成品存货量、生产量
直接材料预算	单位产品用量、生产需用量、期初和期末存量等
直接人工预算	预计产量、单位产品工时、人工总工时、每小时人工成本和人工总成本
产品成本预算	产品的单位成本和总成本

▶ 速提分 ▶

【命题角度3】不与现金收支相关的预算。包括：
(1) 不直接涉及现金支出的经营预算：生产预算、产品成本预算；
(2) 不需要另外预计现金收支的经营预算：直接人工预算。

趁热答题

例 3-10·单选题（2016 年） 下列预算中，不直接涉及现金收支的是（　　）。

A. 销售预算
B. 产品成本预算
C. 直接材料预算
D. 销售与管理费用预算

解析 本题考查不涉及现金收支的经营预算。不直接涉及现金收支的经营预算只有生产预算和产品成本预算，因此只有选项 B 符合题意。产品成本预算是销售预算、生产预算、直接材料预算、直接人工预算、制造费用预算的汇总，主要内容是产品的单位成本和总成本，不涉及现金收支。

答案 B

通关文牒

▶ 速提分 ◀

【命题角度 4】销售预算：计算预算期现金收入、期末应收账款余额。

（1）计算预算期现金收入时，需考虑收款政策，一般公式为：

预计现金收入 = 当期销售收入 × 当期销售本期收现百分比 + Σ（前期销售收入 × 前期销售本期收现百分比）

考题通常设置的情形有三种：①销售分两期收现；②销售分三期收现；③当期销售下期收回。

以情形①举例：

"当月收回 30%，下月收回 70%"，则：

当期预计现金收入 = 当期销售收入 × 30% + 上期销售收入 × 70%

【提示】在给定期初应收账款余额时，第一期的现金收入应直接加上期初应收账款余额。

即：第一期现金收入 = 期初应收账款余额 + 第一期销售收入 × 30%

（2）计算期末应收账款余额时，一般公式为：

期末应收账款余额 = 期初应收账款余额 + 年度销售收入合计 - 年度现金收入合计

若考题设置的情形是两次收回销售额，假设仍为"当月收回 30%，下月收回 70%"，则：

期末应收账款余额 = 最后一期销售收入 × 70%

趁热答题

例 3-11·单选题（2020 年） 某企业各季度销售收入有 70% 于本季度收到现金，30% 于下季度收到现金。已知 2019 年年末应收账款余额为 600 万元，2020 年第一季度预计销售收入 1 500 万元，则 2020 年第一季度预计现金收入为（　　）万元。

A. 1 650　　B. 2 100　　C. 1 050　　D. 1 230

解析 本题考查销售预算中预算期现金收入的计算。2019 年年末应收账款余额 = 2020 年年初应收账款余额，2020 年第一季度预计现金收入 = 2020 年年初应收账款余额 + 2020 年第一季度销售收入 × 第一季度销售收入本季现金收回百分比 = 600 + 1 500 × 70% = 1 650（万元），选项 A 正确。

答案 A

例 3-12·计算分析题节选（2022 年） 甲公司生产销售 A 产品，公司在 2021 年年末编制 2022 年第一季度的经营预算，有关资料如下：

(1) 第一季度 A 产品销售单价为 500 元/件，每月销售额中有 60%在当月收回现金，剩余 40%在下月收回，已知 1 月份月初应收账款余额为 2 400 000 元。

(2) 第一季度 A 产品各月预计销售量分别为 12 000 件、10 000 件和 14 000 件，A 产品每月末库存量预计为下月销售量的 15%，已知 1 月初库存量为 1 800 件。

（要求）计算 3 月末的预计应收账款余额。

（解析）本题考查销售预算中期末应收账款余额的计算。3 月末预计应收账款余额＝3 月预计销售收入×40%＝3 月预计销售量×销售单价×40%＝14 000×500×40%＝2 800 000（元）。

（答案）3 月末预计应收账款余额＝14 000×500×40%＝2 800 000（元）

▶ 速提分 ▶

【命题角度 5】生产预算：计算预算期预计生产量。

预计生产量＝预计销售量+预计期末产成品存货量−预计期初产成品存货量

考题通常设置"期末存货量是下期销量的 A%"这一条件，此时，预计期末产成品存货量＝下期销售量×A%，预计期初产成品存货量＝本期销售量×A%，最后代入公式计算即可得到预计生产量。

| 例 3-13·单选题（2019 年） | 某公司在编制生产预算时，2018 年第四季度期末存货量为 13 万件，2019 年四个季度的预计销售量依次为 100 万件、130 万件、160 万件和 210 万件，每季度末预计产品存货量占下季度销售量的 10%，则 2019 年第三季度预计生产量为（　　）万件。

A. 210　　　　　B. 133　　　　　C. 100　　　　　D. 165

（解析）本题考查生产预算中预计生产量的计算。第三季度期初存货量＝第二季度期末存货量＝第三季度销售量×10%＝160×10%＝16（万件），第三季度期末存货量＝第四季度销售量×10%＝210×10%＝21（万件），所以，第三季度预计生产量＝第三季度销售量+第三季度期末存货量−第三季度期初存货量＝160+21−16＝165（万件），选项 D 正确。

（答案）D

▶ 速提分 ▶

【命题角度 6】直接材料预算：计算材料的预计采购量。

预计材料采购量＝生产需用量+期末材料存量−期初材料存量（采购＝生产+末−初）

其中，**生产需用量**＝预计生产量×单位产品材料用量。

考试中，直接材料预算通常结合生产预算一起计算，先计算出生产预算中的"预计生产量"，再计算出直接材料预算中的"生产需用量"，最后代入公式计算预计材料采购量。

预计生产量的单位通常是"件"等数量单位，生产需用量的单位通常是"千克""吨"等质量单位。

|例3-14·单选题（2017年）| 某企业2017年度预计生产某产品1 000件，单位产品耗用材料15千克，该材料期初存量为1 000千克，预计期末存量为3 000千克，则全年预计采购量为（　　）千克。

  A. 18 000　　　　　　B. 16 000　　　　　　C. 15 000　　　　　　D. 17 000

（解析）本题考查直接材料预算的编制：预计采购量的计算。生产需用量＝预计生产量×单位产品材料耗用量＝1 000×15＝15 000（千克），预计采购量＝生产需用量＋期末存量－期初存量＝15 000＋3 000－1 000＝17 000（千克），选项D正确。

（答案）D

通关文牒

▶ 速提分 ▶

【命题角度7】制造费用预算：计算制造费用预计现金支出、预计制造费用总额。

制造费用预计现金支出＝预计制造费用总额－折旧及摊销额

其中，预计制造费用总额＝变动制造费用＋固定制造费用＝单位变动制造费用×预计生产量＋固定制造费用。

考试中，预计制造费用总额通常需要通过计算得出，往往需代入 $y=a+bx$ 这一模型公式，a 表示固定制造费用，bx 表示变动制造费用。主观题中，该模型通常会根据<u>高低点法</u>计算。

【提示】这里的高低点法通常以产销量为标准确定最高点、最低点。

|例3-15·单选题（2019年）| 某公司2019年第四季度预算生产量为100万件，单位变动制造费用为3元/件，固定制造费用总额为10万元（含折旧费2万元），除折旧外，其余均为付现费用。则2019年第四季度制造费用的现金支出预算为（　　）万元。

  A. 292　　　　　　　B. 308　　　　　　　C. 312　　　　　　　D. 288

（解析）本题考查制造费用的预算：制造费用预计现金支出。2019年第四季度制造费用的现金支出＝变动制造费用＋（固定制造费用－折旧摊销额）＝100×3＋（10－2）＝308（万元），选项B正确。

（答案）B

通关文牒

▶ 速提分 ▶

【命题角度8】销售及管理费用预算：计算销售费用预算金额。

销售费用预算＝单位变动销售费用×预计销售量＋固定销售费用

考试中，销售费用预算同样适用 $y=a+bx$ 这一模型公式，a 表示固定销售费用预算，bx 表示变动销售费用预算。

趁热答题

例 3-16 · 单选题（2022 年） 甲公司正在编制下一季度的销售费用预算，已知销量为 100 万件时，销售费用为 100 万元，单位变动销售费用为 0.6 元/件，每季度固定销售费用为 40 万元。预计下一季度的销量为 120 万件，则下一季度的销售费用预算为（ ）万元。

A. 120　　　　B. 140　　　　C. 72　　　　D. 112

解析 本题考查销售费用预算金额的计算。下一季度的销售费用预算＝单位变动销售费用×预计下一季度的销量＋固定销售费用＝0.6×120+40＝112（万元），选项 D 正确。

答案 D

考点 5　财务预算的编制（★★★）

考频 2022 年单选题、判断题；2021 年单选题、多选题、计算分析题

靶心考点精讲

（一）资金预算

资金预算是以经营预算和专门决策预算为依据编制的，专门反映预算期内预计现金收入和现金支出，以及为满足理想现金余额而进行筹资或归还借款等的预算。

资金预算编制流程

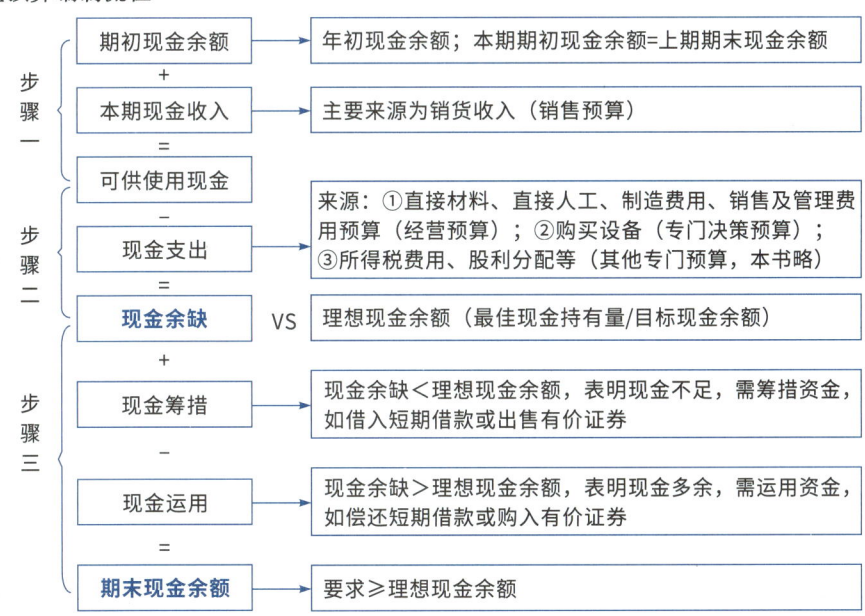

通关文牒

▶ 很好懂 ▶

（1）现金收入和现金支出不包括与借还款有关的现金流量。借还款相关的现金流量，体现在"现金筹措与应用"中。

（2）现金余缺是现金借款和还款即"现金筹措与运用"之前的现金余额。现金余缺与期末理想现金余额相比较，而非与"0"比较。现金余缺＞期末理想现金余额，现金"余"；现金余缺＜期末理想现金余额，现金"缺"。

(二)预计利润表

预计利润表用来综合反映企业在计划期的预计**经营成果**,是企业最主要的财务预算表之一。编制预计利润表的依据是各经营预算、专门决策预算和资金预算。预计利润表各项目的数据来源如下表所示。

项目	数据来源
销售收入	销售预算
销售成本	产品成本预算
毛利	销售收入-销售成本
销售及管理费用	销售及管理费用预算
利息	资金预算
利润总额	毛利-销售及管理费用-利息
所得税费用	在利润规划时估计,不是根据"利润总额×所得税税率"计算
净利润	利润总额-所得税费用

(三)预计资产负债表

预计资产负债表用来反映企业在计划期期末预计的**财务状况**,它以计划期开始日的资产负债表为基础,结合计划期间各项经营预算、专门决策预算、资金预算、预计利润表进行编制。它是编制全面预算的**终点**。预计资产负债表各项目的数据来源如下表所示。

项目	数据来源
货币资金	资金预算(期初、期末现金余额)
应收账款	销售预算(结合收账政策)
存货	直接材料预算(原材料)、产品成本预算(产成品)
固定资产	专门决策预算、制造费用预算、销售和管理费用预算(年初余额+本期增加-本期折旧)
在建工程	专门决策预算
短期借款	资金预算(取得、归还借款)
应付账款	直接材料预算(结合付款政策)
长期借款	专门决策预算
未分配利润	预计利润表(净利润)、资金预算(股利)、预计资产负债表(盈余公积)

通关文牒

▶ 速提分 ▶

【命题角度1】资金预算与预计资产负债表的相关计算。

资金预算:主观题中大多需要将现金余缺与理想现金余额比较并判断是否需要借款以及计算借款额、还款额、期末现金余额等,需要逐步推理。客观题则不需要推理,直接根据已知条件代入公式计算。以下是关于资金预算主观题常见条件推理的总结。

核心关系式：现金余缺+现金筹措-现金运用≥理想期末现金余额

项目	题中条件举例	推理结果
年初有没有借款	"公司上年末的长期借款余额为12 000万元"	现金运用中需考虑扣除长期借款利息
	"假设预算年度期初企业没有借款"	无须考虑扣除年初借款利息
借款还款发生时点	"假设新增借款发生在季度初，归还借款发生在季度末"	①当期新增借款需要支付利息；②当期还款不影响当期利息
期中还本时利息支付时点	"偿还借款本金发生在季度期末"	不影响还本当期利息，下期及以后期间利息需扣除已还本金
利息支付方式	"年利率是8%，在季度末支付利息"	应使用季度利率计算利息（年利率/4）
列式解 X	现金余缺+新增短期借款 X−X×对应利率−期初短期长期借款利息+新增长期借款−新增长期借款利息≥理想现金余额	
借款、还款额取整	"银行要求借款的金额是100万元的倍数，而偿还本金的金额是10万元的倍数"	借款往大了取整数，还款往小了取整数
确定期末现金余额	期末现金余额=期初现金余额+新增短期借款−新增短期借款×对应利率−期初短期长期借款利息+新增长期借款−长期借款利息	
	【提示】借款、还款没有整数倍要求时，期末现金余额=理想期末现金余额。	

趁热答题

例3-17·计算分析题（2015年） 丁公司2014年年末的长期借款余额为12 000万元，短期借款余额为零。该公司的最佳现金持有量为500万元，如果资金不足，可向银行借款。假设：银行要求借款的金额是100万元的倍数，而偿还本金的金额是10万元的倍数；新增借款发生在季度期初，偿还借款本金发生在季度期末，先偿还短期借款；借款利息按季度平均计提，并在季度期末偿还。

丁公司编制了2015年分季度的资金预算，部分信息如下表所示。

丁公司2015年资金预算的部分信息

单位：万元

季度	一	二	三	四
现金短缺	−7 500	C	—	−450
长期借款	6 000	0	5 000	0
短期借款	2 600	0	0	E
偿还短期借款	0	1 450	1 150	0
偿还短期借款利息（年利率8%）	52	B	D	—
偿还长期借款利息（年利率12%）	540	540	—	690
期末现金余额	A	503		

注：表中的"—"表示省略的数值。

【要求】确定表格中字母所代表的数值（不需要列示计算过程）。

【解析】本题考查资金预算的计算。

（1）A、C：现金短缺+长期借款+短期借款-偿还短期借款-偿还短期借款利息-偿还长期借款利息=期末现金余额，A正算，C倒算。A=-7 500+6 000+2 600-52-540=508（万元），C-1 450-52-540=503，得出C=2 545（万元）。

（2）B、D：第二季度末偿还1 450万元，不影响当期利息偿还。故第二季度偿还利息的本金仍为2 600万元。但影响第三季度利息偿还，第三季度偿还利息的本金需扣除1 450万元。B=2 600×8%/4=52（万元），D=(2 600-1 450)×8%/4=23（万元）。

（3）E：现金余缺+短期借款（E）-偿还长期借款利息-偿还短期借款利息（E×8%/4）≥最佳现金持有量，列出不等式-450+E-690-E×8%/4≥500，得到E≥1 673.47（万元），由于银行要求借款的金额是100万元的倍数，因此E=1 700（万元）。

【答案】A=508，B=52，C=2 545，D=23，E=1 700。

例3-18·单选题（2021年） 某公司在编制资金预算时，期末现金余额要求不低于10 000元，资金不足则向银行借款，借款金额要求为10 000元的整数倍。若"现金余缺"为-55 000元，则应向银行借款的金额为（　　）元。

A. 40 000　　　　B. 70 000　　　　C. 60 000　　　　D. 50 000

【解析】本题考查资金预算的计算。已知期末现金余额要求不低于10 000元，根据公式现金余缺+现金筹措-现金支出≥理想期末现金余额，可得-55 000+借款额≥10 000，因此借款额≥65 000。由于借款金额要求是10 000元的整数倍，所以应向银行借款的金额为70 000元，选项B正确。

【答案】B

▶速提分▶

【命题角度2】预计资产负债表：计算报表中项目的金额。
通常会结合经营预算和资金预算的编制考核主观题，具有一定综合性。

例3-19·计算分析题（2017年） 甲公司在2016年第4季度按照定期预算法编制2017年度的预算，部分资料如下：

资料一：2017年1~4月的预计销售额分别为600万元、1 000万元、650万元和750万元。

资料二：公司的目标现金余额为50万元，经测算，2017年3月末预计"现金余缺"为30万元，公司计划采用短期借款的方式解决资金短缺。

资料三：预计2017年1~3月净利润为90万元，没有进行股利分配。

资料四：假设公司每月销售额于当月收回20%，下月收回70%，其余10%将于第三个月收回；公司当月购材料金额相当于次月全月销售额的60%，购货款于次月一次付清；公司第1、2月份短期借款没有变化。

资料五：公司2017年3月31日的预计资产负债表（简表）如下表所示：

甲公司 2017 年 3 月 31 日的预计资产负债表（简表）

单位：万元

资产	年初余额	月末余额	负债与股东权益	年初余额	月末余额
现金	50	A	短期借款	612	C
应收账款	530	B	应付账款	360	D
存货	545	—	长期负债	450	—
固定资产净额	1 836	—	股东权益	1 539	E
资产总额	2 961	—	负债与股东权益总计	2 961	—

注：表中的"—"表示省略的数值。

（要求）确定表格中字母所代表的数值（不需要列示计算过程）。

（解析）本题考查预计资产负债表的计算。

（1）公司的目标现金余额为 50 万元，则 A=50（万元）。

（2）B 表示 3 月末的应收账款金额，B=3 月销售额×(70%+10%)+2 月销售额×10%=650×80%+1 000×10%=620（万元）。

（3）公司第 1、2 月份短期借款没有变化，3 月末现金余缺为 30 万元，目标现金余额为 50 万元，因此 3 月新增短期借款=50-30=20（万元），则 C=612+20=632（万元）。注意：20 万元是 3 月新增借款，是发生额，C 是 3 月末的短期借款余额，因此期末余额=期初余额+发生额。

（4）D 表示 3 月末仍未付的购货款金额。由于购货款于次月一次付清，因此 D=3 月购货款=4 月销售额×60%=750×60%=450（万元）。

（5）1~3 月净利润增加会增加所有者权益，因此 E=期初余额+净利润=1 539+90=1 629（万元）。

（答案）A=50，B=620，C=632，D=450，E=1 629。

▶ 速提分 ▶

【命题角度 3】判断预计利润表或预计资产负债表的数据来源和资金来源。

其中"数据来源"与"编制基础""编制依据""直接相关"等表述具有相同意义。

| 例 3-20·多选题（2016 年） | 编制资产负债表预算时，下列预算中，能够直接为"存货"项目年末余额提供数据来源的有（　　）。

A. 销售预算　　　B. 生产预算　　　C. 直接材料预算　　　D. 产品成本预算

（解析）本题考查预计资产负债表中某项目的数据来源。存货包括直接材料和产成品，所以直接相关的就是直接材料预算（选项 C）和产品成本预算（选项 D）。选项 A，销售预算是整个预算编制的基础，但不会直接影响存货项目的年末余额；选项 B，在生产预算中，只涉及实物量指标，不涉及价值量指标，生产预算会影响存货的数量，但不会对存货项目年末余额产生直接影响。

（答案）CD

通关文牒

▶ 速提分 ▶

【命题角度4】通过现金余缺与最佳现金持有量大小的关系判断企业可采取的措施。
具体如下：

条件	可采取措施
现金余缺<最佳现金持有量	（借钱）抛售短期有价证券、借入短期借款
现金余缺>最佳现金持有量	（花钱）购入短期有价证券、偿还借款本息

趁热答题

例3-21·多选题（2017年） 编制资金预算时，如果现金余缺大于最佳现金持有量，则企业可采取的措施有（　　）。

A. 抛售短期有价证券　　　　　　B. 偿还部分借款利息
C. 购入短期有价证券　　　　　　D. 偿还部分借款本金

解析 本题考查资金预算。当现金余缺大于最佳现金持有量时，企业应购入短期有价证券或偿还部分借款本金、利息。当现金余缺小于最佳现金持有量时，企业应抛售短期有价证券或借入短期借款。因此选项BCD正确。

答案 BCD

第四节　预算的执行与考核

考点6　预算的执行与考核（★）

项目		说明
预算的执行	预算控制	企业以预算为标准，通过预算分解、过程监督、差异分析等促使日常经营不偏离预算标准的管理活动
	预算调整	一般要求：年度预算经批准后，原则上不作调整； 特殊要求：当国内外战略环境发生重大变化或突发重大事件等，导致预算编制基本假设发生重大变化时，可进行预算调整。 决策应遵循的要求： （1）预算调整事项不能偏离企业发展战略； （2）预算调整方案应当在经济上能够实现最优化； （3）预算调整重点应当放在预算执行中出现的重要的、非正常的、不符合常规的关键性差异方面
预算的分析		企业应当建立预算分析制度，由预算管理委员会定期召开预算执行分析会议
预算的考核		以预算完成情况为考核依据

通关文牒

▶ 速提分 ▶

【命题角度】一般考查预算调整的要求。

原则上,预算不作调整;企业发生重大情形时才可调整预算。

重大情形包括:价格大幅上涨;资产发生重大重组、产品市场需求大幅下降、营改增税负大幅下降等(重点关键词:大幅上升或大幅下降、重大)。

趁热答题

| 例 3-22·多选题（2016 年）| 在预算执行过程中,可能导致预算调整的情形有( )。

A. 原材料价格大幅度上涨

B. 公司进行重大资产重组

C. 主要产品市场需求大幅下降

D. 营改增导致公司税负大幅下降

（解析）本题考查导致预算调整的情形。当内外战略环境发生重大变化或突发重大事件等,导致预算编制的基本假设发生重大变化时,可进行预算调整。选项 ABCD 均属于可调整的情形,因此选项 ABCD 均正确。

（答案）ABCD

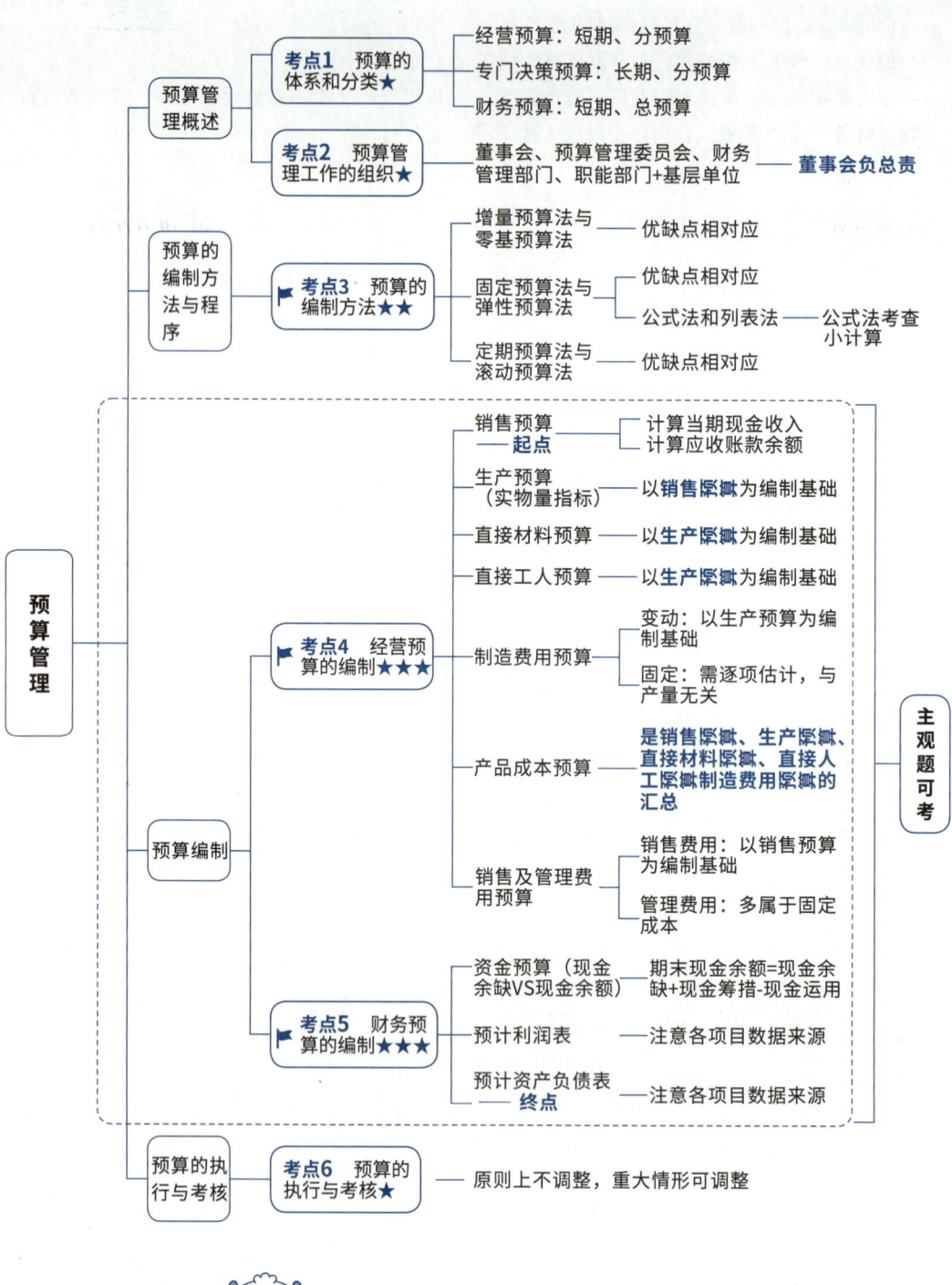

第四章 筹资管理（上）

考情驿站

本章属于重点章节，难度不大。本章主要介绍了各项筹资方式的筹资特点，学习时应注意比较各项筹资方式筹资特点的不同。本章多考核客观题，**近三年平均考查分值在10分左右**。

考点地图

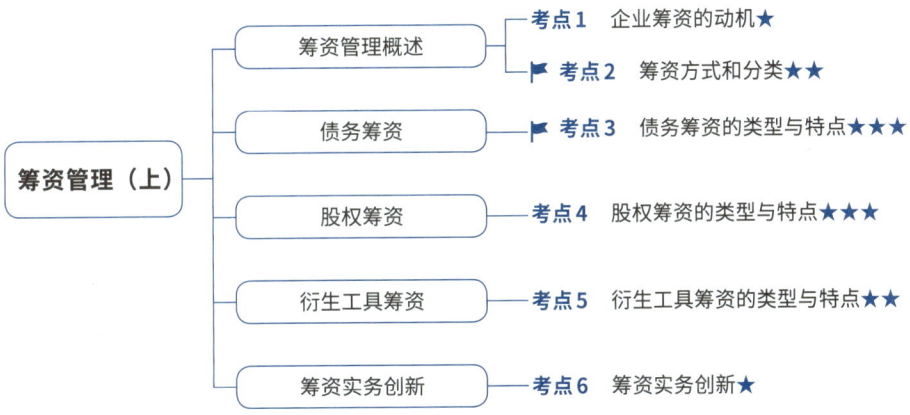

2024年本章主要变化

本章内容改动较小，考试时须注意以下变动点，其他无实质性变化。

（1）调整：发行债券的相关内容，私募股权投资的相关内容。

（2）新增：永续债分类中"发行人能够无条件地避免交付现金或者其他金融资产合同义务情况发生的永续债属于权益工具"的表述；政府出资产业投资基金认定的4个条件。

（3）更正：企业应收账款证券化的相关表述。

第一节　筹资管理概述

考点1　企业筹资的动机（★）

筹资动机	目的	举例
创立性筹资动机	取得资本金并形成开展经营活动的基本条件	购建厂房设备、加装生产线等
支付性筹资动机	满足经营业务活动的正常波动	原材料购买的大额支付、员工工资的集中发放、银行借款的偿还、股东股利的发放等
扩张性筹资动机	扩大企业规模或满足对外投资需要	企业扩大再生产
调整性筹资动机	调整资本结构	（1）优化资本结构； （2）偿还到期债务：借长债还短债、借新债还旧债
混合性筹资动机	**扩张性筹资动机+调整性筹资动机**	通过增加长期贷款或发行公司债券去对外产权投资

通关文牒

▶ 很好懂 ▶

（1）**资本结构是指企业债务资本与股权资本的比例**。企业债务资本比例过高，就通过筹资增加股权资本；企业股权资本比例过高，就通过筹资增加债务资金，从而达到优化资本结构的目的。

（2）调整性筹资的目的是调整资本结构，属于**资金来源**的调整，和企业的日常经营活动没有直接关系，所以通常不会增加企业的资本总额。

▶ 速提分 ▶

【命题角度】判断筹资动机的类型。一般通过各项筹资动机的**筹资目的**去判断。

各项筹资动机的筹资目的简要总结如下：
（1）创立性筹资动机：**企业创立需要**；
（2）支付性筹资动机：**日常经营活动需要**；
（3）扩张性筹资动机：**扩大规模或对外投资**；
（4）调整性筹资动机：**调整资本结构**；
（5）混合性筹资动机：**多种目的兼容（扩张性+调整性）**。

趁热答题

例4-1·单选题（2017年） 企业因发放现金股利的需要而进行筹资的动机属于（　　）。

A. 扩张性筹资动机　　　　　　　　B. 支付性筹资动机
C. 创立性筹资动机　　　　　　　　D. 调整性筹资动机

解析　本题考查企业筹资的动机。支付性筹资动机是指为了满足经营业务活动的正常波动所形成的支付需要而产生的筹资动机。在企业开展经营活动的过程中，经常会出现超出维持正常经营活动资金需求的季节性、临时性的交易支付需要，如原材料购买的大额支付、员工工资的集中发放、银行借款的偿还、股东股利的发放等，因此选项B正确。

答案　B

考点 2　筹资方式和分类（★★）

考频　2023年多选题、判断题；2022年多选题；2021年单选题、多选题

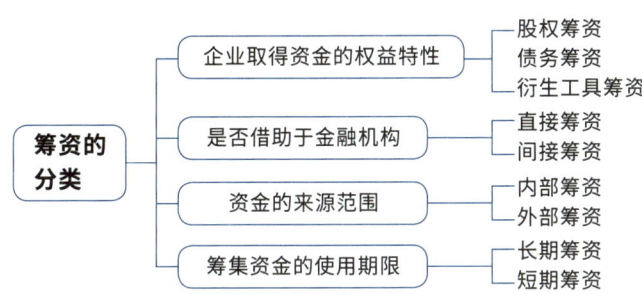

（一）股权筹资、债务筹资及衍生工具筹资

筹资方式	说明
股权筹资	吸收直接投资、发行股票、发行债券、留存收益
债务筹资	银行借款、租赁、发行债券、利用商业信用、保理业务
衍生工具筹资	混合融资：可转换债券、优先股； 其他衍生工具：认股权证

【特殊】永续债：介于债权和股权之间。

（1）判断永续债应归为权益工具还是金融负债的依据：是否能无条件避免交付现金或其他金融资产的合同义务。若能，则为权益工具；若不能，则为金融负债。**(2024年新增)**

（2）永续债的特点：①不设到期日；②票面利率较高；③大多含有附加条款（赎回条款、利率调整条款）。

（二）直接筹资与间接筹资

项目	直接筹资	间接筹资
是否借助金融机构	否	是
筹资方式	发行股票、发行债券、吸收直接投资	银行借款、租赁
优点	筹资范围广，有利于扩大知名度	手续简便、筹资效率高、费用低
缺点	手续复杂、筹资费用高	容易受金融政策制约和影响

> 通关文牒
>
> ▶ 很好懂 ▶
> （1）间接筹资主要是债务资金；直接筹资可以是股权资金，也可以是债务资金。
> （2）直接筹资的优缺点与间接筹资的优缺点相对应，记忆其中之一即可。
> （3）筹资费用：直接筹资>间接筹资。

（三）内部筹资与外部筹资

项目	内部筹资	外部筹资
特点	一般无须花费筹资费用	大多需花费一定的筹资费用
筹资方式	留存收益	除留存收益以外的筹资方式
适用情形	初创期：外部筹资（内部筹资有限）； 成长期：外部筹资（内部筹资难以满足需要）	

（四）长期筹资与短期筹资

项目	长期筹资	短期筹资
特征	一年以上	一年以内
筹资方式	长期借款、租赁、发行债券、发行股票、吸收直接投资	短期借款、留存收益、利用商业信用、应收账款保理

> 通关文牒
>
> ▶ 很好懂 ▶
> （1）短期筹资基本是债务资金；长期筹资可以是股权资金，也可以是债务资金。
> （2）银行借款可以是短期筹资，也可以是长期筹资。
>
> ▶ 速提分 ▶
> 【命题角度】各项筹资方式的分类。
> 在记住大类分类的基础上，记忆少数特殊的分类即可，余下即为反向分类。如：
> （1）直接/间接：银行借款、租赁为间接筹资，其余为直接筹资。
> （2）内部/外部：留存收益为内部筹资，其余为外部筹资。
> （3）长期/短期：商业信用（包括保理业务）为短期筹资，银行借款为长短期筹资均可，其余为长期筹资。

大类	具体筹资方式	直接/间接	内部/外部	长期/短期
债务	银行借款	间接	外部	均可
	商业信用	直接	外部	短期
	租赁	间接	外部	长期
	发行公司债券	直接	外部	长期

续表

大类	具体筹资方式	直接/间接	内部/外部	长期/短期
股权	吸收直接投资	直接	外部	长期
	发行普通股股票	直接	外部	长期
	留存收益	直接	内部	长期
混合	可转换债券	直接	外部	长期
	优先股	直接	外部	长期

趁热答题

例 4-2·多选题（2023 年） 混合筹资方式兼有股权筹资和债务筹资性质，下列各项中，属于混合筹资方式的有（ ）。

A. 发行优先股
B. 商业信用筹资
C. 租赁筹资
D. 发行可转换债券

【解析】本题考查筹资方式和分类。我国上市公司目前最常见的混合筹资方式有可转换债券融资（选项 D）和优先股筹资（选项 A）。商业信用筹资（选项 B）和租赁筹资（选项 C）属于债务筹资方式。因此选项 AD 正确。

【答案】AD

第二节　债务筹资

考点 3　债务筹资的类型与特点（★★★）

考频 2023 年单选题、多选题、综合题；2022 年单选题、多选题；2021 年单选题、多选题

（一）银行借款

1. 按机构对贷款有无担保要求分类：信用贷款和担保贷款

项目		说明
信用贷款		风险较高，银行通常收取较高利息，还附加一定限制条件
担保贷款	保证贷款	以第三人作为保证人，承诺在借款人不能偿还借款时承担保证或连带责任而取得的贷款
	抵押贷款	以借款人或第三人的财产作为抵押物而取得的贷款，**不转移**对财产的占有
	质押贷款	以借款人或第三人的动产或财产权利作为质押物而取得的贷款，动产或财产权利**转交给债权人**占有

▶ 很好懂 ▶

抵押和质押的区别：抵押可以是动产，也可以是不动产；质押包括动产和权利。即动产可以抵押或质押，不动产只能抵押。

2. 长期借款的保护性条款

项目	说明
例行性保护条款	例行常规性条款，在大多数合同中都会出现。 主要包括：（1）定期清偿债务；（2）保持存货储备量；（3）不准以资产作其他承诺的担保或抵押（**无须记忆，一般为必须做到或不准做的**）
一般性保护条款	对资产流动性及偿债能力等方面的要求条款，应用于大多数合同。 主要包括：（1）保持企业的资产流动性；（2）限制企业非经营性支出；（3）限制企业资本支出的规模；（4）限制公司再举债规模；（5）限制公司的长期投资（"**1保持4限制**"，一般带有一定限制范围）
特殊性保护条款	针对特殊情况而出现在部分合同中的条款。 主要包括：（1）要求公司主要领导人购买人身保险；（2）借款的用途不得改变；（3）违约惩罚条款

▶ 很好懂 ▶

（1）例行性保护条款无须记忆其主要内容，可通过**排除法**记忆。排除掉一般性保护条款和特殊性保护条款的内容，余下即为例行性保护条款。

（2）一般性保护条款中，限制的一般是对债权人不利的活动。但与高管人员的限制活动有关的属于特殊性保护条款，如限制高管人员的薪金和奖金。

3. 银行借款的筹资优缺点

优点：

（1）筹资速度**较快**（与发行公司债券、租赁相比，程序简单，所花时间短）；

（2）资本成本**较低**（与发行公司债券、租赁相比，利息负担低，且筹资费用低）；

（3）筹资弹性**较大**（可与贷款机构等债权人协商贷款数量、时间和条件，或提前偿还本息，具有较大灵活性）。

缺点：

（1）限制条款**多**（通过保护性条款对公司资本支出进行严格约束）；

（2）筹资数额**有限**（受贷款机构资本实力的制约）。

趁热答题

例 4-3·单选题（2023 年） 某企业从银行取得一笔中长期贷款。第三方张某承诺，该企业到期不能偿还贷款时，由张某代为清偿。不考虑其他因素，该贷款类型属于（　　）。

A. 质押贷款　　　　　　　　　B. 保证贷款
C. 抵押贷款　　　　　　　　　D. 信用贷款

解析 本题考查长期借款的保护性条款。保证贷款是指以第三方作为保证人，承诺在借款人不能偿还借款时按约定承担一定保证责任或连带责任而取得的贷款。题干表述符合保证贷款的定义。因此选项 B 正确。

答案 B

（二）发行公司债券

1. 债券的偿还

分为提前偿还与到期偿还，后者又包括分批偿还和一次偿还两种。

项目	说明
提前偿还 (提前赎回或 提前收回)	（1）含义：债券尚未到期就予以偿还（契约中明确规定才可执行）。 （2）特点：偿还支付的价格通常高于债券面值，并随到期日临近而逐渐下降。 （3）作用：使公司筹资有较大的弹性。 （4）触发条件：①公司资金有结余；②预测利率下降时 【提示】这两种情形下赎回的核心目的是不付或少付利息。
到期偿还	分批偿还： （1）含义：发行债券时预先规定多个不同的到期日的债券。 （2）特点：①发行费用高（批次多）；②便于发行（便于投资人挑选最合适的到期日） 一次偿还： 到期一次归还债券本金，最常见

▶ **很好懂** ▶

对于提前偿还债券：

（1）预测利率下降时，公司可以提前赎回原来的高利率债券，而后以低利率债券发行，这样可避免支付高利率造成公司损失。

（2）公司可在达到触发条件时选择执行提前偿还条款，而非必须执行，因此不会给公司造成还款压力，反而会给予公司筹资较大弹性。

2. 发行公司债券筹资的优缺点

优点：

（1）一次筹资数额大（与银行借款和租赁相比）；

（2）筹资使用借款限制少（与银行借款相比，资金使用具有相对灵活性和自主性）；

（3）提高公司社会声誉（往往是有实力的股份有限公司和有限责任公司发行债券，发债有利于扩大社会影响）。

缺点：

资本成本较高（与银行借款相比，发行债券的利息负担和筹资费用都比较高，且债务不能展期）。

|例 4-4·单选题（2022 年）| 关于公司债券的提前偿还条款，下列表述正确的是（   ）。

A. 提前偿还条款降低了公司筹资的灵活性

B. 提前偿还所支付的价格通常随着到期日的临近而上升

C. 提前偿还所支付的价格通常低于债券面值

D. 当预测利率下降时，公司可提前赎回债券，而后以较低的利率发行新债券

解析　本题考查债券的偿还。具有提前偿还条款的债券可使公司筹资有较大的弹性，从而提高了公司筹资的灵活性（选项 A 错误）；提前偿还所支付的价格通常高于债券的面值（选项 C 错误），并随到期日的临近而逐渐下降（选项 B 错误）。选项 D 表述正确。

答案　D

（三）租赁

1. 租赁的基本形式

（1）直接租赁：承租人直接向出租人租入资产，并付出租金。

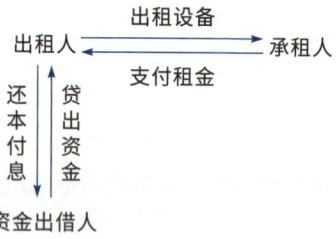

（2）售后回租：承租人先将自己的资产出售给出租人，然后原封不动租回使用。

（3）杠杆租赁：涉及出租人、承租人、资金出借人三方。出租人自己只投入部分资金，其余资金通过将该资产抵押担保，向第三方（通常为银行）申请贷款解决。然后，出租人将设备出租给承租人，并收取租金偿还贷款。

► 很好懂 ►

（1）以上租赁形式中，只有杠杆租赁涉及三方，其余租赁只涉及两方。

（2）杠杆租赁中，出租人既是债权人也是债务人，既要收取租金又要支付贷款本息。

▶ 速提分 ▶

【命题角度 1】三种租赁方式的含义理解。以客观题形式考查，考生可结合下表总结来对比记忆。

租赁方式	当事人	租赁物所有权	租赁物采购资金来源
直接租赁	出租人、承租人	出租人	出租人全额
售后回租	出租人、承租人	售前：承租人；售后：出租人	出租人全额
杠杆租赁	出租人、承租人、资金出借人	出租人	出租人+资金出借人

趁热答题

| 例 4-5·多选题（2017 年） | 下列关于杠杆租赁的表述中，正确的有（　　）。

A. 出租人既是债权人又是债务人
B. 涉及出租人、承租人和资金出借人三方当事人
C. 租赁的设备通常是出租方已有的设备
D. 出租人只投入设备购买款的部分资金

（解析）本题考查租赁的分类。杠杆租赁是指涉及承租人、出租人和资金出借人三方的租赁业务。一般来说，当所涉及的资产价值昂贵时，出租人自己只投入部分资金，通常为资产价值的 20%~40%，其余资金则通过将该资产抵押担保的方式，向第三方（通常为银行）申请贷款解决。出租人后将购进的设备出租给承租人，用收取的租金偿还贷款，该资产的所有权属于出租人。出租人既是债权人也是债务人，既要收取租金又要支付债务。租赁的设备通常是出租人根据设备需要者的要求重新购买的，选项 C 不正确。因此选项 ABD 正确。

（答案） ABD

2. 租金计算

（1）租金构成：①设备原价及预计残值；②租赁公司为购置设备所垫付资金的利息；③租赁公司发生的租赁手续费和利润。

（2）计算方法：大多采用等额年金法。

【提示】在出租人的角度，令现金流入现值=现金流出现值，进而计算年金，即为租金。

（3）折现率（i）：折现率=年利率+租赁手续费率。

（4）具体计算：

情况	公式
残值归出租人	租赁设备价值-残值现值=每年租金×年金现值系数； 每年租金=（租赁设备价值-残值现值）/年金现值系数
残值归承租人	租赁设备价值=每年租金×年金现值系数； 每年租金=租赁设备价值/年金现值系数

通关文牒

▶ **很好懂** ▶

租金的构成需站在**出租方的角度**考虑，可理解为租赁公司为取得设备所付出的代价和应得利润。

▶ **速提分** ▶

【命题角度2】每年租金的计算。可考查客观题，也可考查主观题。其中，主观题通常将购买设备与租赁设备相比较考查投资决策。解题步骤及要点如下：

第1步：站在出租人的角度列出计算公式。
(1) 残值归出租人：租赁设备价值-残值现值=每年租金×年金现值系数；
(2) 残值归承租人：租赁设备价值=每年租金×年金现值系数。

无论公式（1）或（2），站在出租人角度，等式左边均表示出租人付出成本的现值，等式右边均表示出租人获得未来收益的现值。

注意：
(1) 考试多考查残值归租赁公司的计算，需在租赁设备的基础上扣除残值现值。
(2) 区分租金支付时点。
①租金每年年末支付时：适用普通年金现值系数；
②租金每年年初支付时：适用预付年金现值系数。
二者关系如下（具体也可见第二章）：
a. 预付年金现值系数=普通年金现值系数×(1+i)；
b. 预付年金现值系数是在普通年金现值系数的基础上"期数减1，系数加1"。

第2步：在已知购买设备年金成本的基础上，比较年金成本与年租金的大小并作出决策。
若年金成本<年租金，选择购买设备的方案；
若年金成本>年租金，选择租赁设备的方案。
原则：选择**成本最小**的方案。

趁热答题

例4-6·单选题（2022年） 某企业年初从租赁公司租入一套设备，价值40万元，租期5年，租赁期满时预计残值为5万元，归租赁公司所有。租金每年年末等额支付，年利率为8%，租赁年手续费率为2%。有关货币时间价值系数如下：$(P/F, 8\%, 5)=0.6806$；$(P/F, 10\%, 5)=0.6209$；$(P/A, 8\%, 5)=3.9927$；$(P/A, 10\%, 5)=3.7908$。则每年的租金为（　　）万元。

A. 10.55　　　　B. 10.02　　　　C. 9.17　　　　D. 9.73

解析 本题考查租金计算。由于预计残值归租赁公司所有，因此预计净残值现值要从设备价值中扣除，即每年租金=$[40-5\times(P/F, 10\%, 5)]/(P/A, 10\%, 5)=(40-5\times0.6209)/3.7908=9.73$（万元）。

答案 D

3. 租赁筹资的优缺点

优点：

（1）无需大量资金就能迅速获得资产（融资与融物相结合）；

（2）财务风险**小**，财务优势明显（避免一次性大额支付，利用未来收益偿还租金，即"借鸡生蛋，卖蛋还钱"）；

（3）筹资的限制条件**较少**（与股票、债券、长期借款相比）；

（4）能延长资金融通的期限（融资期限接近资产的全部使用寿命）。

缺点：

资本成本**较高**（与银行借款和发行债券相比，利息较高，且租金总额高昂）。

（四）债务筹资的优缺点（与股权筹资相比）

靶心考点精讲

优点：

（1）筹资速度**较快**（与股票筹资相比，不需要经过复杂的审批手续和证券发行程序）；

（2）筹资弹性**较大**（可灵活商定债务条件，控制筹资数量，安排资金取得时间）；

（3）资本成本**较低**（债务筹资资本成本<股权筹资资本成本，手续费等筹资费用较低，利息、租金等用资费用较低，利息等资本成本可在税前支付）；

（4）可以利用财务杠杆（债务筹资不改变公司控制权，企业息税前利润率高于债务利率时，会提高每股收益，提高净资产收益率）；

（5）稳定公司的控制权（债权人无权参加企业经营管理）。

缺点：

（1）不能形成企业稳定的资本基础（债务资本有固定到期日，到期需偿还）；

（2）财务风险**较大**（债务资本有固定到期日，有固定债息负担，担保债务在使用上可能会有特别限制）；

（3）筹资数额**有限**（除发行债券外，筹资数额往往受贷款机构资本实力的制约）。

▶ 很好懂 ▶

资本成本 VS 财务风险

项目	财务风险	资本成本
概念	还本付息的压力	企业筹集和使用资金所付出的代价
结论	债务筹资财务风险>股权筹资财务风险	债务筹资资本成本<股权筹资资本成本
理由	债务筹资需定期还本付息，股权筹资不需要	对投资人来说，投资债务资本比投资股权资本风险要低（投资债务资本可定期获得本息，投资股权资本则没有），因此债务投资要求的最低报酬率就低于股权投资，相对应的就是筹资方的资本成本。因此债务筹资资本成本要低于股权筹资资本成本

通关文牒

▶ 速提分 ◀

【命题角度3】 内部债务筹资的筹资特点对比。以客观题形式考查。考试通常两两比较，考生需明确比较的主体。内容总结如下：

对比角度	银行借款	发行公司债券	租赁
筹资速度	最快	最慢	较快
限制条件	最多	较少	最少
筹资弹性	最大	小	小
资本成本	最低	居中	最高
财务风险	最大	居中	最小
筹资数额	有限	大	有限

趁热答题

例 4-7·多选题（2022 年） 与银行借款相比，发行公司债券筹资的特点有（　　）。

A. 一次性筹资数额较大　　　　　　　B. 资本成本较低
C. 降低了公司财务杠杆水平　　　　　D. 筹集资金的使用具有相对的自主性

【解析】本题考查发行公司债券的筹资特点。发行公司债券的筹资特点有：（1）一次筹资数额大（选项A）；（2）筹资使用限制少，债务筹资具有较大自主性（选项D）；（3）与银行借款相比，资本成本较高（选项B错误）；（4）提高社会声誉。由于债券利息一般比银行借款利息要高，所以会提高财务杠杆水平，选项C错误。

【答案】AD

第三节　股权筹资

考点 4　股权筹资的类型与特点（★★★）

考频 2023年单选题、多选题；2022年多选题、判断题；2021年多选题、判断题

（一）吸收直接投资

1. 吸收直接投资的出资方式

吸收直接投资**可以**货币资产、实物资产、土地使用权、知识产权、特定债权出资。其中，由于知识产权等无形资产出资风险较大，所以国家相关法律法规对无形资产出资方式另有限制：股东或发起人**不得以劳务**、信用、自然人姓名、商誉、特许经营权或者设定担保的财产等作价出资。

▶ 很好懂 ▶

（1）知识产权等无形资产出资风险较大的原因：以知识产权出资实际上是把技术转化为资本，使技术价值固定化，而技术具有强烈的时效性，会因其不断老化落后而导致实际价值不断减少甚至完全丧失。

（2）特定债权：企业依法发行的可转换债券和按照国家规定可转化为股权的债权。

【例4-8·多选题（2017年）】 下列各项中，能够作为吸收直接投资出资方式的有（   ）。

A. 特许经营权　　B. 土地使用权　　C. 商誉　　D. 非专利技术

（解析）本题考查吸收直接投资的出资方式。吸收直接投资的出资方式包括以货币资产出资、以实物资产出资、以土地使用权出资、以知识产权出资、以特定债权出资。其中，知识产权通常是指专有技术、商标权、专利权、非专利技术等无形资产。此外，国家相关法律法规对无形资产出资方式另有限制，股东或者发起人不得以劳务、信用、自然人姓名、商誉、特许经营权或者设定担保的财产等作价出资。因此选项BD正确。

（答案）BD

2. 吸收直接投资的筹资优缺点

优点：

（1）能够**尽快形成**生产能力（不仅可以取得一部分货币资金，还能够直接获得所需的先进设备和技术）；

（2）**便于**进行信息沟通（投资者单一，甚至投资者直接担任管理层，易于沟通）。

缺点：

（1）资本成本**较高**（相比股票筹资，筹资费用低，且大部分盈余通常作为红利分配）；

（2）公司控制权**集中**，不利于公司治理（投资额往往与经营管理权相匹配，公司控制权掌握在大额投资者手中，损害小额投资者利益）；

（3）**不便于**产权交易（没有证券为媒介）。

（二）发行普通股股票

1. 股东的权利

股东的权利包括：（1）公司管理权；（2）收益分享权（落后于优先股）；（3）股份转让权（优先股、普通股均有）；（4）**优先**认股权（优先于优先股股东）；（5）剩余财产要求权（落后于优先股）。

▶ 速提分 ▶

【命题角度1】 对比考查普通股股东权利与优先股股东权利。优先股股东权利包括：

（1）**优先**分配收益权；（2）**优先**剩余财产要求权。

注意：普通股股东只有一项优先权，体现在**优先**认股权。

趁热答题

例 4-9 · 单选题（2023 年） 下列各项中，不属于普通股股东拥有的权利是（　　）。
A. 优先认股权
B. 优先分配收益权
C. 股份转让权
D. 剩余财产要求权

解析 本题考查普通股股东的权利。普通股股东拥有的权利包括公司管理权、收益分享权、股份转让权、优先认股权和剩余财产要求权。选项 B 属于优先股股东拥有的权利。因此选项 B 当选。

答案 B

2. 上市公司发行股票

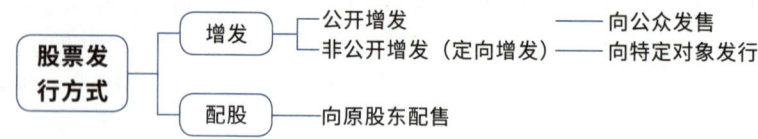

其中，**定向增发的优势**在于：
（1）有利于**引入战略投资者**和机构投资者；
（2）利用上市公司市场化估值溢价，通过资本市场将母公司资产价值放大（A 轮、B 轮、C 轮等）；
（3）是一种主要的并购手段，特别是资产并购型定向增发，有利于集团整体上市，同时减轻并购现金流压力。

引入战略投资者的作用：
（1）提升公司形象，提高资本市场认可度；
（2）优化股权结构，健全公司法人治理；
（3）提高公司资源整合能力，增强公司核心竞争力；
（4）达到阶段性的融资目标，加快**实现公司上市**融资的进程。

公司股票上市的目的和不利影响如下表：

目的	不利影响
（1）拓宽筹资渠道，便于筹措资金； （2）促进股权流通和转让； （3）便于确定公司价值	（1）上市成本高，手续复杂严格； （2）公司负担较高的信息披露成本； （3）信息公开的要求可能会暴露商业机密； （4）股价可能会歪曲公司实际情况，影响公司声誉； （5）可能会分散公司控制权，造成管理困难

趁热答题

例 4-10 · 单选题（2020 年） 下列筹资方式中，更有利于上市公司引入战略投资者的是（　　）。
A. 发行债券
B. 定向增发股票
C. 公开增发股票
D. 配股

解析 本题考查上市公司发行股票。上市公司定向增发的优势在于：（1）有利于引入战略投资者和机构投资者；（2）有利于利用上市公司的市场化估值溢价，将母公司资产通过资本市场放大，从而提升母公司的资产价值；（3）是一种主要的并购手段（特别是资产并购型定向增发），有利于集团企业整体上市，并同时减轻并购的现金流压力。综上，选项 B 正确。

答案 B

3. 发行普通股股票的筹资优缺点

优点：

（1）两权分离，有利于公司自主经营管理（所有权和经营权分离，分散了公司控制权）；

（2）能增强公司的社会声誉，促进股权流通和转让（股票流通性强）。

缺点：

（1）资本成本较高（股票投资风险较大，投资者会要求较高的风险补偿）；

（2）不易及时形成生产能力（相比吸收直接投资，还需要通过购置和建造形成生产经营能力）。

（三）留存收益

项目		说明
筹资途径	提取盈余公积金	用于未来经营发展、转增股本和弥补经营亏损 【提示】《公司法》规定，企业每年的税后利润，必须提取10%的法定公积金，法定公积金累计额为注册资本的50%以上的，可以不再提取。
	未分配利润	用于未来经营发展、转增股本、弥补经营亏损和以后年度利润分配
筹资特点		（1）不用发生筹资费用（与普通股筹资相比，无筹资费用，资本成本较低）； （2）维持公司控制权分布（不改变公司股权结构，不会稀释原有股东控制权）； （3）筹资数额有限（最大数额是当期净利润）

（四）股权筹资的优缺点（与债务筹资相比）

优点：

（1）是企业稳定的资本基础（没有固定到期日，无须偿还，是企业永久性资本，除非企业清算）；

（2）是企业良好的信誉基础（股权资本代表企业的资本实力，是企业进行业务活动的信誉基础）；

（3）财务风险较小（无须偿还，没有还本付息的财务压力；筹资限制少）。

缺点：

（1）资本成本较高（与债务筹资相比）；

（2）控制权变更可能会影响企业长期稳定发展（引进新的投资者或出售新的股票，会导致公司控制权结构改变）；

（3）信息沟通与披露成本较大（尤其上市公司，股东众多，公司需花费更多精力加强投资者关系管理）。

▶ 速提分 ▶

【命题角度2】股权筹资内部的筹资特点对比。以客观题形式考查。考试通常两两比较，考生需明确比较的主体。内容总结如下：

对比角度	吸收直接投资	发行普通股股票	留存收益
资本成本	最高	较高	最低
筹资费用	低	高	零
筹资数额	大	较大	有限

续表

对比角度	吸收直接投资	发行普通股股票	留存收益
产权交易	不便于	便于	—
控制权	集中	分散	维持
公司治理	有利于	不利于	—
形成生产能力	能够尽快形成	不易尽快形成	—
流通性	弱	强	—

【命题角度3】债务筹资与股权筹资特点对比。以客观题形式考查。总结如下：

对比角度	债务筹资	股权筹资
资本成本	低	高
财务风险	高	低
财务杠杆	可利用财务杠杆	无财务杠杆作用
资本基础	不稳定	稳定
控制权	不改变	可能改变（留存收益除外）
信息沟通与披露成本	较小	较大
筹资弹性	大	小
筹资数额	小	大

【提示】各类筹资方式资本成本的大小排序：吸收直接投资>发行股票>留存收益>优先股>可转换债券>租赁>发行债券>银行借款。

趁热答题

例4-11 · 单选题（2017年） 与发行债务筹资相比，发行普通股股票筹资的优点是（　　）。

A. 可以稳定公司的控制权　　B. 可以降低资本成本
C. 可以利用财务杠杆　　D. 可以形成稳定的资本基础

解析 本题考查普通股股票筹资的优缺点。发行普通股可能会导致公司控制权变更，选项A错误；一般而言，普通股筹资的资本成本高于债务筹资，选项B错误；普通股筹资不存在财务杠杆的利用，选项C错误；公司发行股票所筹集的资金属于公司的长期自有资金，没有期限，无须归还。换言之，股东在购买股票之后，一般情况下不能要求发行企业退还股金，选项D正确。

答案 D

例4-12 · 单选题（2016年） 与发行股票筹资相比，吸收直接投资的优点是（　　）。

A. 筹资费用较低　　B. 资本成本较低　　C. 易于进行产权交易　　D. 有利于提高公司声誉

解析 本题考查股权筹资的优缺点。相对于股票筹资方式来说，吸收直接投资的手续比较简单，筹资费用较低，选项A正确。选项BCD均为发行股票筹资的优点。

答案 A

第四节　衍生工具筹资

考点5　衍生工具筹资的类型与特点（★★）

> **考频**　2023年判断题；2022年单选题、多选题、判断题；2021年单选题、多选题、综合题

（一）可转换债券

1. 含义、分类及基本性质

项目	说明
含义	可转换债券是一种混合型债券，是公司普通债券与证券期权的组合体
分类	可分离的可转换债券（一分为二，互不干涉）； 不可分离的可转换债券（主体唯一，性质变换）
基本性质	（1）证券期权性（给予债券持有者未来转换为普通股票的权利）； （2）资本转换性（转股前，属于债权性质；转股后，属于股权性质）； （3）赎回与回售（赎回：发行公司买回债券的权利；回售：债券持有人卖回债券的权利）

注：考试中除特别说明，均指不可分离的可转换债券。

2. 基本要素

项目	说明
标的股票	转换期权的标的物，一般是发行公司自己的普通股票
票面利率	可转换债券票面利率一般**低于**普通债券票面利率
转换价格	可转换债券在转换期内据以转换成普通股的每股普通股价格，一般比发售日股价高出10%～30%
转换比率	**转换比率＝债券面值/转换价格**
转换期	可转换债券持有人自发行结束之日起6个月后方可转换为股票
赎回条款 （保护发债公司利益）	**发债公司**按事先约定的价格**买回**未转股债券的条件规定。 （1）发生时机：公司股价一段时期内连续**高于**转股价格达到某一幅度时。 （2）主要功能：①强制债券持有者积极行使转股权；②避免市场利率下降后，发债公司持续以较高的票面利率支付利息
回售条款 （保护债券持有人利益）	**债券持有人**有权按照事先约定价格将债券**卖回**给发债公司。 （1）发生时机：公司股价一段时期内连续**低于**转股价格达到某一幅度时。 （2）主要功能：降低投资者的持券风险
强制性转换条款	确保转股顺利，预防投资者到期集中挤兑引发公司破产

▶很好懂▶

（1）**可转债票面利率低于普通债券票面利率的原因**：可转债附有转股权，转股后可成为公司股东，因此即使前期少拿利息，投资者也心甘情愿。

(2) **可转债转换价格高于发行价的原因**：公司在给市场传递积极信号，使投资者对公司未来发展具备信心从而推动股价上升，投资者转股也能获利。若转股价格低于发行价，那么投资者在发行当天就会转股以赚取差价。企业为避免这种情况，也会提高转换价格。

(3) 转换比率可理解为在既定转换价格下转为普通股股票的数量。

▶ 速提分 ◀

【命题角度】转换比率的计算。可单独考查客观题，也可结合投资项目或评价指标一起考查。

转换比率=**债券面值**/转换价格

需要注意的是，分子是债券"面值"，非股票"市价"。

【易错易混】赎回条款 VS 回售条款 VS 强制性转换条款

项目	赎回条款	回售条款	强制性转换条款
含义	发行公司按事先约定价格回购	投资者按事先约定价格回售	达到条件后投资者必须将可转债转换为股票
有利于谁	**发行公司**	**投资者**	发行公司
发生时机	某时期股价连续高于转股价一定幅度	某时期股价连续低于转股价一定幅度	—
主要功能	(1) 加速行权； (2) 避免市场利率下降继续支付高利率而蒙受损失	降低持券风险	保证可转债顺利转股

注意：

(1) **判断对谁有利就看哪一方具有选择权**。赎回条款中，发行公司具有选择赎回权；回售条款中，投资者具有选择回售权；强制性转换条款中，发行公司具有强制投资者转股权。

(2) 当某时期股价**连续高于**转股价一定幅度（通常是转股价的130%）时，投资者就会乐于转股，从而可以在股票二级市场赚取较大价差收益。股价大幅上涨了，发行公司也会乐见其成。因此此时设置赎回条款。

(3) 当某时期股价**连续低于**转股价一定幅度（通常是转股价的70%）时，此时股价持续低迷，投资者也不能从二级市场获益，便不想转股，只希望发行公司按本金加一定利息还给自己，从此"好聚好散"！因此为了保护投资者利益，设置回售条款。

🚀 趁热答题

| 例4-13·单选题（2022年） | 某可转换债券面值为100元，转换价格为20元/股，当前标的股票的市价为25元/股，则该可转换债券的转换比率为（　　）。

A. 5　　　　　　　　B. 1.25　　　　　　　　C. 0.8　　　　　　　　D. 4

【解析】本题考查转换比率的计算。可转换债券的转换比率=债券面值/转换价格=100/20=5，选项A正确。

【答案】A

| 例 4-14·单选题（2019 年）| 关于可转换债券，下列表述正确的是（　　）。

A. 可转换债券的赎回条款有利于降低投资者的持券风险
B. 可转换债券的转换权是授予持有者的一种买入期权
C. 可转换债券的转换比率为标的股票市值与转换价格之比
D. 可转换债券的回售条款有助于可转换债券顺利转换成股票

（解析）本题考查可转换债券。回售条款是指债券持有人有权按照事先约定的价格将债券卖回给发债公司的条件规定。回售一般发生在公司股票价格在一段时期内连续低于转股价格达到某一幅度时。回售对于投资者而言实际上是一种卖权，有利于降低投资者的持券风险。选项 AD 错误。转换比率为债券面值与转换价格之比，选项 C 错误。本题选项 B 表述正确。

（答案）B

3. 可转换债券的筹资优缺点

优点：
(1) 筹资功能**灵活**（混合性筹资，在筹资时间和性质上具有灵活性）；
(2) 资本成本**低**（可转债利率低于同一条件下普通债券利率，同时转股时，又无须支付筹资费用）；
(3) 筹资效率**高**（由于转换价格高于当时公司股价，所以同样股数可筹集更多资金）。

缺点：
存在财务压力（不转换有集中兑付债券本金的财务压力，回售有集中支付的财务压力）。

（二）认股权证

项目	说明
概念	认股权证是一种证明文件，持有人有权在一定时间内以约定价格认购该公司发行的一定数量的股票
基本性质	(1) 期权性：本质上是股票期权，具有实现融资和股票期权的双重功能，但它没有普通股的红利收入和投票权； (2) 一种投资工具：获得市场价和认购价的差价收益
筹资特点	(1) 是一种融资促进工具； (2) 有助于改善上市公司的治理结构； (3) 有利于推进上市公司的股权激励机制

| 例 4-15·单选题（2021 年）| 关于认股权证，下列说法错误的是（　　）。

A. 认股权证在认股前可获得股利收入
B. 认股权证可作为一种融资促进工具
C. 认股权证在本质上是一种股票期权
D. 认股权证可作为激励工具授予公司员工

（解析）本题考查认股权证的基本性质。认股权证在没有行使认股权之前，它不是股票，不拥有股利分配权，选项 A 错误。

（答案）A

（三）优先股

1. 发行债券 VS 优先股 VS 普通股

项目	发行债券	优先股	普通股
是否还本	还本	不还本	不还本
报酬是否固定	利息固定	股息固定（高于利息）	股利不固定
是否抵税	抵税	不抵税	不抵税
权利范围	不参与公司生产经营	有限表决权	有表决权
优先权	利润分配+剩余财产分配：发行债券→优先股→普通股（由先到后）		

> **通关文牒**
>
> ▶ 很好懂 ◀
>
> 优先股的有限表决权体现在仅涉及与优先股股东自身利益直接相关的特定事项时，具有有限表决权。

趁热答题

例 4-16·多选题（2022 年） 关于债券和优先股的共同特点，下列表述正确的有（　　）。

A. 优先股股息和债券利息都属于公司的法定债务
B. 在分配剩余财产时，优先股股东和债权人的清偿顺序都优先于普通股股东
C. 优先股股息和债券利息都会产生所得税抵税效应
D. 都不会影响普通股股东对公司的控制权

【解析】本题考查发行公司债券、优先股。债券利息属于公司法定债务；优先股股息不属于法定债务，在公司财务状况恶化、经营成果不佳时可以不支付，选项 A 错误。由于优先股股息是税后支付的，所以不产生抵税效应，选项 C 错误。

【答案】BD

2. 优先股的种类

分类标准	内容
股息率是否固定	固定股息率优先股、浮动股利优先股
分红是否强制	强制分红优先股、非强制分红优先股
未足额支付部分是否累积	累积优先股、非累积优先股
是否参与普通股税后利润分配	参与优先股、非参与优先股
是否可转换成普通股	可转换优先股、不可转换优先股
是否有权要求回购优先股	可回购优先股、不可回购优先股

我国上市公司（商业银行除外）公开发行优先股的规定事项如下：

（1）我国优先股每股票面金额为 100 元；

（2）上市公司不得发行可转换为普通股的优先股（不可转换优先股）；

（3）采取固定股息率（固定股息率优先股）；

(4) 在有可分配利润情况下必须向优先股股东分配股息（强制分红优先股）；

(5) 未向优先股股东足额派发股息的差额部分应当累积到下一会计年度（累积优先股）；

(6) 优先股股东按照约定股息率分配股息后，不再同普通股股东一起参与剩余利润分配（非参与优先股）。

例 4-17 · 判断题（2018 年） 若某公司当年可分配利润不足以支付优先股的全部股息时，所欠股息在以后年度不予补发，则该优先股属于非累积优先股。（　　）

解析 本题考查非累积优先股。非累积优先股是指公司不足以支付优先股的全部股息时，对所欠股息部分，优先股股东不能要求公司在以后年度补发。本题表述正确。

答案 √

3. 优先股的筹资优缺点

优点：

(1) 丰富资本市场的投资结构；

(2) 有利于股权资本结构调整；

(3) 有利于保障普通股收益和控制权（与普通股筹资相比）；

(4) 有利于降低公司财务风险（与负债筹资相比）。

缺点：

可能给股份公司带来一定的财务压力（优先股股息不能抵税，资本成本相对于债务筹资较高；股利支付相对于普通股的固定性）。

第五节　筹资实务创新

考点 6　筹资实务创新（★）

考频 2022 年判断题

（一）非公开定向债务融资工具（PPN）

(1) 含义：在**银行间债券市场**以**非公开定向发行**方式发行的**债务融资**工具，发行主体为具有法人资格的**非金融企业**。

(2) 筹资特点：①简化披露要求；②规模没有明确限制；③发行方案灵活；④融资工具有限流通；⑤发行价格存在流动性溢价。

（二）私募股权投资（PE）

(1) 含义：通过私募基金对**非上市公司**进行的**权益性投资**。

(2) 筹资特点：①非公开方式募集；②多采取权益型投资；③一般投资非上市公司；④投资期限较长；⑤流动性差；⑥是被投资企业重要的股权筹资方式。

（三）产业基金

(1) 含义：产业投资基金向具有高增长潜力的**未上市**公司进行股权或准股权投资，并参与经营管理。

(2) 政府出资产业投资基金认定的4个条件：①中央、省级或计划单列市人民政府（含所属部门、直属机构）批复设立，且批复文件或其他文件中明确了政府出资的；政府认缴出资比例不低于基金总规模的10%，其中，党中央、国务院批准设立的，政府认缴出资比例不低于基金总规模的5%。②符合《政府出资产业投资基金管理暂行办法》（发改财金规〔2016〕2800号）和《政府投资基金暂行管理办法》（财预〔2015〕210号）有关规定。③基金投向符合产业政策、投资政策等国家宏观管理政策。④基金运作不涉及新增地方政府隐性债务。**（2024年新增）**

（四）商业票据融资

(1) 含义：通过**商业票据**进行融通资金。

(2) 筹资特点：①融资成本较低；②灵活方便。

（五）中期票据融资

(1) 含义：具有法人资格的**非金融类企业**在**银行间债券市场**按计划分期发行，约定在一定期限内还本付息的债务融资工具。

(2) 筹资特点：①发行机制灵活；②用款方式灵活；③融资额度大；④使用期限长；⑤成本较低；⑥无需担保抵押。

> **通关文牒**
>
> ▶ 很好懂 ◀
>
> 筹资实务创新只选取了部分具有可考性的内容。该考点不属于重要考点，考生掌握以上概念及相关筹资特点即可。

趁热答题

例4-18·判断题（2022年） 非公开定向债务融资工具是指具有法人资格的非金融企业，向银行间市场特定机构投资人发行债务融资工具取得资金的一种筹资方式。（ ）

解析 本题考查非公开定向债务融资工具（PPN）。非公开定向债务融资工具是具有法人资格的非金融企业，向银行间市场特定机构投资人发行债务融资工具取得资金的筹资方式。

答案 √

考点加油站

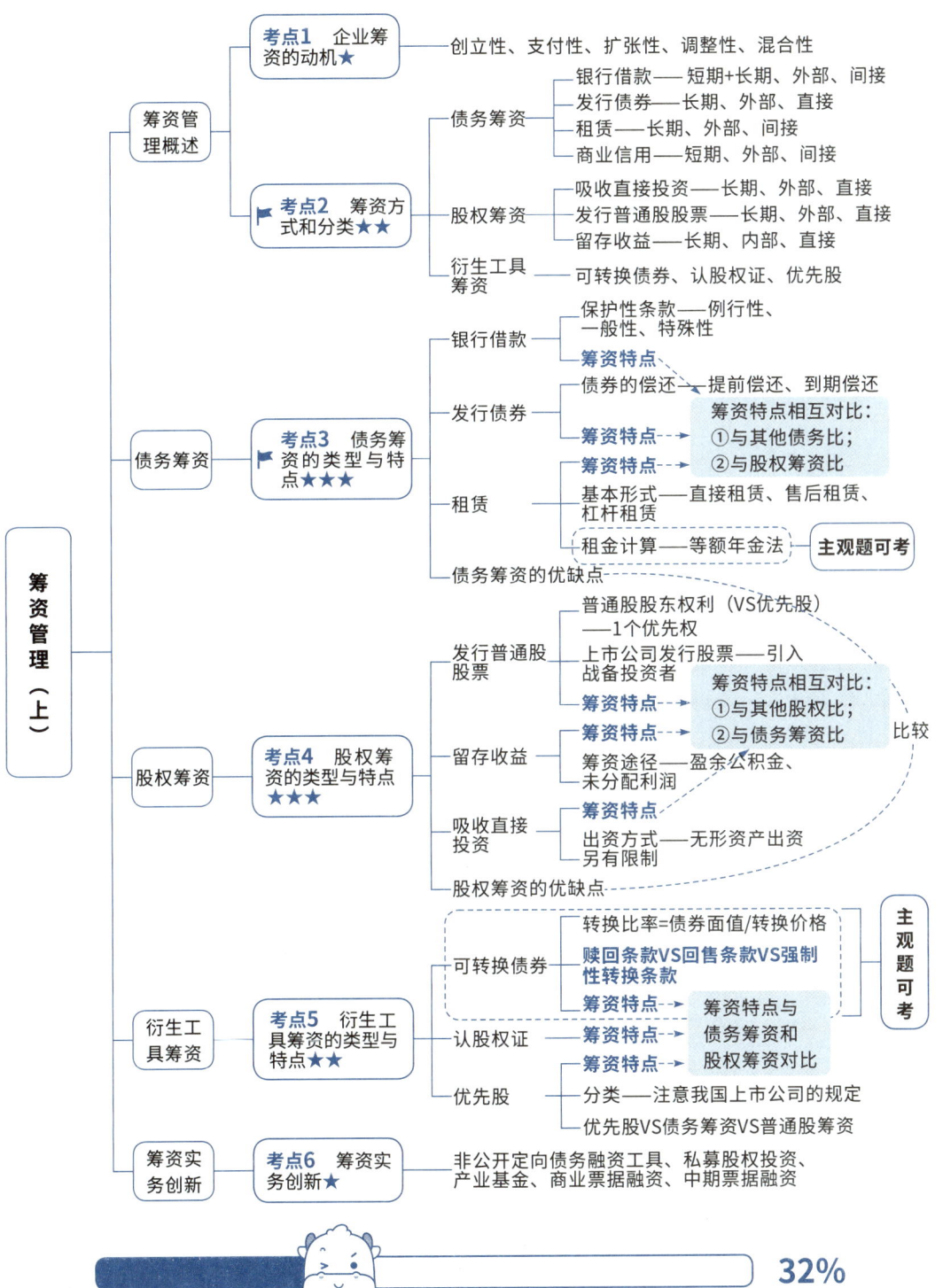

32%

第五章 筹资管理（下）

考情驿站

本章属于重点章节，难度较大。本章也是主观题考查的重点，主要包括销售百分比法、资金习性预测法、资本成本的计算、杠杆效应以及每股收益分析法和公司价值分析法。以上主观题考点可单独考查也可结合其他章节综合考查。本章近三年平均考查分值在 12 分左右。

考点地图

筹资管理（下）

- 资金需要量预测
  - 考点1　因素分析法预测资金需要量 ★
  - 考点2　销售百分比法预测资金需要量 ★★★
  - 考点3　资金习性预测法预测资金需要量 ★★
- 资本成本
  - 考点4　资本成本的含义 ★
  - 考点5　企业资本成本的计算 ★★★
  - 考点6　项目资本成本的计算 ★★★
- 杠杆效应
  - 考点7　三大杠杆效应的含义及相关计算 ★★★
- 资本结构
  - 考点8　不同资本结构理论的观点 ★★
  - 考点9　利用不同方法选择最优筹资方案 ★★★
  - 考点10　双重股权结构的含义及特点 ★★

2024 年本章主要变化

本章无实质性变化。

第五章 筹资管理（下）

第一节 资金需要量预测

考点 1 因素分析法预测资金需要量（★）

考频 2023 年单选题；2022 年单选题

项目	说明
公式	资金需要量=（基期资金平均占用额−不合理资金占用额）×（1+预测期销售增长率）÷（1+预测期资金周转速度增长率）
优缺点	计算简便，易掌握，但预测结果不太精确
适用范围	品种繁多、规格复杂、资金用量较小的项目
相关提示	（1）预测销售下降，预测期销售增长率用负数；预测周转率减慢，预测期资金周转速度增长率用负数； （2）资金需要量与预测期销售增长率<u>正向</u>变动，与预测期资金周转速度增长率<u>反向</u>变动

【例 5-1·单选题（2022 年）】 某公司 2021 年销售额为 1 000 万元，资金平均占用额为 5 000 万元，其中不合理部分为 400 万元。因市场行情变差，预计公司 2022 年销售额为 900 万元，资金周转速度下降 1%。根据因素分析法，预计该公司 2022 年度资金需要量为（　　）万元。

A. 4 181.82　　　　B. 4 545.45　　　　C. 4 099.01　　　　D. 4 455.45

解析 本题考查因素分析法。销售增长率=（900−1 000）/1 000×100%=−10%，资金需要量=（基期资金平均占用额−不合理资金占用额）×（1+预测期销售增长率）/（1+预测期资金周转速度增长率）=（5 000−400）×（1−10%）/（1−1%）=4 181.82（万元）。选项 A 正确。

答案 A

考点 2 销售百分比法预测资金需要量（★★★）

考频 2023 年单选题、判断题、综合题；2022 年判断题、综合题；2021 年单选题、综合题

（一）基本原理

假设<u>某些资产和负债与销售额</u>存在稳定的百分比关系。

（1）某些资产：经营性资产（敏感性资产），包括货币资金、应收账款、存货等项目；

（2）某些负债：经营性负债（敏感性负债），包括应付票据、应付职工薪酬、应付账款等项目，不包括短期借款、短期融资券、长期负债等筹资性负债。

（二）基本步骤

依据会计恒等式"资产=负债+所有者权益"可以推导出销售百分比法预测资金需要量的公式。

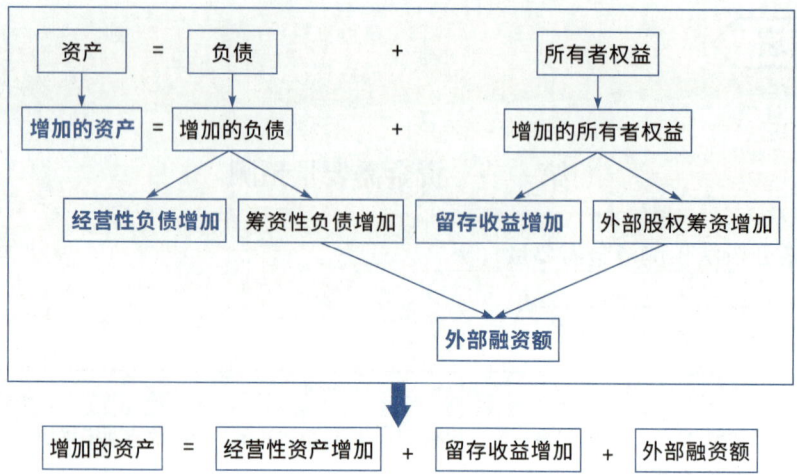

第1步：计算融资总需求（需要增加的资金量）。

融资总需求=增加的资产−增加的经营性负债
　　　　　=增加的经营性资产−增加的经营性负债+增加的非经营性资产

注意：这里的非经营性资产一般指的是固定资产等设备的增加。

▲融资总需求一般有两种计算方法（假设不考虑有增加的非经营性资产）。

（1）融资总需求=销售额增加×(经营性资产销售百分比−经营性负债销售百分比)（简称"△收入×差比"）

（2）融资总需求=预计销售增长率×(基期经营性资产−基期经营性负债)（简称"收入%×基差"）

第2步：计算内部融资额（增加的留存收益）。

增加的留存收益=预计收入×预计销售净利率×预计利润留存率

注意：预计利润留存率=1−预计股利支付率，股利支付率=股利/净利润。

第3步：计算外部融资额。

外部融资额=融资总需求−增加的留存收益
　　　　　=增加的经营性资产+增加的非经营性资产−增加的经营性负债−增加的留存收益

▶ 很好懂 ▶

（1）增加的留存收益可以理解为内部融资额，外部融资额=融资总需求−内部融资额。

（2）增加的留存收益是由预计收入为基础，进而计算出的留存的利润部分，即预计收入→预计净利润→预计留存利润，而非"预计留存收益−上期留存收益"。

【举例】假设2023年销售收入为100万元，销售净利率10%，利润留存率40%，预计2024年销售收入会增加15%，销售净利率和利润留存率保持不变。

【解答】正确做法：增加的留存收益=100×(1+15%)×10%×40%=4.6（万元）；
　　　　错误做法：增加的留存收益=100×15%×10%×40%=0.6（万元）。

第五章 筹资管理（下）

▶ 速提分 ▶

【命题角度】 融资总需求和外部融资额的计算。主要考查主观题，通常以报表形式展现。客观题也是该考点的考查对象，主要考查对销售百分比法公式的理解。

步骤	解题思路	提示
1	分辨经营性资产、经营性负债。 (1) 经营性资产：货币资金、应收账款、存货； (2) 经营性负债：应付账款、应付票据（**不属于经营性负债：长短期借款、短期融资券**）	考试通常有两种形式： (1) 只列示项目自行判断，需尤其注意不属于经营性负债的项目； (2) 同时列示项目和与销售百分比，则有百分比的项目均为经营性资产和经营性负债
2	计算增加的经营资产、增加的经营负债。 (1) 增加的经营性资产=基期经营资产×销售增长率； (2) 增加的经营性负债=基期经营负债×销售增长率	"增加的经营性资产=基期经营资产×销售增长率"由"增加的经营资产=基期经营资产×经营资产增长率"推导而来。由于假设经营资产与销售额呈稳定的百分比关系，所以，经营资产增长率=销售增长率。"增加的经营性负债=基期经营负债×销售增长率"的公式推导与之同理
3	计算融资总需求。 方法一：△收入×差比； 方法二：收入%×基差	两种方法公式均根据"融资总需求=经营资产增加−经营负债增加"基础公式推导而来，考试根据给定条件选择其一即可
4	计算增加的留存收益。 增加的留存收益=预计收入×销售净利率×利润留存率	预计的销售净利率和利润留存率一般保持和基期一样，题目通常会直接给出条件
5	计算外部融资额。 外部融资额=融资总需求−增加的留存收益	如有固定资产等非经营性资产，注意加上增加外部融资额

趁热答题

|例 5−2·计算分析题·（2019 年）| 甲公司 2018 年实现的销售收入为 100 000 万元，净利润为 5 000 万元，利润留存率为 20%。公司 2018 年 12 月 31 日的资产负债表（简表）如下表所示（单位：万元）。

资产	期末余额	负债和所有者权益	期末余额
货币资金	1 500	应付账款	3 000
应收账款	3 500	长期借款	4 000
存货	5 000	实收资本	8 000
固定资产	11 000	留存收益	6 000
资产合计	21 000	负债和所有者权益合计	21 000

公司预计 2019 年销售收入比上年增长 20%，假定经营性资产和经营性负债与销售收入保持稳定的百分比关系，其他项目不随着销售收入的变化而变化，同时假设销售净利率与利润留存率保持不变，公司采用销售百分比法预测资金需要量。

> **要求**
> (1) 计算2019年预计经营性资产增加额。
> (2) 计算2019年预计经营性负债增加额。
> (3) 计算2019年预计留存收益增加额。
> (4) 计算2019年预计外部融资需要量。

解析 本题考查销售百分比法。

经营性资产有货币资金、应收账款、存货，经营性负债有应付账款。

(1) 2019年经营性资产增加额=2018年经营性资产期末余额×预计销售额增长率=(1 500+3 500+5 000)×20%=2 000（万元）。

(2) 2019年经营性负债增加额=2018年经营性负债期末余额×预计销售收入增长率=3 000×20%=600（万元）。

(3) 2019年留存收益增加额=2018年净利润×(1+净利润增长率)×利润留存率，由于销售净利率保持不变，所以净利润增长率=销售收入增长率。则2019年留存收益增加额=5 000×(1+20%)×20%=1 200（万元）。

(4) 外部融资需要量=经营性资产增加额-经营性负债增加额-留存收益增加额=2 000-600-1 200=200（万元）。

答案
(1) 经营性资产增加额=(1 500+3 500+5 000)×20%=2 000（万元）。
(2) 经营性负债增加额=3 000×20%=600（万元）。
(3) 留存收益增加额=5 000×(1+20%)×20%=1 200（万元）。
(4) 外部融资需要量=2 000-600-1 200=200（万元）。

例5-3·单选题·（2023年） 使用销售百分比法预测资金需求时，外部融资需求量等于因销售增长率带来的资金需求增加额扣除（　　）。

A. 预测期末分配利润期末余额　　B. 基期末分配利润期末余额
C. 基期利润留存额　　D. 预测期利润留存额

解析 本题考查销售百分比法。销售百分比法下，外部融资需求量=资金需求增加额-预测期利润留存额，选项D正确。

答案 D

考点3　资金习性预测法预测资金需要量（★★）

> 考频　2022年多选题

（一）资金习性类型

分类	含义	典型举例
不变资金	在一定范围内，不受产销量变动的影响而**保持固定不变**的那部分资金	为**维持营业**而占用的最低数额的现金，原材料的保险储备，必要的成品储备，厂房、机器设备等固定资产占用的资金
变动资金	在一定范围内，随产销量的变动而**同比例变动**的那部分资金	直接构成产品实体的原材料、外购件等占用的资金，在最低储备以外的现金、存货、应收账款等

续表

分类	含义	典型举例
半变动资金	虽然受产销量变化的影响，但**不呈同比例变动**的资金	一些辅助材料占用的资金

通关文牒

▶ **很好懂** ▶

资金习性类型与第二章成本性态的分类类似，可类比记忆。

(二) 资金占用总额的预测（2024年调整）

（1）原理：**资金占用总额=不变资金+变动资金=不变资金+单位变动资金×产销量**。

设产销量为 X，资金占用总额为 Y，X 和 Y 的关系可用下式表示：

Y：总资产-经营负债　　X：一般为销售收入

$$Y = a + bX$$

式中，a 表示不变资金，b 表示单位变动资金。

（2）**高低点法——a、b 的确定**。

第1步：先找到**产销量 X 最高及最低**的两组数据及其资金占用。

第2步：将这两组数据代入 $Y=a+bX$，即可解得 a 和 b。

$$\begin{cases} 最高收入期资金占用量 = a + b \times 最高产销量 \\ 最低收入期资金占用量 = a + b \times 最低产销量 \end{cases}$$

解得：

$$b = \frac{最高产销量期的资金占用 - 最低产销量期的资金占用}{最高产销量 - 最低产销量},$$

a = 最高产销量期的资金占用 $- b \times$ 最高产销量，

或 = 最低产销量期的资金占用 $- b \times$ 最低产销量。

注意：计算总资金占用量的 a、b 时先分项后汇总：

a=各资产类 a 之和-各负债类 a 之和，

b=各资产类 b 之和-各负债类 b 之和。

通关文牒

▶ **很好懂** ▶

（1）这里的高低点法与第二章混合成本分解的高低点法原理一致，选择高、低点的依据是产销量（X），而非资金占用量（Y）。

（2）高点（产销量最大）的资金占用量不一定最大；低点（产销量最小）的资金占用量不一定最小。

通关文牒

▶ 速提分 ◀

【易错易混】销售百分比法 VS 资金习性预测法

项目	销售百分比法	资金习性预测法
预测结果	资金增量	资金总量
公式	增加的资产−增加的经营负债	总资产−经营负债（$Y=a+bX$）
融资总需求（资金总缺口）	增加的资产−增加的经营负债	$Y_{预测期}-Y_{基期}$
外部融资额	增加的资产−增加的经营负债−留存收益增加	$Y_{预测期}-Y_{基期}-$留存收益增加

趁热答题

|例 5-4·计算分析题| 某企业 2013~2016 年销售收入与经营性资产、负债情况如下（单位：万元）：

时间	销售收入	现金	应收账款	存货	固定资产	应付账款
2013	600	1 400	2 100	3 500	6 500	1 080
2014	500	1 200	1 900	3 100	6 500	930
2015	680	1 620	2 560	4 000	6 500	1 200
2016	700	1 600	2 500	4 100	6 500	1 230

要求：

(1) 采用高低点法分项建立资金预测模型。

(2) 当 2017 年销售收入为 1 000 万元时，计算：

①2017 年预计需要的资金总额；

②2017 年需要增加的资金；

③若 2017 年销售净利率为 10%，股利支付率为 40%，则 2017 年对外筹资数额。

解析 本题考查资金习性预测法。

(1) 以销售收入为基准选取最高点和最低点。对应现金、应收账款、存货、固定资产是经营性资产，会增加资金需求量；应付账款是经营性负债，会减少资金需求量。各自根据模型 $Y=a+bX$ 计算后得出 a 与 b，进行汇总计算得出总资金预算模型。其中，$a=a_{现}+a_{收}+a_{存}-a_{付}$，$b=b_{现}+b_{收}+b_{存}-b_{付}$。

(2) ①将 2017 年度的销售收入 1 000 万元代入 $Y=a+bX$ 就可以求出 2017 年预计需要的资金总额。

②2016 年的资金总额=2016 年总资产−2016 年经营负债；

2017 年需要增加的资金=2017 年预计需要的资金总额−2016 年的资金总额。

③2017 年对外筹资数额=2017 年需要增加的资金−留存收益增加额=2017 年需要增加的资金−2017 年销售收入×销售净利率×利润留存率，其中，利润留存率=1−股利支付率。

答案

(1) ①现金占用情况：

$b_{现} = \triangle Y/\triangle X = (1\,600-1\,200)/(700-500) = 2$;
$a_{现} = Y-bX = 1\,600-2\times700 = 200$。
②应收账款占用情况：
$b_{收} = \triangle Y/\triangle X = (2\,500-1\,900)/(700-500) = 3$;
$a_{收} = Y-bX = 2\,500-3\times700 = 400$。
③存货占用情况：
$b_{存} = \triangle Y/\triangle X = (4\,100-3\,100)/(700-500) = 5$;
$a_{存} = Y-bX = 4\,100-5\times700 = 600$。
④固定资产占用情况：$a_{固} = 6\,500$。
⑤应付账款占用情况：
$b_{付} = \triangle Y/\triangle X = (1\,230-930)/(700-500) = 1.5$;
$a_{付} = Y-bX = 1\,230-1.5\times700 = 180$。
汇总计算：
$b = 2+3+5-1.5 = 8.5$；
$a = 200+400+600+6\,500-180 = 7\,520$；
$Y = a+bX = 7\,520+8.5X$。
（2）①2017年预计需要的资金总额 $= 7\,520+8.5\times1\,000 = 16\,020$（万元）。
②2016年的资金总额 $= 1\,600+2\,500+4\,100+6\,500-1\,230 = 13\,470$（万元）；
2017年需要增加的资金 $= 16\,020-13\,470 = 2\,550$（万元）。
③2017年对外筹资数额 $= 2\,550-1\,000\times10\%\times(1-40\%) = 2\,490$（万元）。

第二节 资本成本

考点4 资本成本的含义（★）

考频 2023年单选题；2022年单选题；2021年多选题

资本成本是企业为筹集和使用（或占用）资本而付出的代价，包括筹资费用和用资费用。

类型	特点	常见举例
筹资费用	一般为筹资开始时的一次性支出	股票发行费、股票佣金、债券发行手续费、借款手续费、证券印刷费、公证费、律师费等
用资费用	一般为分期支出	利息支出、股利支出、租赁利息等

通关文牒

▶ 很好懂 ▶

资本成本的概念可分别从投资人和筹资人两个角度理解：

（1）投资人角度：由于让渡了资本使用权，必须获得一定的收益，资本成本表现为获得收益的最低要求；

（2）筹资人角度：由于取得了资产使用权，必须付出一定代价，资本成本表现为取得资本使用权所付出的代价。

这里是从筹资人角度理解的，如果从投资人角度考虑，资本成本也是投资人要求的必要收益率。

趁热答题

例 5-5・单选题（2022 年） 资本成本包括筹资费用和用资费用两个部分。下列各项中，属于用资费用的是（ ）。

A. 借款手续费　　　　　　　　B. 借款利息费
C. 信贷公证费　　　　　　　　D. 股票发行费

解析 本题考查资本成本的含义。用资费用是指企业在资本使用过程中因占用资本而付出的代价，如向银行等债权人支付的利息（选项 B），向股东支付的股利等。选项 ACD 属于筹资费用。

答案 B

考点5　企业资本成本的计算（★★★）

考频 2023 年单选题、判断题、综合题；2022 年综合题；2021 年单选题、判断题、综合题

（一）个别资本成本的计算

1. 个别资本成本率计算的基本模式

（1）一般模式（不考虑货币时间价值）。

$$资本成本率 = \frac{年资金用资费用}{筹资总额 - 筹资费用} = \frac{年资金用资费用}{筹资总额 \times (1 - 筹资费用率)}$$

其中，筹资净额＝筹资总额－筹资费用。

（2）贴现模式（考虑货币时间价值）。

初始筹资净额现值＝未来资本清偿额现金流量现值（现金流入现值＝现金流出现值）

利用内插法，求出：资本成本率＝所采用的贴现率。

2. 债务资本成本率的计算（银行借款+公司债券）

项目	说明
一般模式	资本成本率 $(K_b) = \dfrac{年税后利息}{筹资净额} = \dfrac{年利率 \times (1 - 所得税税率)}{1 - 手续费率}$ 【提示】（1）债券以实际发行价为筹资总额；（2）若题中未提及筹资费用，则不需要考虑筹资费用。
贴现模式	初始筹资净额现值＝未来收取利息和本金的现值 债务筹资总额×(1-手续费率)＝年税后利息×$(P/A, K_b, n)$+本金（面值）×$(P/F, K_b, n)$ 结合插值法求出折现率 K_b

通关文牒

▶ **很好懂** ▶

债务资本成本率的计算需考虑利息抵税作用，即需要考虑"×**(1-所得税税率)**"。

因为债务利息是税前支付的，对筹资方来说实际筹资额是扣除了利息抵税后的净额。

3. 权益资本成本率的计算

筹资方式	资本成本率计算
普通股	（1）股利增长模型。 $K_s = \dfrac{D_1}{P_0 \times (1-f)} + g = \dfrac{D_0 \times (1+g)}{P_0 \times (1-f)} + g$ 式中，D_0 为本期支付的股利，D_1 为预期支付的股利，P_0 为目前股票价格，g 为股利增长率，f 为筹资费用率。 （2）资本资产定价模型。 $K_s = R_f + \beta \times (R_m - R_f)$
留存收益	资本成本率与普通股一样，只是没有筹资费用。 （1）股利增长模型：$K_s = \dfrac{D_1}{P_0} + g$； （2）资本资产定价模型：$K_s = R_f + \beta \times (R_m - R_f)$
优先股	$K_s = \dfrac{D}{P_n \times (1-f)}$ D 为年固定股息，P_n 为优先股发行价格，f 为筹资费用率

【提示】资本成本排序：长期借款＜债券＜租赁＜优先股＜留存收益＜普通股＜吸收直接投资。

通关文牒

▶ 很好懂 ▶

权益类资本无利息抵税作用，因此无须考虑"×(1−所得税税率)"。

▶ 速提分 ▶

【易错易混1】债务、优先股、普通股、留存收益资本成本的计算区别

筹资方式	债务筹资	优先股	普通股	留存收益
是否考虑所得税	√	×	×	×
是否考虑发行费用（手续费等）	√	√	√	×
是否考虑用资费用（利息、股利等）	√	√	√	√

【易错易混2】D_0、D_1 表示的含义

D_0	D_1
上年股利、刚刚发放的股利、本期支付的股利	预计第一年股利、预计的股利、本年将要发放的股利

【提示】本质区别：D_0——已经发放；D_1——还未发放。

趁热答题

|例 5-6·单选题（2021 年）| 某公司发行普通股的筹资费率为 6%，当前股价为 10 元/股，本期已支付的现金股利为 2 元/股，未来各期股利按 2% 的速度持续增长。则该公司留存收益的资本成本率

为（　　）。

　　A. 23.70%　　　　B. 22.4%　　　　C. 21.2%　　　　D. 20.4%

解析 本题考查留存收益的资本成本率。运用股利增长模型，留存收益的资本成本率=$D_0×(1+g)/P_0+g$=2×(1+2%)/10+2%=22.4%。

答案 B

|例5-7·单选题（2021年）| 某公司取得5年期长期借款200万元，年利率8%，每年付息一次，到期一次还本，筹资费用率为0.5%，企业所得税税率为25%。不考虑货币时间价值，该借款的资本成本率为（　　）。

　　A. 6.03%　　　　B. 7.5%　　　　C. 6.5%　　　　D. 8.5%

解析 本题考查银行借款的资本成本率。不考虑货币时间价值，采用一般模式，资本成本率=年利率×(1-所得税税率)/(1-筹资费用率)=8%×(1-25%)/(1-0.5%)=6.03%。

答案 A

（二）平均资本成本的计算

1. 含义及公式

各项个别资本成本率的加权平均数，权数为个别资本在全部资本中的比重。

$$K_w = \sum_{j=1}^{n} K_j W_j$$

K_w：平均资本成本；K_j：第 j 种个别资本成本；W_j：第 j 种个别资本在全部资本中的比重。

2. 权数 W_j 的确定

权数	重要特征	优缺点
账面价值权数（过去）	以会计报表账面价值为基础	资料易取得，计算结果稳定，但不能反映现时成本
市场价值权数（现在）	以现行市价为基础	反映现时资本成本，有利于资本结构决策，但资料不易取得，不适用于未来筹资决策
目标价值权数（未来）	以预计的未来价值为基础	适用于未来决策，但目标价值的确定具有主观性

注：未来价值中，可选择未来市场价值，也可选择未来账面价值。

▶ 通关文牒

▶ 很好懂 ▶

为保持统一口径，计算平均资本成本时，统一按照"税后"口径计算。

▶ 趁热答题

|例5-8·计算分析题| 高小吉公司2023年年末长期资本账面总额为1 000万元，其中：银行长期贷款400万元，占40%；长期债券150万元，占15%；股东权益450万元（共200万股，每股面值1元，市价8元），占45%。个别资本成本分别为：5%、6%、9%。债务市场价值等于账面价值。

要求

（1）按账面价值计算该公司平均资本成本。

（2）按市场价值计算该公司平均资本成本。

解析 本题考查平均资本成本的计算。

银行长期贷款和长期债券的账面价值和市场价值一样，只有股东权益需要区分账面价值和市场价值，股东权益账面价值为450万元，市场价值为200×8＝1 600（万元）。

根据平均资本成本，即各项个别资本成本率的加权平均可计算出结果。

答案

（1）按账面价值计算：$Kw = 5\% \times 40\% + 6\% \times 15\% + 9\% \times 45\% = 6.95\%$。

（2）按市场价值计算：$Kw = (5\% \times 400 + 6\% \times 150 + 9\% \times 1\,600) / (400 + 150 + 1\,600) = 8.05\%$。

(三) 边际资本成本的计算

（1）含义。

边际资本成本的计算是企业追加筹资的成本，也是企业追加筹资的决策依据。

（2）计算。

边际资本成本的计算以各项资本**目标价值**占总筹资额的比例进行加权平均。

通关文牒

▶ 很好懂 ▶

边际资本成本其实就是追加筹资的平均资本成本。从考试角度出发，边际资本成本只需掌握"权数采用目标价值权数"这一结论即可，无须掌握边际资本成本的计算。

趁热答题

| 例 5-9·判断题（2021年） | 边际资本成本作为企业进行追加筹资决策的依据，计算筹资组合的边际资本成本，一般应选择目标价值作为权数。（　　）

解析 本题考查边际资本成本的计算。边际资本成本是企业进行追加筹资的决策依据。筹资方案组合时，边际资本成本的权数采用目标价值权数。因此本题表述正确。

答案 √

考点6　项目资本成本的计算（★★★）

考频 2022年计算分析题

项目资本成本计算
- 满足等风险假设——使用**企业当前综合资本成本**作为项目资本成本
- 项目经营风险≠企业经营风险——运用**可比公司法**估计项目资本成本

通关文牒

▶ 很好懂 ▶

等风险假设：

（1）项目经营风险＝企业经营风险（等经营风险）；

（2）项目资本结构＝企业资本结构（等财务风险）。

（一）运用可比公司法估计项目资本成本

$$\beta \begin{cases} \beta_{\text{资产}} \longrightarrow \text{不含负债（财务杠杆）的} \beta \text{值} \\ \beta_{\text{权益}} \longrightarrow \text{含负债（财务杠杆）的} \beta \text{值} \end{cases}$$

注意：$\beta_{\text{资产}}$ 不含财务风险；$\beta_{\text{权益}}$ 既包含了经营风险，也包含了财务风险。

应用前提	寻找同一行业或有类似商业模式的可比公司（经营风险 $\beta_{\text{资产}}$ 相同）
计算过程	第1步：**卸载**可比公司财务杠杆。（$\beta_{\text{权益}} \rightarrow \beta_{\text{资产}}$） $\beta_{\text{资产}} = \beta_{\text{权益}} \div [1+(1-T) \times (\text{可比公司的负债/权益})]$ 第2步：**加载**待估计投资项目财务杠杆。（$\beta_{\text{资产}} \rightarrow \beta_{\text{权益}}$） $\beta_{\text{权益}} = \beta_{\text{资产}} \times [1+(1-T) \times (\text{投资项目的负债/权益})]$ 第3步：根据 $\beta_{\text{权益}}$ 计算股东权益成本。 资本资产定价模型 $R_s = R_f + \beta_{\text{权益}} \times (R_m - R_f)$ 第4步：计算投资项目资本成本。 综合资本成本＝负债资本成本×负债/资本+股东权益成本×股东权益/资本 【提示】负债资本成本＝负债利率×（1-所得税税率）。

【延伸】当项目经营风险＝企业原有资产经营风险，但资本结构不一致时，可比公司法的计算步骤相同，只需调整卸载、加载杠杆的对象。此时应**卸载公司原有的财务杠杆**，并**加载待估计投资项目的财务杠杆**。对应公式如下：

第1步：卸载公司原有财务杠杆。（$\beta_{\text{权益}} \rightarrow \beta_{\text{资产}}$）
$\beta_{\text{资产}} = \beta_{\text{权益}} \div [1+(1-T) \times (\text{公司原有的负债/权益})]$
第2步：加载待投资项目财务杠杆。（$\beta_{\text{资产}} \rightarrow \beta_{\text{权益}}$）
$\beta_{\text{权益}} = \beta_{\text{资产}} \times [1+(1-T) \times (\text{投资项目的负债/权益})]$

趁热答题

例 5-10·计算分析题 某房地产公司计划投资一个保健品项目A，预计该项目债务资金占30%，债务资金年利率为6%。保健品上市公司代表企业为B企业，$\beta_{\text{权益}}$ 为0.9，债务/权益为1/1，企业所得税税率为25%。假设无风险报酬率为6%，市场组合的平均报酬率为11%。

要求 计算投资项目A的资本成本。

解析 本题考查项目资本成本的计算。计算步骤如下：
（1）将B企业 $\beta_{\text{权益}}$ 转换为 $\beta_{\text{资产}}$：$\beta_{\text{资产}} = \beta_{\text{权益}} \div [1+(1-25\%) \times (\text{B企业的负债/权益})]$；
（2）将 $\beta_{\text{资产}}$ 转换为项目A的 $\beta_{\text{权益}}$：$\beta_{\text{权益}} = \beta_{\text{资产}} \times [1+(1-25\%) \times (\text{项目A的负债/权益})]$；
（3）利用资本资产定价模型，根据 $\beta_{\text{权益}}$ 计算项目A的股东权益成本；
（4）项目A的资本成本＝债务资金年利率×（1-25%）×债务资金占比+股东权益资本成本×权益资金占比。

答案
$\beta_{\text{资产}} = 0.9 \div [1+(1-25\%) \times 1/1] = 0.51$；
$\beta_{\text{权益}}$（项目A）＝ $0.51 \times [1+(1-25\%) \times 0.3/0.7] = 0.67$；
股东权益成本＝$6\% + 0.67 \times (11\% - 6\%) = 9.35\%$；
项目A的资本成本＝$6\% \times (1-25\%) \times 30/100 + 9.35\% \times 70/100 = 7.9\%$。

第三节 杠杆效应

考点7 三大杠杆效应的含义及相关计算（★★★）

考频 2023年单选题、多选题、计算分析题；2022年单选题、多选题、判断题；2021年多选题、判断题、计算分析题、综合题

（一）相关概念及公式

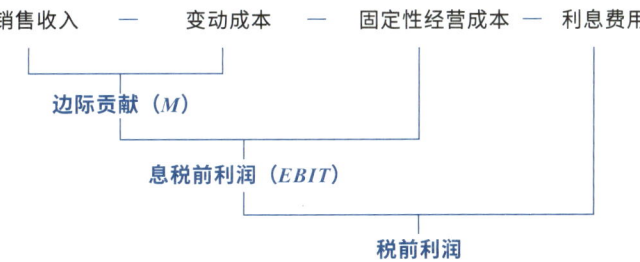

（二）经营杠杆效应

项目	说明
形成原因、结果	**固定性经营成本F**的存在→息税前利润变动率>销量变动率
经营杠杆系数（DOL）	（1）定义公式：DOL=息税前利润变动率/销量变动率=$\dfrac{\Delta EBIT}{EBIT_0} \Big/ \dfrac{\Delta Q}{Q_0}$； （2）计算公式：DOL=<u>基期</u>边际贡献/<u>基期</u>息税前利润=（基期息税前利润+固定性经营成本）/基期息税前利润=$\dfrac{M_0}{EBIT_0}=\dfrac{(EBIT_0+F_0)}{EBIT_0}$ 【延伸】DOL=1/安全边际率=销量的敏感系数。
结论	在息税前利润为正的前提下，固定性经营成本>0→存在经营杠杆效应→DOL>1
影响因素	正向变动：固定性经营成本，单位变动成本； 反向变动：销售量，销售价格，边际贡献，息税前利润
与经营风险的关系	（1）经营杠杆<u>放大了</u>市场和生产等因素变化对利润波动的影响； （2）经营杠杆系数越高，表明经营风险越大 【提示】经营杠杆本身并不是资产收益不确定的根源，只是资产收益波动的表现。

▶ 很好懂 ◀

（1）DOL=1/安全边际率=销量的敏感系数，这里涉及了第八章的相关概念，考生可先行记住这个结论，在学习了第八章后再来推导这个等式。

（2）DOL的影响因素可通过推导其计算公式掌握，无须记忆。

（3）DOL的计算公式可从定义公式推导而来：

基期：$EBIT_0=(P-V) \times Q_0 - F$ ①

预计期：$EBIT_1=(P-V) \times Q_1 - F$ ②

②-①，得：$\triangle EBIT = (P-V) \times (Q_1 - Q_0) = (P-V) \times \triangle Q$。

$DOL = \dfrac{\triangle EBIT}{EBIT_0} / \dfrac{\triangle Q}{Q_0} = [(P-V) \times \triangle Q / EBIT_0] / (\triangle Q / Q_0)$

$DOL = (P-V) \times Q_0 / EBIT_0 = M_0 / EBIT_0$

趁热答题

例5-11·多选题（2023年） 关于经营杠杆，下列表述正确的有（　　）。

A. 经营杠杆反映了资产收益的波动性，可用于评价企业的经营风险
B. 只要企业存在固定性资本成本，就存在经营杠杆效应
C. 经营杠杆放大了市场和生产等因素变化对利润波动的影响
D. 经营杠杆本身并不是造成企业资产收益不确定的根源

解析　本题考查经营杠杆效应。只要企业存在固定性经营成本，就存在经营杠杆效应；只要企业存在固定性资本成本，就存在财务杠杆效应，选项B错误。选项ACD表述正确。

答案　ACD

（三）财务杠杆效应

项目	说明
形成原因、结果	**固定性资本成本**（利息、优先股股利）的存在→每股收益变动率>息税前利润变动率
财务杠杆系数（DFL）	（1）定义公式：$DFL = $ 每股收益变动率/息税前利润变动率 $= \dfrac{\triangle EPS}{EPS_0} / \dfrac{\triangle EBIT}{EBIT_0}$； （2）计算公式：$DFL = $ **基期**息税前利润/[**基期**息税前利润−**基期**利息−**基期**优先股股利/(1−所得税税率)] $= \dfrac{EBIT_0}{EBIT_0 - I_0 - D_P / (1-T)}$
结论	在普通股收益为正的前提下，固定性资本成本>0→存在财务杠杆效应→DFL>1
影响因素	正向变动：固定性经营成本，单位变动成本，**固定性资本成本，所得税税率**； 反向变动：销售量，销售价格，边际贡献，息税前利润
与财务风险的关系	（1）财务杠杆放大了资产收益变化对普通股收益的影响； （2）财务杠杆系数越高，财务风险也越大

通关文牒

▶ 很好懂 ▶

（1）DFL的影响因素也可通过推导其计算公式掌握，无须记忆。
（2）DFL的计算公式可从定义公式推导而来：

基期：$EPS_0 = [(EBIT_0 - I) \times (1-T) - D_P] / N$　①

预测期：$EPS_1 = [(EBIT_1 - I) \times (1-T) - D_P] / N$　②

②-①，得：$\triangle EPS = \triangle EBIT \times (1-T) / N$。

$$DFL=\frac{\Delta EPS}{EPS_0}\bigg/\frac{\Delta EBIT}{EBIT_0}=\{[\triangle EBIT\times(1-T)/N]/EPS_0\}/(\triangle EBIT/EBIT_0)$$

$$DFL=[EBIT_0\times(1-T)/N]/EPS_0$$

$$DFL=[EBIT_0\times(1-T)/N]/\{[(EBIT_0-I)\times(1-T)-D_P]/N\}$$

$$DFL=\frac{EBIT_0}{EBIT_0-I_0-D_P/(1-T)}$$

例 5-12·单选题（2018 年） 下列筹资方式中，能给企业带来财务杠杆效应的是（ ）。

A. 发行普通股　　B. 认股权证　　C. 租赁　　D. 留存收益

解析 本题考查财务杠杆效应。财务杠杆是指由于固定性资本成本（固定利息、固定租赁费、固定优先股股利等）的存在，而使得企业的普通股收益（或每股收益 EPS）变动率大于息税前利润变动率的现象。租赁属于债务筹资，固定租赁费能够带来财务杠杆效应。因此选项 C 正确。

答案 C

（四）总杠杆效应

1. 总杠杆效应的基础理解

项目	说明
形成原因、结果	**固定性经营成本+固定性资本成本**的存在→每股收益变动率>销量变动率
总杠杆系数（DTL）	（1）定义公式：$DTL=$ 每股收益变动率/销量变动率 $=\frac{\Delta EPS}{EPS_0}\bigg/\frac{\Delta Q}{Q_0}$； （2）计算公式：$DTL=$ **基期**边际贡献/[**基期息税前利润**−**基期利息**−**基期优先股股利**/(1−所得税税率)] $=\frac{M_0}{(EBIT_0-I_0-D_P)/(1-T)}$； （3）关系公式：**总杠杆系数=经营杠杆系数×财务杠杆系数**
结论	固定性经营成本和固定性资本成本>0，存在总杠杆效应，$DTL>1$
影响因素	正向变动：固定性经营成本，单位变动成本，**固定性资本成本，所得税税率；** 反向变动：销售量，销售价格，边际贡献，息税前利润
与公司整体风险的关系	（1）总杠杆放大了销售收入变动对普通股收益的影响； （2）总杠杆系数越高，公司整体风险越大

2. 公司风险管理策略

公司风险包括经营风险和财务风险，反映其整体风险。

风险管理原则：在总杠杆系数一定情况下，经营杠杆系数与财务杠杆系数此消彼长（**经营风险和财务风险错配原则**）。

企业类型	经营特征	经营风险	筹资方式
资本密集型	固定资产比重较大	大	权益资本（财务风险小）
劳动密集型	变动成本比重较大	小	债务资金（财务风险大）
初创阶段	产销业务量小	大	权益资本（财务风险小）
扩张成熟期	产销业务量大	小	债务资本（财务风险大）

▶ **很好懂** ▶

　　风险管理策略采取经营风险和财务风险高低搭配原则是为了平衡债权人和股东的关系。

　　若财务风险和经营风险双高，债权人会不开心；若财务风险和经营风险双低，股东会不开心。

▶ **速提分** ▶

　　【命题角度】三大杠杆系数的计算。可考查主观题，也可考查客观题。三者有关联关系，考生可理解记忆。

　　（1）定义公式。

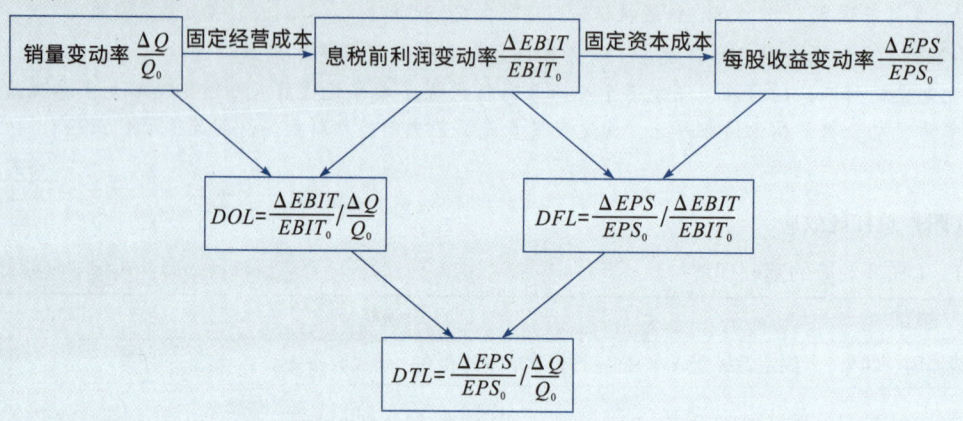

　　（2）计算公式。

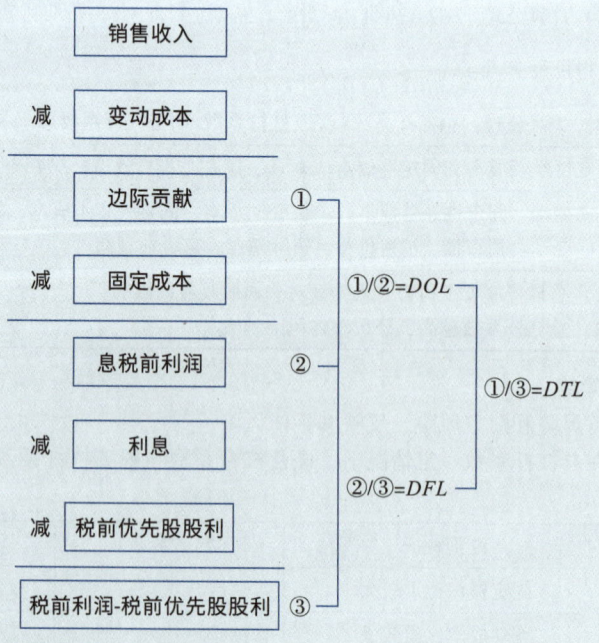

　　注意：这里将优先股股利调为了税前。

趁热答题

例5-13·计算分析题（2023年） 甲公司生产销售某产品，产销平衡。2022年销售量为250万件，产品单价为20元/件，单位变动成本为12元/件，固定成本总额为1 000万元，利息费用为200万元。预计2023年销售量增长10%，产品单价、单位变动成本及固定成本总额保持不变。

要求

（1）计算2022年的息税前利润。

（2）以2022年为基期，计算如下指标：
①经营杠杆系数；②财务杠杆系数；③总杠杆系数。

（3）计算2023年的预计息税前利润增长率。

解析 本题考查三大杠杆系数的计算。

（1）2022年度的息税前利润=(单价-单位变动成本)×销量-固定成本。

（2）经营杠杆系数=基期边际贡献/基期息税前利润=(20-12)×250/1 000=2；

财务杠杆系数=基期息税前利润/(基期息税前利润-基期利息费用)=1 000/(1 000-200)=1.25；

总杠杆系数=经营杠杆系数×财务杠杆系数=2×1.25=2.5。

[或：总杠杆系数=基期边际贡献/(基期息税前利润-基期利息费用)=(20-12)×250/(1 000-200)=2.5]

（3）经营杠杆系数=预计息税前利润增长率/预计销售量增长率，则预计息税前利润增长率=预计销售量增长率×经营杠杆系数=10%×2=20%。

答案

（1）2022年息税前利润=(20-12)×250-1 000=1 000（万元）。

（2）①经营杠杆系数=(20-12)×250/1 000=2；

②财务杠杆系数=1 000/(1 000-200)=1.25；

③总杠杆系数=2×1.25=2.5。

[或：总杠杆系数=(20-12)×250/(1 000-200)=2.5]

（3）2023年预计息税前利润增长率=10%×2=20%。

例5-14·单选题（2020年） 某公司2019年普通股收益为100万元，2020年息税前利润预计增长20%，假设财务杠杆系数为3，则2020年普通股预计收益为（ ）万元。

A. 300　　　　　　　　　　　　　　B. 120

C. 100　　　　　　　　　　　　　　D. 160

解析 本题考查财务杠杆效应。财务杠杆系数=每股收益变动率/息税前利润变动率，则每股收益变动率=财务杠杆系数×息税前利润变动率=3×20%=60%，2020年普通股收益=2019年普通股收益×(1+每股收益变动率)=100×(1+60%)=160（万元），选项D正确。

答案 D

第四节 资本结构

考点8 不同资本结构理论的观点（★★）

靶心考点精讲

考频 2023年单选题；2022年多选题；2021年单选题、判断题

理论		企业价值	说明
MM理论	最初的MM理论（无税MM理论）	$V_{有债}=V_{无债}$	（1）资本结构不影响企业价值，不存在最优资本结构； （2）负债比例越大，股权资本成本越大
	修正的MM理论（有税MM理论）	$V_{有债}=V_{无债}+PV$（利息抵税）	（1）负债比例越大，企业价值越大； （2）负债比例越大，股权资本成本越大
权衡理论		$V_{有债}=V_{无债}+PV$（利息抵税）$-PV$（财务困境成本的现值）	在平衡债务利息的抵税收益与财务困境成本的基础上，实现企业价值最大化时的最佳资本结构
代理理论		$V_{有债}=V_{无债}+PV$（降低的股权代理成本）$-PV$（增加的债务代理成本）	在平衡股权代理成本与债务代理成本的基础上，实现企业价值最大化时的最佳资本结构
优序融资理论		由先到后：内部筹资→银行借款→发行债券→可转换债券→发行新股（**先内后外，先债后股**）	

注：（1）本书中的资本结构指的是狭义的资本结构，是指长期负债与股东权益的构成比例。
（2）最佳资本结构：一定条件下使企业**平均资本成本最低、企业价值最大**。

趁热答题

例5-15·多选题（2022年） 关于资本结构理论，下列说法正确的有（　　）。
A. 修正的MM理论认为，企业价值与企业的资产负债率无关
B. 根据优序融资理论，当企业需要外部筹资时，债务筹资优于股权筹资
C. 根据代理理论，债务筹资可能带来债务代理成本
D. 最初的MM理论认为，有负债企业的股权资本成本随着资产负债率的增大而增大

【解析】本题考查资本结构理论。修正的MM理论认为，企业可以利用财务杠杆增加企业价值，因负债利息可以带来避税利益，企业价值会随着资产负债率的增大而增大，选项A错误。选项BCD说法均正确。

【答案】BCD

考点9 利用不同方法选择最优筹资方案（★★★）

靶心考点精讲

考频 2023年综合题；2022年单选题、计算分析题、综合题；2021年综合题

（一）每股收益分析法

1. 基本原则

能提高普通股每股收益的资本结构就是合理的资本结构。

2. 计算步骤

第1步：利用公式计算出每股收益无差别点的 EBIT。

$$[(\overline{EBIT}-I_1)\times(1-T)-DP_1]/N_1=[(\overline{EBIT}-I_2)\times(1-T)-DP_2]/N_2$$

式中，$\overline{EBIT}$ 表示息税前利润平衡点，即每股收益无差别点；I_1、I_2 表示两种筹资方案下的债务利息；DP_1、DP_2 表示两种筹资方案下的优先股股利；N_1、N_2 表示两种筹资方案下的普通股股数；T 表示所得税税率。

第2步：将预计的 EBIT 与每股收益无差别点 EBIT 比较。

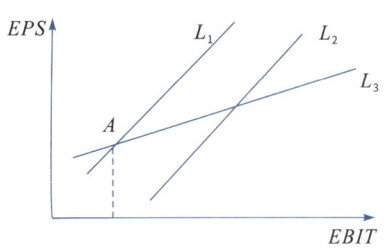
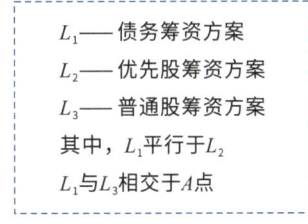

L_1——债务筹资方案
L_2——优先股筹资方案
L_3——普通股筹资方案
其中，L_1 平行于 L_2
L_1 与 L_3 相交于 A 点

决策：若 EBIT **小于** A 点的 EBIT，则选择**普通股筹资（财务杠杆较小）**方案；若预计 EBIT **大于** A 点的 EBIT，则选择**债务筹资（财务杠杆较大）**方案。

【延伸】在单一筹资方案下，也可用"**大债小股**"进行筹资方案决策。

（1）计算式：$\overline{EBIT}=\dfrac{大股数\times大利息-小股数\times小利息}{大股数-小股数}$。

式中，大股数=原有股数+新筹资方案新增股数，小股数=原有股数。
大利息=原有利息+新筹资方案新增利息+新增税前优先股股利，小利息=原有利息。

（2）决策原则：

①若预计 EBIT **大于**每股收益无差别点 $\overline{EBIT}$，则选择**债务**筹资（大债）；

【提示】有利可图，找别人借钱，不让别人做股东分红。

②若预计 EBIT **小于**每股收益无差别点 $\overline{EBIT}$，则选择**股权**筹资（小股）。

【提示】无利可图，拉别人入股，不用还钱，还能共同承担风险。

▶ 很好懂 ◀

（1）由于 $EPS=[(EBIT-I)\times(1-T)-DP]/N$，在 EBIT-EPS 的坐标轴中，EBIT 为自变量，EPS 为因变量，斜率为 $1/N$。发行债券和优先股都不增加股数 N，因此二者相等，L_1 平行于 L_2；发行普通股会增加股数 N，因此斜率小于发行债券和优先股的斜率。

（2）单一筹资方案是指每个筹资方案只有一种筹资方式；与之相对应的是混合筹资方式，指的是每个筹资方案含有多种筹资方式。

（3）考试中建议考生选择一般计算方式，谨慎采用"大债小股"计算。前者即使答案算错，也会有步骤分；后者则没有步骤分。

趁热答题

| 例 5-16·计算分析题（2019年）| 甲公司发行在外的普通股总股数为 3 000 万股，其全部债务为

6 000万元（年利息率为6%）。公司因业务发展需要追加筹资2 400万元，有两种方案选择：

A方案：增发普通股600万股，每股发行价4元。

B方案：按面值发行债券2 400万元，票面利率为8%。

公司采用资本结构优化的每股收益分析法进行方案选择。假设发行股票和发行债券的筹资费忽略不计，经测算，追加筹资后公司销售额可以达到3 600万元，变动成本率为50%，固定成本总额为600万元，公司适用的企业所得税税率为25%。

> 要求

(1) 计算两种方案的每股收益无差别点（即两种方案的每股收益相等时的息税前利润）。

(2) 计算公司追加筹资后的预计息税前利润。

(3) 根据要求（1）和要求（2）的计算结果，判断公司应当选择何种筹资方案，并说明理由。

> 解析 (1) 根据采用方案A后的每股收益=采用方案B后的每股收益列出算式，等式左边是发行普通股后的每股收益，右边是发行债券后的每股收益，即（EBIT-追加筹资前利息费用）×（1-所得税税率）/（筹资前股数+发行普通股增加的股数）=（EBIT-追加筹资前利息费用-追加筹资后债券利息费用）×（1-所得税税率）/筹资前股数。

追加筹资前利息费用=6 000×6%，追加筹资后债券利息费用=2 400×8%，筹资前股数=3 000，发行普通股增加的股数=600。

(2) 息税前利润=销售额×(1-变动成本率)-固定成本总额。

(3) 预计的 EBIT 小于每股收益无差别点，应选择财务杠杆较小的普通股筹资方案，即选择A方案。

> 答案

(1) (EBIT-6 000×6%)×(1-25%)/(3 000+600)=(EBIT-6 000×6%-2 400×8%)×(1-25%)/3 000，解得 EBIT=1 512。

所以每股收益相等时的息税前利润=1 512（万元）。

(2) 3 600×(1-50%)-600=1 200（万元）。

(3) 选择发行普通股的方案。

理由：预计的息税前利润（1 200万元）小于每股无差别点的息税前利润（1 512万元）。

（二）平均资本成本比较法

(1) 计算式：$K_w = K_b \times \dfrac{B}{V} + K_s \times \dfrac{S}{V}$。

(2) 决策原则：选择平均资本成本率最低的方案。

(3) 缺点：侧重于从资本投入角度对筹资方案进行资本结构优化分析。

> 通关文牒

▶ 很好懂 ▶

平均资本成本比较法一般不考计算类的题目，考生掌握文字性表述即可。

（三）企业价值分析法

项目	说明
决策原则	企业价值最大（此时平均资本成本也最低）
计算方法	（1）计算权益资本价值 S（假设企业的**经营利润 EBIT 不变**，净利润全部作为股利分配给股东，普通股要求的回报率即**权益资本成本不变**）。 $S=\dfrac{(EBIT-I)\times(1-T)}{K_s}$ 其中，$K_s=R_f+\beta(R_m-R_f)$。 【提示】可类比计算永续年金现值，即股权价值=净利润/普通股资本成本。 （2）计算债务资金价值 B（假设债务资金的市场价值（现值）等于其**面值**）。 B=债务面值 （3）计算企业价值 V。 **企业市场价值=权益资本价值+债务资金价值=$S+B$** （4）计算平均资本成本。 $K_w=K_b\times\dfrac{B}{V}+K_s\times\dfrac{S}{V}$ 其中，K_b 表示税后债务资本成本，K_s 表示权益资本成本
优点	考虑了市场反应和风险因素
适用范围	适用于规模较大的上市公司

▶ **很好懂** ▶

在假设条件下，权益资金价值 S=**净利润/权益资本成本**，其中净利润=$(EBIT-I)\times(1-T)$，并不是直接根据息税前利润 $EBIT$ 计算永续年金。

▶ **速提分** ▶

【命题角度】从是否考虑市场反应和市场风险的角度考查三种资本结构优化方法的异同。

方法	是否考虑市场反应和市场风险
每股收益分析法	从账面价值角度出发，未考虑市场反应和市场风险
平均资本成本法	
企业价值分析法	从公司市场价值角度出发，考虑市场反应和市场风险

趁热答题

| **例 5-17·计算分析题（2013 年）** | 乙公司是一家上市公司，适用的企业所得税税率为 25%，当年息税前利润为 900 万元，预计未来年度保持不变。为简化计算，假定净利润全部分配，债务资本的市场价值等于其账面价值，确定债务资本成本时不考虑筹资费用。证券市场平均收益率为 12%，无风险收益率为 4%，两种不同的债务水平下的税前利率和 β 系数如表 1 所示。公司价值和平均资本成本如表 2 所示。

表1 不同债务水平下的税前利率和β系数

债务账面价值（万元）	税前利率	β系数
1 000	6%	1.25
1 500	8%	1.50

表2 公司价值和平均资本成本

债务市场价值（万元）	股票市场价值（万元）	公司总价值（万元）	税后债务资本成本	权益资本成本	平均资本成本
1 000	4 500	5 500	A	B	C
1 500	D	E	—	16%	13.09%

注：表中的"—"表示省略的数值。

要求

（1）确定表2中英文字母代表的数值（不需要列示计算过程）。

（2）依据公司价值分析法，确定上述两种债务水平的资本结构哪种更优，并说明理由。

解析

（1）A：税后债务资本成本＝税前利率×（1－所得税税率）；B：权益资本成本＝$R_f+β（R_m-R_f）$；C：平均资本成本＝税后债务资本成本×债务占总资本比重+权益资本成本×权益占总资本比重；D：股票市场价值＝净利润/权益资本成本＝（息税前利润－利息费用）×（1－所得税税率）/权益资本成本＝（$EBIT-I$）×（$1-T$）/Ks；E：公司总价值＝债务市场价值+股票市场价值。

（2）公司价值最大且平均资本成本最低的方案为优选方案。

答案

（1）A＝6%×（1－25%）＝4.5%；

B＝4%+1.25×（12%－4%）＝14%；

C＝4.5%×（1 000/5 500）+14%×（4 500/5 500）＝12.27%；

D＝（900－1 500×8%）×（1－25%）/16%＝3 656.25（万元）；

E＝1 500+3 656.25＝5 156.25（万元）。

（2）债务市场价值为1 000万元时的资本结构更优。理由：债务市场价值为1 000万元时，公司价值最大，平均资本成本更低。

| 例5-18·单选题（2015年） | 下列各种财务决策方法中，可以用于确定最优资本结构且考虑了市场反应和风险因素的是（　　）。

A. 现值指数法　　　　　　　　B. 每股收益分析法

C. 公司价值分析法　　　　　　D. 平均资本成本比较法

解析 本题考查资本结构优化分析。现值指数是未来现金流入现值与现金流出现值的比率，不属于资本结构优化分析的方法，因此选项A错误。每股收益分析法是从账面价值的角度进行资本结构优化分析，没有考虑市场反应，也没有考虑风险因素，因此选项B错误。公司价值分析法，是在考虑市场风险基础上，以公司市场价值为标准，进行资本结构优化；即能够提升公司价值的资本结构，就是合理的资本机构，因此选项C正确。平均资本成本比较法是从账面价值的角度进行资本结构的优化分析，没有考虑市场反应，因此选项D错误。

答案 C

考点 10　双重股权结构的含义及特点（★★）

考频　2023 年单选题；2022 年单选题

项目	说明
含义	也称 AB 股制度，即同股不同权结构，股票的**投票权和分红权相分离**
AB 股	A 股：**1 股 1 票投票权**，通常由投资人和公众股东持有； B 股：**1 股 N 票投票权**，通常由**创业团队**持有 【提示】（1）投票权：1 股 A 类 < 1 股 B 类；（2）分红权：1 股 A 类 = 1 股 B 类。
设置目的	实现创始人或管理团队的**控制权不流失**，降低公司被恶意收购的可能性
适用范围	一般适用于**科技创新型**企业
优缺点	优点： (1) 能避免企业内部股权纷争，保障企业创始人或管理层对企业的控制权，防止公司被恶意收购； (2) 提高企业运行效率，有利于企业的长期发展。 缺点： (1) 容易导致管理中独裁行为的发生； (2) 控股股东为自己谋利而损害非控股股东的利益，不利于非控股股东利益的保障； (3) 可能加剧企业治理中实际经营者的道德风险和逆向选择

趁热答题

例 5-19·单选题（2022 年）　关于双重股权结构，下列说法错误的是（　　）。

A. 有助于降低公司被恶意收购的可能性
B. 有利于避免控股股东为资金谋利而损害非控股股东利益的行为
C. 有利于保障企业创始人或管理层对企业的控制权
D. 可能加剧实际经营者的道德风险和逆向选择

解析　本题考查双重股权结构。

双重股权结构的优点：（1）同股不同权制度能避免企业内部股权纷争，保障企业创始人或管理层对企业的控制权（选项 C），防止公司被恶意收购（选项 A）；（2）提高企业运行效率，有利于企业的长期发展。

双重股权结构的缺点：（1）容易导致管理中独裁行为的发生；（2）控股股东为自己谋利而损害非控股股东的利益，不利于非控股股东利益的保障（选项 B 表述错误）；可能加剧企业治理中实际经营者的道德风险和逆向选择（选项 D）。

答案　B

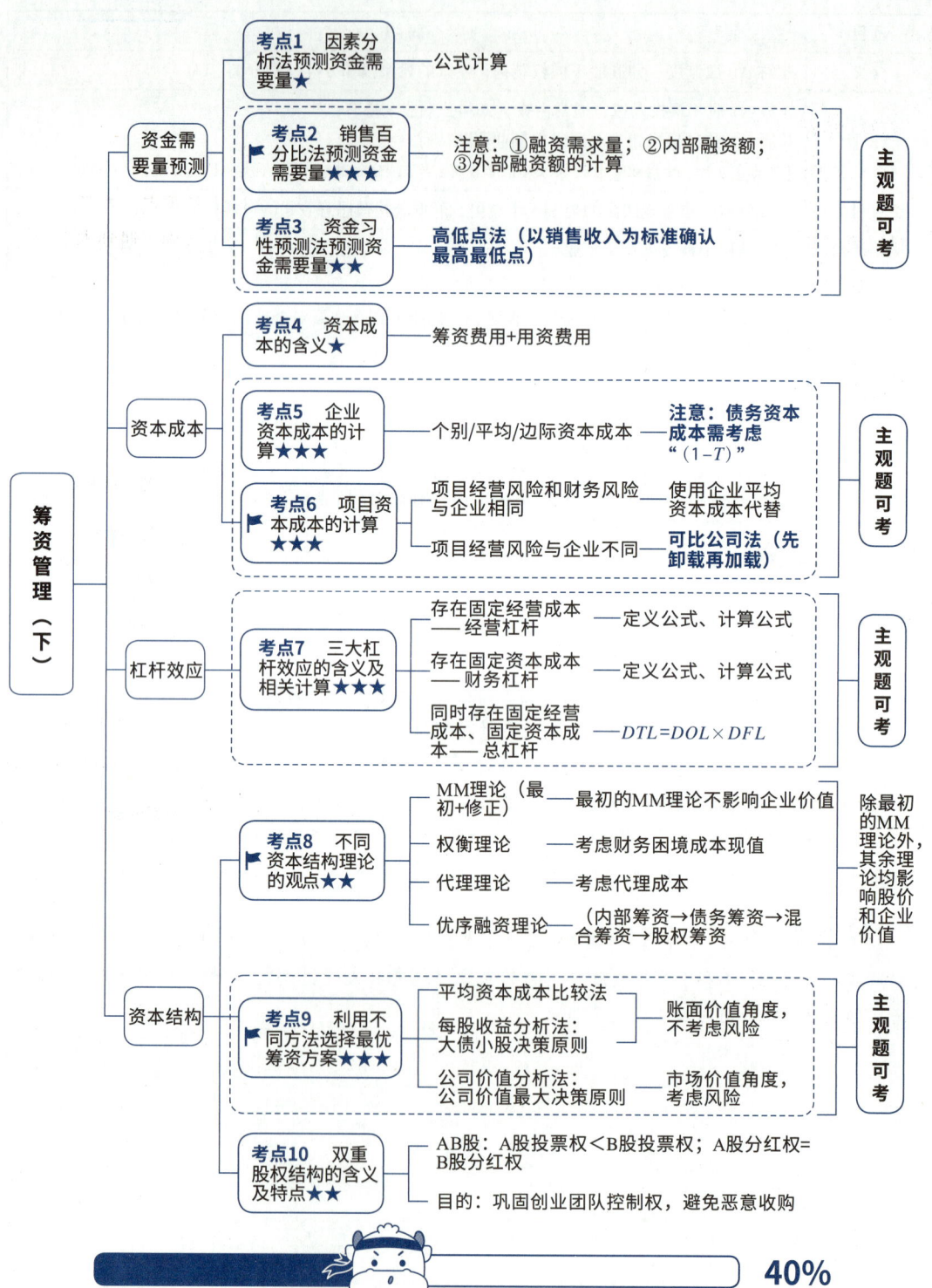

第六章 投资管理

轻装上阵

考情驿站

本章属于重点章节，难度较大。 本章主要介绍了项目投资和证券投资两大类，其中项目投资中的互斥项目、固定资产更新决策以及证券投资中的股票投资都是主观题考核重点。本章的计算是以第二章中的货币时间价值的计算为基础的，因此考生需要在第二章打好基础，遇到本章的计算才能临危不乱。本章**近三年平均考查分值在14分左右**。

考点地图

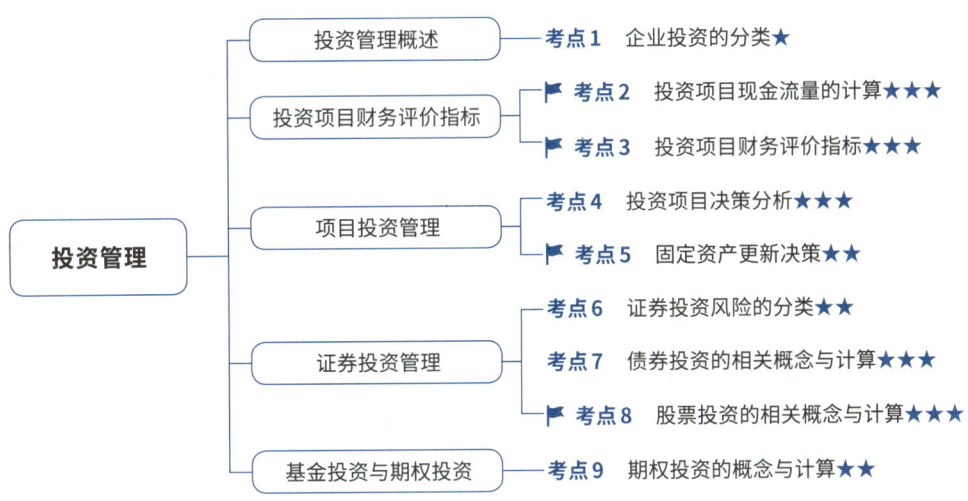

2024年本章主要变化

本章内容改动较小，考试时须注意以下变动点，其他无实质性变化。
（1）删除：企业投资的意义中，删除"投资能够降低资产的变现风险"的表述。
（2）新增：营业现金净流量公式（不考虑所得税）中，新增一步推导过程。

第一节 投资管理概述

考点1 企业投资的分类（★）

分类标准	分类	含义及特点
按投资与生产经营活动的关系	直接投资	**直接**投资于实体资产
	间接投资	通过投资于**股票**、**债券**等，**间接**投资于实体资产
按投资对象的存在形态和性质	项目投资	投资对象是**具体项目**，开展实质性生产经营活动 【提示】项目投资属于直接投资。
	证券投资	投资对象是股票、债券等**证券资产** 【提示】证券投资属于间接投资。
按投资对企业未来的影响	发展性投资	也称战略性投资，会**改变**企业的经营方向或领域，或**明显扩大**生产经营能力。比如兼并合并、转换新行业、开发新产品、大幅扩大生产规模
	维持性投资	也称战术性投资，是为了**维持现有**的生产经营活动的顺利进行。比如替换旧设备的投资、配套流动资金投资
按投资投出的方向	对内投资	资金投向为本企业**内部**。比如购买各种经营性资产 【提示】对内投资都是直接投资。
	对外投资	资金投向**其他单位**。比如合作经营、购买证券资产 【提示】对外投资主要是间接投资，部分直接投资。
按投资项目之间的关系	独立投资	各个投资项目之间互不关联、互不影响，**可以同时存在**
	互斥投资	各个投资项目之间互相替代，**不能同时存在**

▶ 很好懂 ▶

（1）发展性投资与战略性投资有关，事关企业发展全局；维持性投资与战术性投资有关，只涉及企业局部投资。考生可从这个角度记忆相关事例。

（2）直接投资、间接投资与直接筹资、间接筹资无必然联系。区分直接/间接筹资——是否借助于金融机构为媒介；区分直接/间接投资——是否投资于实体性资产。对投资人来说是直接投资：花钱建厂房；对筹资人来说是直接筹资：吸收直接投资；对投资人来说是间接投资：花钱买证券；对筹资人来说是直接筹资：发行债券、股票。

趁热答题

例 6-1·多选题（2016 年） 按照企业投资的分类，下列各项中，属于发展性投资的有（　　）。

A. 开发新产品投资　　　　　　　　B. 更新替换旧设备的投资
C. 企业间兼并收购的投资　　　　　D. 大幅度扩大生产规模的投资

解析 本题考查企业投资的分类。发展性投资，是指对企业未来的生产经营发展全局有着重大影响的企业投资，也称战略性投资，如企业兼并、转换新行业、开发新产品、大幅扩大生产规模等。应区分发展性投资和维持性投资。维持性投资是不改变企业未来生产经营发展全局的投资，如更新替换旧设备的投资、配套流动资金投资等。

答案 ACD

第二节　投资项目财务评价指标

考点 2　投资项目现金流量的计算（★★★）

靶心考点精讲

考频 2023 年判断题、综合题；2022 年综合题；2021 年单选题、多选题、综合题

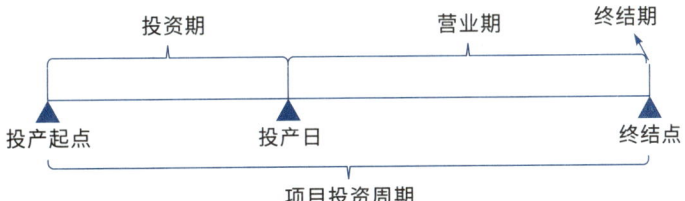

从整个经济寿命周期来看，大致可分为三个阶段：投资期、营业期、终结期。这三个阶段的特点及相关计算如下表所示：

阶段	特点	公式
投资期	主要是现金流出量	原始投资额＝长期资产投资＋营运资金垫支
营业期	有现金流入量，也有现金流出量	公式 1：营业现金净流量＝营业收入－付现成本－所得税； 公式 2：营业现金净流量＝税后营业利润＋非付现成本； 公式 3：营业现金净流量＝营业收入×(1－所得税税率)－付现成本×(1－所得税税率)＋非付现成本×所得税税率
终结期	主要是现金流入量	终结期现金流量＝固定资产变价净收入±固定资产变现净损益对现金净流量的影响＋垫支营运资金的收回 **注意**：固定资产变现净损益对现金净流量的影响＝(账面价值－变价净收入)×所得税税率 账面价值－变价净收入>0，变价**净损失抵税**，**增加**现金净流量（＋）； 账面价值－变价净收入<0，变价**净收益纳税**，**减少**现金净流量（－）

为简化项目现金流量分析，设置两个假设前提：

（1）全投资假设：不管是借入资金还是自有资金，均站在投资者立场考虑，全部作为自有资金处理；

(2) 现金流量时点假设：
①投资期：设备投资在年初或年末发生，垫支营运资金在年初发生；
②营业期：年末发生；
③终结期：终结点（年末）发生。
【提示】更新改造项目较特殊，变现旧设备净损益对所得税影响发生在0时点。

通关文牒

▶ 很好懂 ◀

(1) 投资期：
①营运资金垫支=营运资本增加额=流动资产增加额-结算性流动负债增加额；
②营运资金需要在终结期全额收回。
(2) 营业期：
营业现金流量的公式主要记忆公式2和公式3。具体适用哪种方法看数据的可获得性。推导如下：

营业现金净流量=营业收入-付现成本-所得税 ……公式1：直接法
　　　　　　=营业收入-(营业成本-非付现成本)-所得税
　　　　　　=(营业收入-营业成本-所得税)+非付现成本
　　　　　　=税后营业利润+非付现成本 ……公式2：间接法
　　　　　　=(营业收入-营业成本)×(1-所得税税率)+非付现成本
　　　　　　=(营业收入-付现成本-非付现成本)×(1-所得税税率)+非付现成本
　　　　　　=营业收入×(1-所得税税率)-付现成本×(1-所得税税率)+非付现成本×所得税税率 ……公式3：分算法

【提示1】
①营业现金净流量是营业活动产生，利息费用是金融活动产生，因此营业现金流量的计算不考虑利息费用。
②非付现成本主要是固定资产年折旧费用、长期资产摊销费用、资产减值损失等。
【提示2】
对于在营业期间的大修理支出及改良支出处理（与会计处理一致）：
大修理支出：若本年内一次性作为损益性支出，则直接作为该年付现成本；如果跨年摊销处理，则本年作为投资性的现金流出量，摊销年份以非付现成本形式处理。
改良支出：应作为该年投资性的现金流出量，以后年份通过折旧（非付现成本）收回。
(3) 终结期：
考虑所得税时，就需要考虑固定资产残值变价净收入与税法规定残值账面价值的差额对现金流量的影响；否则不需要考虑。
①账面价值-变价净收入>0时，说明卖亏了，卖亏了抵税，增加现金流量；
②账面价值-变价净收入<0时，说明卖赚了，卖赚了纳税，减少现金流量。
【提示】
①固定资产出售时，账面价值=原值-按税法计提的累计折旧；
②折旧计提完毕时，变价净收入=预计净残值，账面价值=税法净残值。

▶ 速提分 ▶

【易错易混】考试中，计算最后一年的现金净流量时，需考虑两部分现金流量：

最后一年现金净流量=当年营业现金净流量+终结期现金净流量，而不是直接将终结期现金净流量作为最后一年现金流。

趁热答题

| 例6-2·单选题（2021年）| 某项目投产后销售收入为1 000万元，年付现成本为600万元，年折旧费为100万元，假定不存在利息与其他费用，企业所得税税率为25%，则投产后的年营业现金净流量为（　　）万元。

A. 325　　　　　B. 300　　　　　C. 1 225　　　　　D. 1 175

解析 本题考查投资项目现金流量的计算。

按照公式1：年营业现金净流量=营业收入−付现成本−所得税=1 000−600−(1 000−600−100)×25%=325（万元）；

按照公式2：年营业现金净流量=税后营业利润+非付现成本=(1 000−600−100)×(1−25%)+100=325（万元）；

按照公式3：年营业现金净流量=营业收入×(1−所得税税率)−付现成本×(1−所得税税率)+非付现成本×所得税税率=1 000×(1−25%)−600×(1−25%)+100×25%=325（万元）。

答案 A

| 例6-3·单选题（2015年）| 某公司预计M设备报废时的净残值为3 500元，税法规定的净残值为5 000元，该公司适用的所得税税率为25%，则该设备报废引起的预计现金净流量为（　　）元。

A. 3 125　　　　B. 3 875　　　　C. 4 625　　　　D. 5 375

解析 本题考查投资项目现金流量的计算。M设备报废净残值3 500元<税法规定净残值5 000元，说明发生资产变现净损失，具有抵税作用，会增加预计现金净流量。因此，该设备报废引起的预计现金净流量=报废时的净残值+(税法规定的净残值−报废时净残值)×所得税税率=3 500+(5 000−3 500)×25%=3 875（元）。

答案 B

| 例6-4·计算分析题节选（2015年）| 甲公司拟投资100万元购置一台新设备，年初购入时支付20%的款项，剩余80%的款项下年初付清；新设备购入后可立即投入使用，使用年限为5年，预计净残值为5万元（与税法规定的净残值相同），按直线法计提折旧。新设备投产时需垫支营运资金10万元，设备使用期满时全额收回。新设备投入使用后，该公司每年新增净利润11万元。该项投资要求的必要收益率为12%。相关货币时间价值系数如下表所示：

货币时间价值系数表

年份（n）	1	2	3	4	5
(P/F, 12%, n)	0.8929	0.7972	0.7118	2.4018	0.5674
(P/A, 12%, n)	0.8929	1.6901	2.4018	3.0373	3.6048

要求

(1) 计算新设备的年折旧额。

(2) 计算新设备投入使用后第1~4年的营业现金净流量。

(3) 计算新设备投入使用后第 5 年的现金净流量。
(4) 计算原始投资额。

【解析】
(1) 年折旧额=(固定资产原值-预计净残值)/使用年限=(100-5)/5=19（万元）。
(2) 营业期现金净流量=税后营业利润+非付现成本，所以第 1~4 年的营业现金净流量=11+19=30（万元）。
(3) 第 5 年的现金净流量=第 5 年的营业现金净流量+设备变现净收入+垫支营运资金的回收。由于净残值的账面价值与税法净残值相同，所以不需要考虑纳税影响。第 5 年的现金净流量=30+5+10=45（万元）。
(4) 原始投资额=设备投资额+垫支的营运资金=100+10=110（万元）。

【答案】
(1) 年折旧额=(100-5)/5=19（万元）。
(2) 第 1~4 年营业现金净流量=11+19=30（万元）。
(3) 第 5 年的现金净流量=30+5+10=45（万元）。
(4) 原始投资额=100+10=110（万元）。

考点 3　投资项目财务评价指标（★★★）

靶心考点精讲

考频：2023 年单选题、多选题、判断题、综合题；2022 年单选题、多选题、综合题；2021 年单选题、多选题、判断题、综合题

（一）净现值（NPV）

项目	说明
计算	净现值（NPV）=未来现金净流量现值-原始投资额现值
折现率	(1) 以**市场利率**为标准； (2) 以投资者希望获得的**预期最低投资报酬**率为标准（必要收益率）； (3) 以企业**平均资本成本率**为标准
决策原则	(1) **净现值≥0，方案可行**，说明方案的实际收益率不低于所要求的收益率； (2) **净现值<0，方案不可行**，说明方案的实际投资收益率低于所要求的收益率； (3) 净现值越大，方案越好
优缺点	优点： (1) 适用性强，适用于**项目年限相同的互斥投资方案**决策； (2) 能灵活考虑投资风险，折现率中考虑了风险。 缺点： (1) 所采用的折现率不易确定； (2) 不适用于独立投资方案的比较决策（投资规模不同）； (3) 不能直接用于寿命期不同的互斥投资方案决策（项目寿命不同）

▶ 很好懂 ▶

（1）举例理解"净现值法不适用于独立投资方案的比较决策"：

项目 A 的 NPV = 200 万元，原始投资额 = 1 000 万元；

项目 B 的 NPV = 300 万元，原始投资额 = 100 000 万元。

虽然项目 B 的净现值大于项目 A，但项目 B 的原始投资额远远高于项目 A，显然，项目 B 的获利能力更低。这种情况下，就不能用净现值法对独立投资方案进行比较决策。

（2）举例理解"净现值法不能直接用于寿命期不同的互斥方案决策"：

假设某企业仅有 1 000 万元用于投资，总量有限，且仅能投资一个项目。

项目 A 的 NPV = 200 万元，寿命期为 4 年；

项目 B 的 NPV = 300 万元，寿命期为 10 年。

虽然项目 B 的净现值大于项目 A，但实行项目 B 需要 10 年，项目 A 仅需 4 年，显然项目 A 更值得投资。这种情况下，就不能用净现值法对寿命期不同的互斥方案进行决策。

趁热答题

例 6-5·多选题（2022 年） 作为投资项目财务评价方法，下列关于净现值法的表述中，正确的有（　　）。

A. 净现值大于 0，说明投资方案的实际收益率大于折现率
B. 可以用于项目年限相同的互斥投资方案的决策
C. 计算净现值所采用的折现率容易确定
D. 能够根据项目投资风险选择不同的折现率

解析 本题考查净现值。同一方案中，如果要考虑投资风险，要求的风险收益率则不易确定，因此净现值法采用的折现率也不易确定，选项 C 错误。选项 ABD 均表述正确。

答案 ABD

（二）年金净流量（ANCF）

项目	说明
计算	年金净流量（ANCF） = 现金净流量总现值（净现值）/年金现值系数 = 现金净流量总终值/年金终值系数
决策原则	（1）年金净流量≥0，说明投资项目的净现值（或净终值）大于零，方案的报酬率不低于所要求的报酬率，方案可行。 （2）对两个以上寿命期不同的投资方案进行比较时，年金净流量越大，方案越好
优缺点	优点：适用于期限不同的投资方案比较决策。 缺点：（1）折现率不易确定；（2）不便于对原始投资额不相等的独立投资方案进行决策

注：年金净流量法是净现值法的辅助方法，它除了克服了净现值法不适用于期限不同的互斥方案决策的缺点外，其缺点和净现值法的基本相同。在项目寿命期相同时，实质上就是净现值法。

（三）现值指数（PVI）

项目	说明
计算	现值指数（PVI）＝未来现金净流量现值/原始投资额现值＝（净现值＋原始投资额现值）/原始投资额现值
决策原则	（1）若现值指数≥1，**方案可行**，说明方案实施后的投资报酬率不低于必要收益率； （2）若现值指数＜1，方案不可行，说明方案实施后的投资报酬率低于必要收益率； （3）现值指数越大，方案越好
优缺点	优点：相对数指标，反映投资效率，可以对原始投资额现值不同的独立投资方案进行评价。 缺点：仅代表项目获得收益的能力，不能代表项目本身的实际收益率

注：现值指数法也是净现值的辅助方法，但它克服了净现值法不适用于评价原始投资额现值不相等的独立方案的缺点。在原始投资额现值相同时，实质上就是净现值法。

趁热答题

| 例 6-6·单选题（2014 年） | 已知某投资项目的原始投资额现值为 100 万元，净现值为 25 万元，则该项目的现值指数为（　　）。

A. 0.25　　　　B. 0.75　　　　C. 1.05　　　　D. 1.25

解析　本题考查现值指数。净现值＝−原始投资额现值＋未来现金净流量现值，得出：未来现金净流量现值＝净现值＋原始投资额现值＝25＋100＝125（万元）。现值指数＝未来现金净流量现值/原始投资额现值＝125/100＝1.25。因此选项 D 正确。

答案　D

（四）内含收益率（IRR）

项目	说明
含义	使**未来现金净流量现值＝原始投资额现值**的折现率，即**净现值＝0**时的折现率
计算	第 1 步：未来每年现金净流量×年金现值系数＝原始投资额现值； 第 2 步：查年金现值系数表，找到相邻折现率区间； 第 3 步：利用插值法求出内含收益率
决策原则	当内含收益率≥投资者期望的最低投资报酬率时，投资项目**可行**；否则不可行。内含收益率越大，方案越好
优缺点	优点： （1）反映项目本身可能达到的收益率，便于理解； （2）可以评价独立投资方案。 缺点： （1）计算复杂，不直接考虑投资风险（IRR 不受折现率高低影响）； （2）原始投资额现值不等的互斥投资方案，有时无法作出正确决策

趁热答题

| 例 6-7·单选题（2021 年） | 某投资项目在折现率为 10% 时，净现值为 100 万元，折现率为 14% 时，净现值为−150 万元。则该项目的内含收益率为（　　）。

A. 12.4%　　　　B. 11.33%　　　　C. 11.6%　　　　D. 12.67%

解析 本题考查内含收益率。内含收益率就是要计算出使净现值等于零时的折现率，这个折现率就是投资方案实际可能达到的投资收益率。可采用内插法来计算，列式为：$\frac{IRR-10\%}{14\%-10\%}=\frac{0-100}{-150-100}$，则 $IRR=(0-100)/(-150-100)\times(14\%-10\%)+10\%=11.6\%$。选项 C 正确。

答案 C

例6-8·单选题（2021年） 下列各项中，不影响项目投资内含收益率大小的是（　　）。

A. 原始投资额　　B. 资本成本率　　C. 经营现金净流量　　D. 项目寿命期

解析 本题考查内含收益率。内含收益率是未来现金净流量现值刚好与原始投资额现值相等，即净现值等于0时的折现率。根据其含义可知，内含收益率与原始投资额（选项A）、经营现金净流量（选项C）、项目寿命期（选项D）相关，与资本成本率无关。

答案 B

（五）回收期（PP）

项目	说明
含义	投资项目未来现金净流量（或现值）与原始投资额（或现值）相等时所经历的时间
静态回收期 （不考虑货币时间价值）	（1）未来每年现金净流量**相等**时： **静态回收期**=原始投资额/每年现金净流量； （2）未来每年现金净流量**不相等**时（M为收回原始投资额的前1年）： **静态回收期**=M+第 M 年的尚未收回额/第（M+1）年的现金净流量
动态回收期 （考虑货币时间价值）	（1）未来每年现金净流量**相等**时： 原始投资额**现值**=每年现金净流量×(P/A, i, n)， 利用插值法求解期数 n 即为动态回收期； （2）未来每年现金净流量**不相等**时（M为收回原始投资额的前1年）： 动态回收期=M+第 M 年的尚未收回额的**现值**/第（M+1）年的现金净流量**现值**
决策原则	越短越好
优缺点	优点：计算简便，易于理解。 缺点：（1）没有考虑回收期以后的现金流量（即超过原始投资额的部分），即没有考虑盈利性； （2）静态回收期没有考虑货币时间价值

趁热答题

例6-9·单选题（2022年） 某项目的投资总额为450万元，建设期为0，预计投产后第1~3年每年现金净流量为65万元，第4~6年每年现金净流量为70万元，第7~10年每年现金净流量为55万元。则该项目的静态回收期为（　　）年。

A. 8.18　　　　B. 6.43　　　　C. 6.82　　　　D. 6.92

解析 本题考查静态回收期。静态回收期=M+第 M 年的尚未收回额/第（M+1）年的现金净流量=6+(450-65×3-70×3)/55=6.82（年）。选项 C 正确。

答案 C

| 例 6-10·判断题（2021 年） | 如果投资项目 A 的动态回收期小于投资项目 B，那么项目 A 的收益率高于项目 B。 （　　）

解析 本题考查动态回收期。计算动态回收期没有考虑超过原始投资额现值部分的现金净流量，而计算收益率考虑了项目寿命期全部的现金净流量，所以两者的大小没有必然的关系。因此本题表述错误。

答案 ×

通关文牒

▶ 速提分 ◀

【命题角度】各投资项目财务评价指标的联系与区别。可从单个项目决策和多个项目决策两个角度分析。

（1）单个项目决策。

指标	净现值	年金净流量	现值指数	内含收益率	静态回收期	动态回收期
决策结果	≥0	≥0	≥1	≥资本成本	<寿命期	≤寿命期
	<0	<0	<1	<资本成本	不一定	>寿命期
是否受折现率影响	是	是	是	否	否	是
是否直接考虑风险	是	是	是	否	否	是
是否反映项目本身收益率	否	否	否	是	否	否

（2）多个项目决策。

指标	净现值	年金净流量	现值指数	内含收益率
性质	绝对数，反映效益	绝对数，反映效益	相对数，反映效率	相对数，反映效率
适宜评价	寿命相同的互斥项目	互斥项目（寿命相同不相同均可）	投资额不同的独立项目	独立项目（投资额相同不相同均可）

注：互斥看效益，独立看效率。

趁热答题

| 例 6-11·单选题（2023 年） | 在对单一方案进行财务评价时，下列各项中具有财务可行性的是（　　）。

A. 内含收益率大于 0　　　　　　　　B. 年金净流量大于 0
C. 现值指数大于 0　　　　　　　　　D. 净现值小于 0

解析 本题考查投资项目财务评价指标。年金净流量=净现值/年金现值系数，年金净流量大于 0、净现值大于 0 表示项目具有财务可行性；内含收益率大于必要收益率表示项目具有财务可行性；现值指数大于 1 表示项目具有财务可行性。本题选项 B 正确。

答案 B

| **例 6-12·判断题（2014 年）** | 净现值法不适宜于独立投资方案的比较决策，但能够对寿命期不同的互斥投资方案进行直接决策。　　　　　　　　　　　　　　　　（　　）

（解析）本题考查净现值法。净现值法不适用独立投资方案的比较决策，有时也不能对寿命期不同的互斥投资方案进行直接决策。因此本题表述错误。

（答案）×

| **例 6-13·计算分析题（2017 年）** | 乙公司为了扩大生产能力，拟购买一台新设备，该投资项目相关资料如下：

资料一：新设备的投资额为 1 800 万元，经济寿命期为 10 年。采用直接法计提折旧，预计期末净残值为 300 万元。假设设备购入即可投入生产，不需要垫支营运资金，该企业计提折旧的方法、年限、预计净残值等与税法规定一致。

资料二：新设备投资后第 1~6 年每年为企业增加营业现金净流量 400 万元，第 7~10 年每年为企业增加营业现金净流量 500 万元，项目终结时，预计设备净残值全部收回。

资料三：假设该投资项目的折现率为 10%，相关货币时间价值系数如下表所示：

相关货币时间价值系数表

期数（n）	4	6	10
$(P/F, 10\%, n)$	0.6830	0.5645	0.3855
$(P/A, 10\%, n)$	3.1699	4.3553	6.1446

（要求）
(1) 计算项目静态投资回收期。
(2) 计算项目净现值。
(3) 评价项目投资可行性并说明理由。

（解析）
(1) 前面第 1~6 年每年营业现金净流量为 400 万元，原始投资额为 1 800 万元，即在第 5 年时，收回的现金流量为 400×5=2 000（万元），已经超过原始投资额。因为前 6 年每年的营业现金净流量相等，所以静态回收期=原始投资额/每年现金净流量。

(2) 项目净现值=未来现金净流量现值-原始投资额现值，原始投资额现值为 1 800 万元，未来现金净流量中包含第 1~10 年的营业现金净流量和预计净残值。注意营业现金净流量中已经考虑了所得税对现金流量的影响，不用再"×(1-25%)"，由于预计净残值与税法规定一致，所以也不需要考虑残值变现影响所得税的问题。

(3) 根据净现值与 0 以及静态回收期与寿命期的关系判断项目可行性。

（答案）
(1) 项目静态投资回收期=1 800/400=4.5（年）。
(2) 项目净现值=-1 800+400×$(P/A, 10\%, 6)$+500×$(P/A, 10\%, 4)$×$(P/F, 10\%, 6)$+300×$(P/F, 10\%, 10)$=952.47（万元）。
(3) 项目静态投资回收期小于经济寿命期，且该项目净现值大于 0，所以项目投资可行。

第三节　项目投资管理

考点4　投资项目决策分析（★★★）

> **考频** 2023年单选题、判断题、综合题；2022年单选题、综合题；2021年单选题、判断题、综合题

（一）独立投资方案的决策

项目	说明
含义	两个或两个以上项目互不依赖，可以同时存在，决策也是相互独立的
决策实质	确定各方案的投资顺序，即各方案的优先次序
决策方法	**内含收益率法**

通关文牒

▶ 很好懂 ◀

内含收益率指标是独立投资方案的**最优评价指标**，在任何情况下都适用。举例理解：

高小吉公司有足够的资金准备投资于三个独立投资项目。A项目原始投资额为10 000元，期限5年；B项目原始投资额为18 000元，期限5年；C项目原始投资额为18 000元，期限8年。折现率为10%，其他资料如下表所示。问：如何安排投资顺序？

独立投资方案的可行性指标

单位：元

项目	A项目	B项目	C项目
原始投资额	（10 000）	（18 000）	（18 000）
每年NCF	4 000	6 500	5 000
期限（年）	5	5	8
净现值（NPV）	5 164	6 642	8 675
现值指数（PVI）	1.52	1.37	1.48
内含收益率（IRR）	28.68	23.61	22.28
年金净流量（ANCF）	1 362	1 752	1 626

将上述指标进行对比，可以看出：

（1）A项目和B项目：原始投资额不同、期限相同→优先安排 IRR 和 PVI 较高的A项目。

结论：A>B。

（2）B项目和C项目：原始投资额相同、期限不同→优先安排 IRR 和 $ANCF$ 较高的B项目。

结论：B>C。

（3）A项目和C项目：原始投资额不同、期限不同→优先安排 IRR 较高的A项目。

结论：A>C。

最终排序为A>B>C。

独立投资方案的比较决策

决策指标	项目优先级
净现值（NPV）	C>B>A
现值指数（PVI）	A>C>B
内含收益率（IRR）	A>B>C
年金净流量（ANCF）	B>C>A

综上所述，在独立投资方案比较决策时，内含收益率指标综合反映了各方案的获利程度，在各种情况下的决策结论都是正确的。

（二）互斥投资方案的决策

1. 含义

方案之间相互排斥，不能并存。

2. 决策

（1）寿命期相同。

①决策方法：净现值法、年金净流量法。

②决策原则：选择净现值或年金净流量最大的方案。

（2）寿命期不同。

决策方法	共同年限法	年金净流量法
计算	假设项目可无限重置，选择寿命期的最小公倍数作为共同年限，再往前重置计算现值	（1）年金净流量=净现值/年金现值系数； （2）永续净现值=年金净流量/资本成本（互斥项目资本成本不同时选择）
决策原则	选择重置净现值最大的方案	资本成本相同时，选择年金净流量大的； 资本成本不同时，选择永续净现值大的

注：考试时多使用年金净流量法，共同年限法非考试重点选择方法，了解即可。

▶ 速提分 ▶

【命题角度】项目投资决策指标优选。

独立项目→看投资效率→相对数指标→内含收益率>现值指数；

互斥项目→看投资效益→绝对数指标→年金净流量>净现值。

|例6-14·计算分析题节选| C公司拟投资建设一条生产线，现有甲、乙两种投资方案可供选择，已知A方案的寿命期为6年，B方案的寿命期为5年，假定基准现金流量折现率为8%，相关货币时间价值系数如下表所示：

相关货币时间价值系数表

期数（n）	1	2	3	4	5	6
$(P/F, 8\%, n)$	0.9259	0.8573	0.7938	0.7350	0.6806	0.6302
$(P/A, 8\%, n)$	0.9259	1.7833	2.5771	3.3121	3.9927	4.6229

【要求】若甲、乙两方案的净现值分别为 264.40 万元和 237.97 万元，且甲、乙两方案互斥，分别计算甲、乙两方案的年金净流量，并根据计算结果进行决策。

【解析】甲、乙为互斥方案且两方案的寿命期不同，应比较年金净流量进行决策，且应选择年金净流量更大的方案。年金净流量=净现值/年金现值系数。

【答案】甲方案的年金净流量=264.40÷（P/A, 8%, 6）=57.19（万元）；
乙方案的年金净流量=237.97÷（P/A, 8%, 5）=59.60（万元）。
由于乙方案的年金净流量大于甲方案，所以，应选择乙方案。

考点5　固定资产更新决策（★★）

靶心考点精讲

考频　2022年综合题

1. 决策实质

决定继续使用旧设备还是购置新设备，实质是<u>互斥</u>投资方案的应用。

2. 分类及决策指标

分类	扩建重置	替换重置
对生产能力的影响	改变生产能力	不改变生产能力
营业收入的影响	预计营业收入改变	预计营业收入不变
寿命期相同	净现值法、年金净流量法	现金流出总现值法、年金成本法
寿命期不同	年金净流量法	年金成本法
决策原则	选择指标大的	选择指标小的

通关文牒

▶ 很好懂 ▶

（1）年金成本=现金净流出总现值/年金现值系数

年金成本和现金净流出总现值的现金流量规则是"**现金流出为正，现金流入为负**"。

（2）年金净流量、年金成本、现金净流量总现值（净现值）、现金流出总现值的区别。

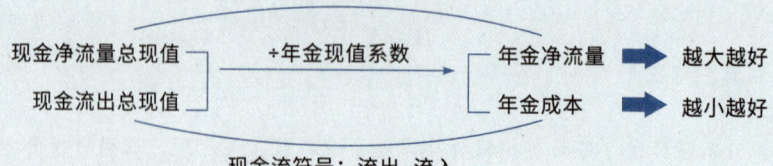

3. 应用——继续使用旧设备 VS 购置新设备

期间	继续使用旧设备	购置新设备
投资期	（1）-旧设备的变现价值； （2）+变现收益纳税或-变现损失抵税； （3）-营运资金垫支 【提示】（1）和（2）可视为选择继续使用旧设备而放弃购买新设备的机会成本。	（1）-新设备的购置成本； （2）-营运资金垫支
营业期	（1）+税后营业收入； （2）-税后付现成本（-税后营运成本）； （3）+折旧抵税 【提示】替换重置时，（1）不考虑。	
终结期	（1）+固定资产变价净收入； （2）-变现收益纳税或+变现损失抵税； （3）+垫支营运资金的收回	

注：表中的"+"表示"现金流入"，"-"表示现金流出，做题时一定要看清题目，注意现金流的正负号。

▶ 很好懂 ▶

（1）对于在继续使用旧设备情形下，投资期（1）（2）**现金流方向**的理解：

"**-旧设备的变现价值**"：在继续使用旧设备情形下，相当于丧失了旧设备的变现价值，属于机会成本，因此旧设备的变现价值为现金流出，现金流为负号。

"**+变现收益纳税或-变现损失抵税**"：在丧失旧设备变现价值基础下，同时也会丧失旧设备变现收益纳税，减少了现金流出，因此旧设备变现收益纳税为正号，相当于现金流入；或丧失旧设备变现损失抵税，减少了现金流入，因此旧设备变现损失为负号，相当于现金流出。

【提示】变现收益纳税 VS 变现损失抵税

二者均表示"利得或损失"，表现为"变现收入-账面价值"与"所得税税率"的乘积。

①若变现收入-账面价值>0，可知"赚钱了"，表现为"变现收益"，赚了钱需纳税，因此为"变现收益纳税"。

②若变现收入-账面价值<0，可知"亏本了"，表现为"变现损失"，损失部分可以抵税，因此为"变现损失抵税"。

③若变现收入-账面价值=0，二者无差异，则无须考虑其对现金流的影响。

（2）对于终结期（1）（2）**现金流方向**的理解：

"**+固定资产变价净收入**"：无论是继续使用旧设备还是购置新设备，项目结束时固定资产依然有的残值收入都可以表示现金流入，现金流为正号。

"**-变现收益纳税或+变现损失抵税**"：将残值收入与残值账面价值比较，若前者大于后者，则表示残值变现收益，需纳税，表现为现金流出，现金流为负号；若前者小于后者，则表示残值变现损失，可抵税，表现为现金流入，现金流为正号。

▶ 速提分 ▶

【命题角度】继续使用旧设备或购置新设备的相关计算与决策。考查主观题，考试中通常考查替换重置。

具体以下表为例:假设计算旧设备与新设备的现金净流量(企业所得税税率为25%)。

【提示】现金净流量的现金流方向与净现值、年金净流量方向相同,若题中计算年金净流出量现值或年金成本,则现金流方向与之相反。

项目	旧设备	新设备
原价	7 000 万元	8 000 万元
当前变现价值	2 300 万元	8 000 万元
税法残值(预计报废残值)	200 万元	400 万元
使用年限(会计与税法一致)	10 年	8 年
尚可使用年限	4 年	8 年
垫支营运资金	300 万元	600 万元
每年折旧费(会计与税法一致)	680 万元	950 万元
每年税后营业利润	160 万元	1 300 万元

【做题思路】

1. 投资期:找到相关现金流

(1) **旧设备**:-旧设备的变现价值、+变现收益纳税或-变现损失抵税、-营运资金垫支。

第1步:计算旧设备目前账面价值。

旧设备目前账面价值=原价-累计折旧=原价-每年折旧费×已使用年限=7 000-680×6=2 920(万元)。

【提示】有时每年折旧需自行计算,通常采用直线法计算。预计净残值与使用年限采用税法口径,但通常题中会假设会计与税法口径一致。

每年折旧=(原价-预计净残值)/预计使用年限。

第2步:比较旧设备目前账面价值与目前变现价值。

目前账面价值2 920万元>目前变现价值2 300万元→变现损失。

第3步:计算旧设备变现损失对所得税影响额。

所得税影响额为[(2 920-2 300)×25%]万元。

第4步:确认关于旧设备变现相关累计现金流,并确认现金流方向。

-旧设备的变现价值-变现损失抵税=-2 300-(2 920-2 300)×25%=-2 455(万元)。

第5步:确认投资期累计现金流,并确认现金流方向。

-垫支营运资金-旧设备的变现价值-变现损失抵税=-300-2 455=-2 755(万元)。

(2) **新设备**:-新设备的购置成本、-营运资金垫支。

投资期累计现金流=-8 000-600=-8 600(万元)。

【提示】新设备购置成本属于相关现金流,但旧设备购置成本不属于相关现金流,属于沉没成本,因此不考虑旧设备购置成本。

2. 营业期:计算营业现金净流量

由于题目给出了每年税后营业利润,所以联想到营业现金净流量的间接法计算公式:营业现金净流量=税后营业利润+非付现成本。

(1) 旧设备:营业现金净流量=160+680=840(万元);

(2) 新设备:营业现金净流量=1 300+950=2 250(万元)。

3. 终结期：找到相关现金流

旧设备与新设备此时的相关现金流相同：+固定资产变价净收入、-变现收益纳税或+变现损失抵税、+垫支营运资金的收回。

第1步：确认固定资产变价净收入或净残值。

【提示】这里指的是会计净残值，但通常会计净残值与税法净残值相同。

（1）旧设备固定资产净残值=200（万元）；

（2）新设备固定资产净残值=400（万元）。

第2步：计算固定资产会计净残值与税法净残值的差额对所得税的影响。

由于这里默认会计净残值=税法净残值，因此不存在所得税影响额。

【提示】若存在差额，计算方法见上述【通关文牒-很好懂】。

第3步：确认终结期累计现金流，并确认现金流方向。

（1）旧设备：+固定资产变价净收入+垫支营运资金的收回=200+300=500（万元）；

（2）新设备：+固定资产变价净收入+垫支营运资金的收回=400+600=1 000（万元）。

【提示】垫支的营运资金在投资期作为现金流出，终结期需全额收回。不需要考虑所得税。

趁热答题

例6-15·计算分析题（2016年） 乙公司是一家机械制造企业，适用的所得税税率为25%。公司现有一套设备（以下简称旧设备）已经使用6年。为降低成本，公司管理层拟将该设备提前报废，另行购建一套新设备。设备的投资于更新起点一次性投入，并能立即投入运营。设备更新后不改变原有的生产能力，但营运成本有所降低。会计上对于新旧设备折旧年限、折旧方法以及净残值等的处理与税法保持一致。假定折现率为12%，要求考虑所得税费用的影响。相关资料如下表所示：

新旧设备相关资料金额

单位：万元

项目	旧设备	新设备
原价	5 000	6 000
预计使用年限	12年	10年
已使用年限	6年	0年
净残值	200	400
当前变现价值	2 600	6 000
年折旧费（直线法）	400	560
年运营成本（付现成本）	1 200	800

相关货币时间价值系数如下表所示：

相关货币时间价值系数

期数（n）	6	7	8	9	10
$(P/F, 12\%, n)$	0.5066	0.4523	0.4039	0.3606	0.3220
$(P/A, 12\%, n)$	4.1114	4.5638	4.9676	5.3282	5.6502

经测算，旧设备在其现有可使用年限内形成的净现金流出量现值为5 787.80万元，年金成本

（即年金净流出量）为1 407.74万元。

> 要求

(1) 计算新设备在其可使用年限内形成的现金净流出量现值（不考虑设备运营所带来的营业收入，也不能把旧设备的变现价值作为新设备投资的减项）。

(2) 计算新设备的年金成本（即年金净流出量）。

(3) 指出净现值法与年金净流量法中哪一个更适于评价该设备更新方案的财务可行性，并说明理由。

(4) 判断乙公司是否应该进行设备更新，并说明理由。

> 解析

(1) 由设备更新后不改变原有的生产能力得知为替换重置。现金净流出量的计算注意现金流的符号："流出为正，流入为负"。将所有现金流折现计算可得到新设备的现金净流出量现值。注意，净残值的会计处理与税法处理一致，因此净残值不存在净损益，不考虑所得税。

投资期：购置原价（现金流出）+6 000
营业期：①税后年营运成本（现金流出）+800×（1-25%）
　　　　②折旧抵税（现金流入）-560×25%
终结期：净残值（现金流入）-400

计算新设备的现金净流出量的现值，将以上现金流折现，注意折现期为尚可使用寿命10-0=10（年）。

(2) 年金成本=现金净流出量现值/年金现值系数，注意这里的寿命期选择尚可使用年限=10-0=10（年）。

(3) 旧设备的尚可使用寿命为12-6=6（年），新设备的尚可使用寿命为10年，二者不等，因此应使用年金净流量法更具备财务可行性。

(4) 将旧设备的年金成本与新设备的年金成本比较，若后者小于前者，则应该更新设备，否则不应该更新设备。

> 答案

(1) 新设备的现金净流出量的现值=6 000+800×(1-25%)×(P/A，12%，10)-560×25%×(P/A，12%，10)-400×(P/F，12%，10)=8 470.29（万元）。

(2) 新设备的年金成本=8 470.29/(P/A，12%，10)=1 499.11（万元）。

(3) 年金净流量法更适于评价该设备更新方案的财务可行性。理由：新旧设备的预计使用年限不同。

(4) 不应该进行设备更新。理由：新设备年金成本1 499.11万元大于旧设备年金成本1 407.74万元。

第四节　证券投资管理

考点6　证券投资风险的分类（★★）

> 考频　2023年单选题、多选题

风险类别	具体风险	含义
系统性风险 （不可分散风险）	价格风险	由于**市场利率上升**，证券资产价格普遍下跌的可能性
	再投资风险	由于**市场利率下降**，无法按预定收益率再投资实现预期收益的可能性
	购买力风险	由于**通货膨胀**，货币购买力下降的可能性

续表

风险类别	具体风险	含义
非系统风险 （可分散风险）	违约风险	发行人**无法按时兑付本息**的可能性
	变现风险	证券持有人**无法以正常价格**在市场上平仓出货的可能性
	破产风险	发行人**破产清算**时，投资人无法收回应得权益的可能性

通关文牒

▶ 很好懂 ▶

市场利率变动和通货膨胀会影响所有证券，因此因市场利率变动和通货膨胀引起的三类风险属于不可分散的系统性风险。

趁热答题

| **例 6-16·单选题（2018 年）** | 某 ST 公司在 2018 年 3 月 5 日宣布其发行的公司债券本期利息总额为 8 980 万元将无法于原定付息日 2018 年 3 月 9 日全额支付，仅能够支付 500 万元，则该公司债务的投资者面临的风险是（　　）。

　　A. 价格风险　　　　B. 购买力风险　　　　C. 变现风险　　　　D. 违约风险

（解析）本题考查证券投资的风险。违约风险是指证券资产发行者无法按时兑付证券资产利息和偿还本金的可能性，多发生于债券投资中，选项 D 正确。价格风险是指由于市场利率上升，证券资产价格普遍下跌的可能性，选项 A 错误。购买力风险是指由于通货膨胀，货币购买力下降的可能性。当物价持续上涨时，货币性资产会遭受购买力损失；当物价持续下跌时，货币性资产会带来购买力收益，选项 B 错误。变现风险属于非系统性风险，是指证券资产持有者无法在市场上以正常的价格平仓出货的可能性，选项 C 错误。

（答案）D

考点 7　债券投资的相关概念与计算（★★★）

考频：2023 年单选题、判断题；2022 年单选题、判断题；2021 年多选题

（一）债券的基本要素

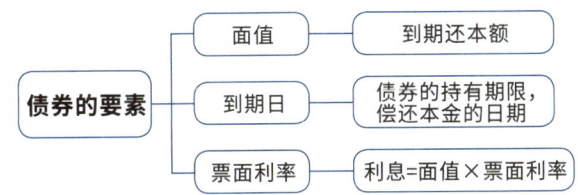

（二）债券的价值

1. 含义

未来本金和利息的现值之和。

2. 不同类型债券的价值计算

类型	特征	具体计算
典型债券	每年付息，到期归还本金	$V=I\times(P/A，R，n)+M\times(P/F，R，n)$
纯贴现债券	到期按面值兑付	$V=M/(1+R)^n$
永续债券	没有到期日	$V=I/R$

注：R 为贴现率，一般采用当时**市场利率或投资人要求的最低（必要）收益率**。V 为债券价值，I 为每年利息，M 为面值，n 为债券到期期限。

3. 债券价值的影响因素

影响因素	说明
面值	与债券价值呈**正向**变动
票面利率	与债券价值呈**正向**变动。 **与市场利率的大小**： （1）票面利率>市场利率→债券价值>面值，**溢价**发行； （2）票面利率<市场利率→债券价值<面值，**折价**发行； （3）票面利率=市场利率→债券价值=面值，**平价**发行
市场利率	与债券价值呈**反向**变动。 **敏感性**： 假设票面利率=10%，面值=1 000元： （1）**长期债券比短期债券更敏感**：市场利率较低时，长期债券的价值远高于短期债券；市场利率较高时，长期债券的价值远低于短期债券； （2）**溢价债券比折价债券更敏感**：市场利率低于票面利率时，市场利率稍有变动，债券价值就会发生剧烈波动；市场利率超过票面利率后，市场利率提高，不会使债券价值过分降低
期限	（1）**票面利率=市场利率**：平价发行时，债券期限**不影响**债券价值，债券价值=债券面值； （2）**票面利率>市场利率**：溢价发行时，与债券价值呈**正向**变动； （3）**票面利率<市场利率**：折价发行时，与债券价值呈**反向**变动。 【提示】折价愈折，溢价愈溢。 **敏感性**： 期限**越短**，债券票面利率对债券价值的**影响越小**；期限**越长**，债券价值**越偏离**于债券面值，但这种偏离随着期限越长**会逐渐放缓**最终趋于平稳

▶ 很好懂 ▶

对折价、平价、溢价发行债券的理解：

（1）折价发行是对投资者未来少获利息而给予的必要补偿。

（2）平价发行是因为票面利率与市场利率相等，此时票面价值和债券价值是一致的，所以不存在补偿问题。

（3）溢价发行是为了对债券发行者未来多付利息而给予的必要补偿。

【延伸】年内付息次数对债券价值的影响：

（1）溢价发行时，付息频率提高会增加投资者的利息收入，从而使债券价值增加。

（2）折价发行时，付息频率提高会降低投资者的利息收入，从而使债券价值减少。

（3）平价发行时，付息频率不影响债券价值。

4. 决策原则

只有债券价值**大于**购买价格时，债券才**值得投资**。

趁热答题

| 例 6-17·多选题 | 债券 A 和债券 B 是两只刚发行的每年付息一次的债券，两个债券的面值、票面利率、市场利率均相同。以下说法中，正确的有（   ）。

A. 若市场利率高于票面利率，偿还期限长的债券价值低

B. 若市场利率低于票面利率，偿还期限长的债券价值高

C. 若市场利率高于票面利率，偿还期限短的债券价值低

D. 若市场利率低于票面利率，偿还期限短的债券价值高

（解析）本题考查债券价值的敏感性关系。若市场利率高于票面利率，系折价发行的债券，偿还期限长的债券价值低；若市场利率低于票面利率，系溢价发行的债券，偿还期限长的债券价值高。可根据图示理解：

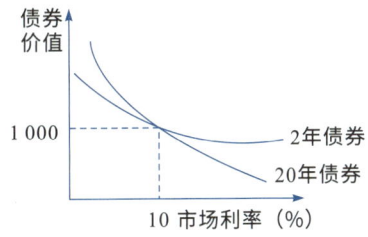

（答案）AB

| 例 6-18·多选题 | 关于债券价值，当其他因素不变时，下列表述错误的是（   ）。

A. 债券的年内付息次数越多，则债券价值越大

B. 长期债券的价值对市场利率的敏感性大于短期债券

C. 市场利率的上升会导致债券价值下降

D. 若票面利率偏离市场利率，债券期限越长，则债券价值越偏离于债券面值

（解析）本题考查债券的价值。对于平价发行债券而言，年内付息次数的改变不影响债券价值，选项 A 错误。长期债券对市场利率的敏感性大于短期债券。在市场利率较低时，长期债券的价值远

高于短期债券；在市场利率较高时，长期债券的价值远低于短期债券，选项 B 正确。市场利率与债券价值是反向变动关系，市场利率上升，债券价值下降，选项 C 正确。在票面利率偏离市场利率的情况下，债券期限越长，债券价值越偏离于债券面值，选项 D 正确。

答案　A

（三）债券投资的收益率

项目	说明
收益来源	名义利息收益（面值×票面利率）、利息再投资收益、价差收益（资本利得收益）
内部收益率	（1）插值法（考虑货币时间价值）。 ①含义：未来现金流入现值等于当前购买价格时的收益率。 ②计算：利用插值法求解折现率 R，即为内部收益率。 $P=I\times(P/A, R, n)+M\times(P/F, R, n)$ 式中，I 为利息，M 为面值。 （2）简便算法（不考虑货币时间价值）。 $R=\dfrac{\text{年利息}+(\text{面值}-\text{买价})/\text{年数}}{(\text{面值}+\text{买价})/2}\times 100\% = \dfrac{I+(B-P)/N}{(B+P)/2}\times 100\%$
相关结论	溢价：内部收益率<票面利率； 平价：内部收益率=票面利率； 折价：内部收益率>票面利率
决策原则	只有内部收益率高于投资人要求的最低投资收益率（或市场利率），该债券才值得投资

通关文牒

▶ 很好懂 ▶

（1）债券投资的内部收益率与项目投资的内含收益率原理一致，都是使得未来现金流入现值=债券购买价格时的折现率，即净现值等于 0 时的折现率（股票投资同理）。

（2）债券价值是对应市场利率计算的，内部收益率是对应债券购买价格计算的，且二者都是反向变动关系。因此可以同时得出以下结论（股票投资同理）：

①债券价值>购买价格，则市场利率<内部收益率，债券值得投资；
②债券价值<购买价格，则市场利率>内部收益率，债券不值得投资；
③债券价值=购买价格，则市场利率=内部收益率，债券投资不亏不赚。

趁热答题

| 例 6-19·判断题（2023 年） | 当公司债券折价发行时，债券的内部收益率将低于票面利率。

（　）

解析　本题考查债券的内部收益率。溢价债券的内部收益率低于票面利率，折价债券的内部收益率高于票面利率，平价债券的内部收益率等于票面利率。因此本题表述错误。

答案　×

考点 8　股票投资的相关概念与计算（★★★）

考频　2023 年计算分析题；2022 年单选题、多选题、综合题；2021 年计算分析题

（一）股票的价值

靶心考点精讲

1. 含义

未来股利现值与资本利得现值之和。

2. 不同类型股票的价值计算

假设股东永远持有股票，只获得股利。

类型	特征	具体计算
零增长模式	未来股利不变	$V=D/R$
固定股利增长模式	未来股利呈固定增长率增长	$V=D_0\times(1+g)/(R_s-g)=D_1/(R_s-g)$
阶段性增长模式	预测期零增长或稳定增长，持续期固定增长	$V=V_1$（预测期）$+V_2$（持续期），分段折现

注：R 为贴现率，一般采用该股票的**资本成本率或必要收益率**。V 为股票价值，D_1 为预测第 1 期股利，D_0 为已经支付的股利。

3. 决策原则

只有股票价值**大于**购买价格时，该股票才**值得投资**。

▶ 速提分 ▶

【命题角度】股票价值的计算。以阶段性增长模式为例：

第 1 步：先用资本资产定价模型求出股票投资的必要收益率。

$R=R_f+\beta\times(R_m-R_f)$。

第 2 步：利用股票估值模型分两段计算股票价值。

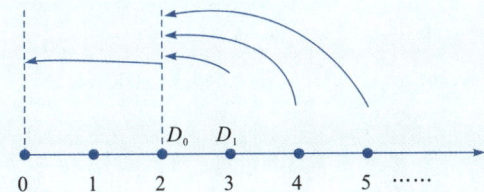

第一段（0~2）：假设 1 时点和 2 时点股利均为 1，符合零增长模型，则该阶段现值 $V_1=1\times(P/A,\ R,\ 2)$；

第二段（0~∞）：2~∞ 阶段符合固定股利增长模型，折现到 2 时点的现值为 $D_1/(R-g)$，再一次折现到 0 时点的现值 $V_2=D_1/(R-g)\times(P/F,\ R,\ 2)$。

两个阶段的股票价值相加就是总的股票价值。$V=V_1+V_2$。

第 3 步：将计算出的股票价值与购买日股票价格进行比较，如果股票价值**大于**购买日股票价格，说明股票**被低估**，**应该**投资；如果股票价值**低于**购买日股票价格，说明股票**被高估**，**不应该**投资。

趁热答题

例 6-20·计算分析题（2021 年） 某投资者准备购买甲公司的股票，并打算长期持有。甲公司股票当前的市场价格为 32 元/股，预计未来 3 年每年股利均为 2 元/股，随后股利年增长率为 10%。甲公司股票的 β 系数为 2，当前无风险收益率为 5%，市场平均收益率为 10%。有关货币时间价值系数如下：

$(P/F, 10\%, 3) = 0.7513$，$(P/A, 10\%, 3) = 2.4869$，$(P/F, 15\%, 3) = 0.6575$，$(P/A, 15\%, 3) = 2.2832$。

要求

(1) 采用资本资产定价模型计算甲公司股票的必要收益率。

(2) 以要求（1）的计算结果作为投资者要求的收益率，采用股票估价模型计算甲公司股票的价值。

(3) 根据要求（2）的计算结果，判断甲公司股票是否值得购买，并说明理由。

解析 本题考查股票投资。

(1) 根据 $R = R_f + \beta \times (R_m - R_f)$，将 $R_f = 5\%$，$R_m = 10\%$，$\beta = 2$ 代入即可求得 R。

(2) 前 3 年是固定股利，以后年度适用固定增长模型计算股票价值 $V_s = D_0(1+g)/(R_s - g)$，注意分阶段计算股票价值时需要考虑折现。

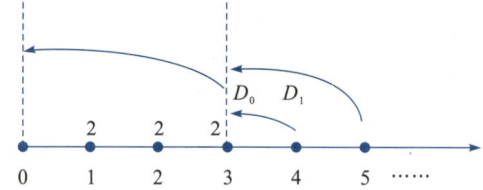

$V_1 = 2 \times (P/A, 15\%, 3)$；

$V_2 = 2 \times (1 + 10\%)/(15\% - 10\%) \times (P/F, 15\%, 3)$；

$V = V_1 + V_2$。

(3) 若股票的价值大于股票当期的市场价格，则股票被低估，值得投资；反之则不值得投资。

答案

(1) 甲公司股票的必要收益率 $= 5\% + 2 \times (10\% - 5\%) = 15\%$。

(2) 甲公司股票的价值 $= 2 \times (P/A, 15\%, 3) + 2 \times (1 + 10\%)/(15\% - 10\%) \times (P/F, 15\%, 3) = 33.50$（元/股）。

(3) 甲公司股票的价值 33.50 元/股大于股票当前的市场价格 32 元/股，甲公司股票值得投资。

（二）股票的收益率

项目	说明
收益来源	股利收益、股利再投资收益、转让价差收益（资本利得）
内部收益率	假设股东永远持有股票，只获得股利。 (1) 零增长模式：$R = D/P_0$； (2) 固定股利增长模式：$R = D_1/P_0 + g$； (3) 阶段性增长模式：根据未来现金流入现值=当前购买价格，用插值法求解 R
决策原则	只有内部收益率**高于**投资人要求的最低投资收益率（或市场利率），该股票才值得投资

通关文牒

▶ 很好懂 ▶

固定股利增长模式：$R=D_1/P_0+g$

（1）该模式下的内部收益率由两部分构成：D_1/P_0 为预期股利收益率，g 为股利增长率（又称"资本利得收益率"）。

（2）该公式与计算股票的资本成本率相同，只是资本成本率是站在筹资的角度，还需要考虑筹资费率 f，分母还需乘上 $(1-f)$。

趁热答题

例 6-21·单选题（2019 年） 某公司股票的当前市场价格为 10 元/股，今年发放的现金股利为 0.2 元/股（即 $D_0=0.2$），预计未来每年股利增长率为 5%，则该股票的内部收益率为（　　）。

A. 7.1%　　　　B. 7%　　　　C. 5%　　　　D. 2%

解析 本题考查股票收益率的计算。股票的内部收益率 $=D_1/P_0+g=D_0(1+g)/P_0+g=0.2\times(1+5\%)/10+5\%=7.1\%$。选项 A 正确。

答案 A

（三）优先股的价值

1. 含义

未来每年固定股息的现值。

2. 计算

$V=D_p/R$（符合永续年金）

注意：R 为贴现率，一般采用该股票的资本成本率或必要收益率。

第五节　基金投资与期权投资

考点 9　期权投资的概念与计算（★★）

考频 2023 年单选题

（一）期权的概念

期权是一种合约，一种持有人在某一特定日期或该日之前的任何时间以固定价格购进或售出一种资产的**权利**。其本质为**未来的选择权**。

（二）期权合约的构成要素

要素名称	含义
标的资产	期权合约中约定交易的资产，包括商品、金融资产、利率、汇率等
期权买方	付出期权费，享受权利的一方，也称为期权的**多头**

续表

要素名称	含义
期权**卖方**	获得期权费，承担义务的一方，也称为期权的**空头**
执行价格	合约双方约定在行权时所执行的价格，或称为协议价格
期权费用	买方为获取权利向卖方支付的费用。一旦支付，无论行权与否，费用不予退回
通知日与到期日	通知日为预先约定的交货日之前的某一天，以便做好准备。 到期日为期权合约必须履行的时间点

通关文牒

▶ 很好懂 ◀

举例理解上述相关概念：

玉米叔和香肠哥于 2024 年 1 月 25 日签订合约，约定 1 个月后，不管玉米的市场价涨多少，玉米叔都得以 5 000 元/吨的价格卖给香肠哥，为此，香肠哥支付了 1 000 元给玉米叔。一个月后，出现两种情形：

情形一：由于玉米收成大减，玉米现价变为 9 000 元/吨。香肠哥很高兴，着急地去找玉米叔以约定的 5 000 元/吨的价格买下了玉米。

情形二：由于天气转好，玉米供应大增，玉米现价变为 3 000 元/吨。香肠哥一脸愁容，只能找到玉米叔说他不买了。

本案例中，相关期权的要素代表含义如下：

要素名称	代表含义
标的资产	玉米
期权买方	香肠哥
期权卖方	玉米叔
执行价格	5 000 元/吨
期权费用	1 000 元
通知日与到期日	到期日：2024 年 2 月 25 日

（三）期权合约的分类

分类标准	类型	特征
按执行时间不同	欧式期权	期权买方**仅能**在到期日执行
	美式期权	期权买方可以在到期日或到期日之前**任何**时间执行
按买方权利不同	看涨期权	期权持有人有权以固定价格购买标的资产，又称**买权**
	看跌期权	期权持有人有权以固定价格出售标的资产，又称**卖权**

(四)期权到期日价值与净损益的计算

期权类型	计算项目	买方(多头)	卖方(空头)
看涨期权	到期日价值 (净收入)	$\max(A_n-X)$	$-\max(A_n-X)$
看涨期权	净损益	到期日价值-期权价格 结论:净损失有限(最多损失期权费用),但净收益无限	到期日价值+期权价格 结论:净收益有限(最大收益是期权价格),但净损失无限
看跌期权	到期日价值 (净收入)	$\max(X-A_n)$	$-\max(X-A_n)$
看跌期权	净损益	到期日价值-期权价格 结论:净损失有限(最多损失期权费用);当股价降低到0,净收益最大(执行价格-期权费用)	到期日价值+期权价格 结论:净收益有限(最大收益是期权价格);当股价降低到0,净损失最大(-执行价格+期权费用)

注:表中,设 A_n 为到期股价,X 为执行价格。期权买方(多头)和卖方(空头)为零和博弈,一方的收益就是另一方的损失,且金额相同。

通关文牒

▶ 很好懂 ▶

接上例,从香肠哥的预期来看,该合约为**看涨期权**。那么两种情形下香肠哥(买方)和玉米叔(卖方)的收益分析如下:

情形一:标的价格5 000元/吨小于一个月后的现价9 000元/吨,香肠哥可以标的价格买入玉米,符合香肠哥的预期,则香肠哥选择行权。到期日价值就是9 000-5 000=4 000(元),考虑到香肠哥最初支付了1 000元期权费,因此香肠哥的净损益为4 000-1 000=3 000(元);对于玉米叔来说,到期日价值就损失了4 000元,但得到了期权费1 000元,故玉米叔的净损益为-4 000+1 000=-3 000(元)。

情形二:标的价格5 000元/吨大于一个月后的现价3 000元/吨,不符合香肠哥的预期,则香肠哥不会选择行权。那么到期日价值就是0,考虑到香肠哥最初支付了1 000元期权费,因此香肠哥的净损益为0-1 000=-1 000(元)。对于玉米叔来说,由于香肠哥没有行权,到期日价值就是0,但得到了期权费1 000元,故玉米叔的净损益为0+1 000=1 000(元)。

执行价格	到期日价格	买方是否行权	买方收益	卖方收益
5 000	9 000	是	净收入:4 000 净损益:3 000	净收入:-4 000 净损益:-3 000
5 000	3 000	否	净收入:0 净损益:-1 000	净收入:0 净损益:1 000

根据上述案例,可以得到以下结论:

(1)只有资产变动符合买方预期(买看涨,则希望"涨";买看跌,则希望"跌"),买方才会行权,卖方只能配合,因此买方在交易中具有主动权,卖方只能被动接受。

(2)期权交易双方为零和博弈,一方收益多少,另一方就损失多少。

> 速提分 ▶

【命题角度】期权交易双方到期日价值和净损益的计算。主观题和客观题均可考查。掌握以下原则即可:

(1) 由于交易双方为零和博弈,因此可**先从买方角度计算**,买方的收益就是卖方的损失。

(2) **判断买方是否行权就看到期日价格是否符合买方预期**。若买方购买的是看涨期权,到期标的资产价格上涨,买方就会行权;若买方购买的是看跌期权,到期标的资产价格下跌,买方就会行权。否则均不会行权。

(3) 买方若行权,就会有收益,只要将**到期日价格与执行价格二者相减(大-小)**就可得到收益额。若买方不行权,则买方收益为0。

(4) 计算净损益时,买方需要在收益基础上减去期权价格。

考试多以股票为标的资产,**买方角度**分析如下表所示:

	期权类型	是否行权	到期日价值	净损益
股价≥执行价格	看涨期权	是	股价-执行价格	到期日价值-期权费用
	看跌期权	否	0	
股价<执行价格	看涨期权	否	0	
	看跌期权	是	执行价格-股价	

趁热答题

| 例6-22·多选题 | 甲公司股票目前市价为30元,有1股以股票期权为标的资产的看涨期权,期限为6个月,执行价格为32元,期权价格为4元。若到期日股价为40元,则下列各项中,正确的有( )。

A. 买入看涨期权到期日价值为8元
B. 卖出看涨期权到期日价值为-8元
C. 买入看涨期权净损益为4元
D. 卖出看涨期权净损益为-4元

(解析) 本题考查期权投资的计算。由于到期日股价40元大于执行价格32元,所以买入看涨期权到期日价值=40-32=8(元),选项A正确;买入看涨期权净损益=8-4=4(元),选项C正确;由于期权买方和卖方是零和博弈,所以卖出看涨期权到期日价值=-8(元),卖出看涨期权净损益=-4(元),选项BD正确。

(答案) ABCD

考点加油站

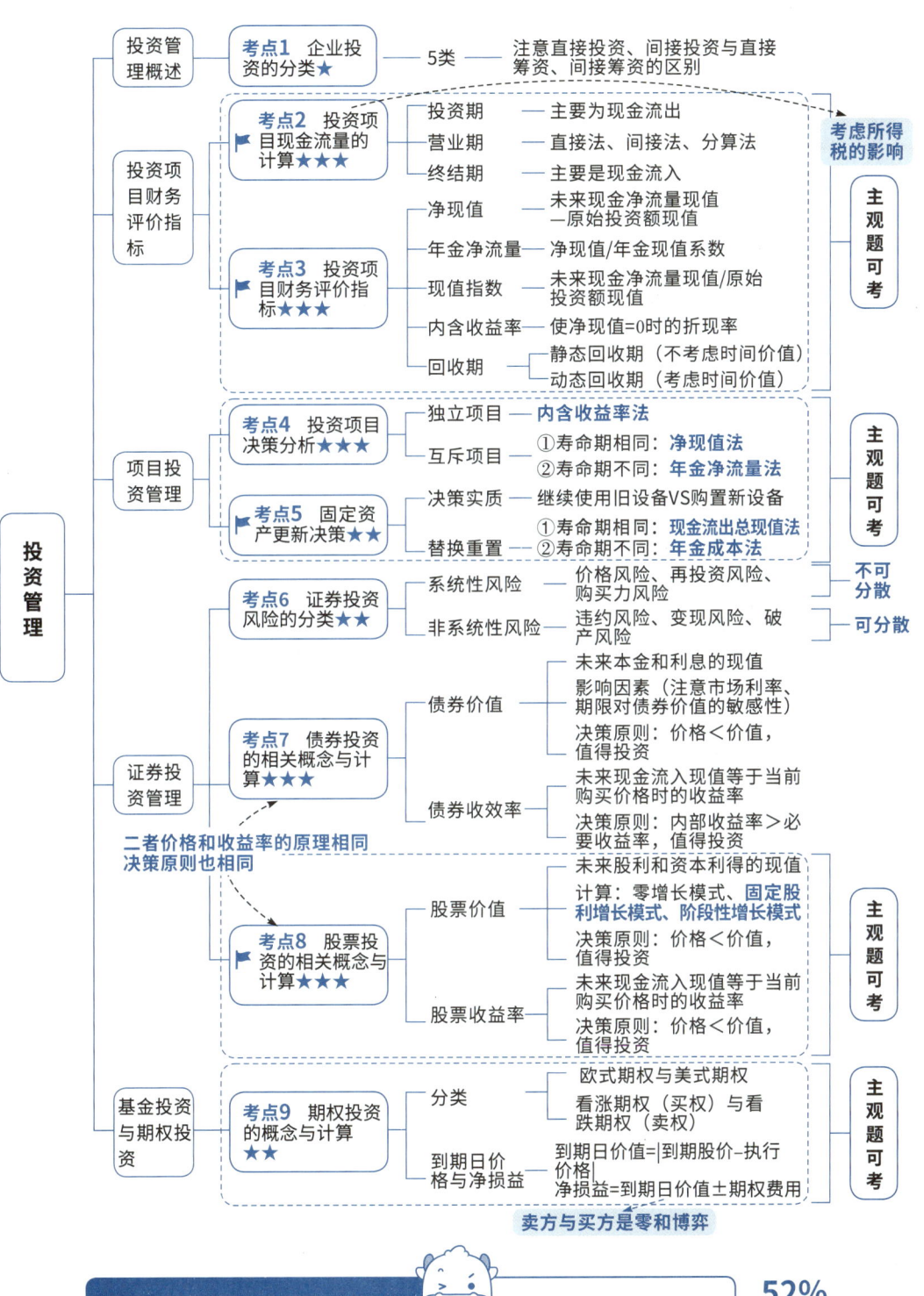

第七章 营运资金管理

考情驿站

本章属于重点章节,难度较高。本章主要介绍了营运资金管理的相关理论和计算。考生需着重注意可考查主观题的考点,包括最佳现金持有量的计算、应收及应付账款信用政策决策以及最佳经济订货批量模型计算。本章近三年平均考查分值在 12 分左右。

考点地图

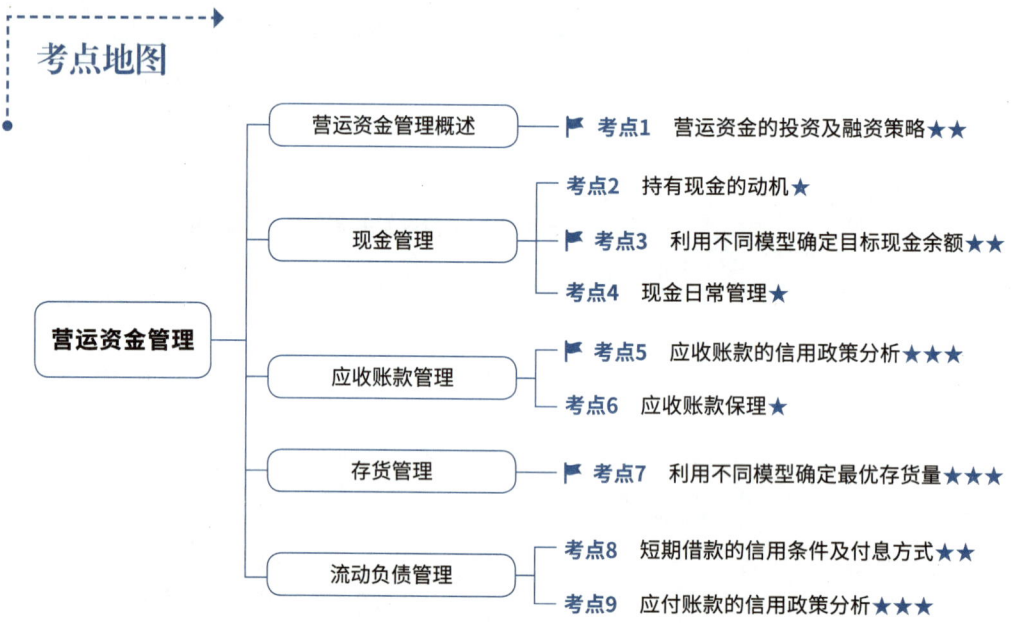

2024 年本章主要变化

本章内容改动较小,对现金周转期的图示进行了调整和完善。其他无实质性变化。

考点速递

第一节 营运资金管理概述

考点1 营运资金的投资及融资策略（★★）

考频 2023年单选题；2021年单选题、多选题

靶心考点精讲

（一）流动资产的投资策略

策略	紧缩策略（激进型）	宽松策略（保守型）
流动资产数量	较少	较多
与销售收入关系	流动资产/销售收入较低 【提示】周转率较高。	流动资产/销售收入较高 【提示】周转率较低。
特点	(1) 持有成本低； (2) 短缺成本高； (3) 风险较高； (4) 收益较高	(1) 持有成本高； (2) 短缺成本低； (3) 风险较低； (4) 收益较高
应用	适时性库存控制系统（JIT）	—

注：流动性资产**只包括**生产经营过程中产生的存货、应收款项以及现金等生产性流动资产，**不包括**股票、债券等金融性流动资产。

通关文牒

▶ 很好懂 ◀

（1）最优的流动资产投资是使流动资产的**持有成本与短缺成本之和**最低。

（2）根据风险和收益对等原则，风险高则收益也高，风险低则收益也低；持有成本和短缺成本是反向变动关系，持有成本可理解为持有现金等流动资产的机会成本，短缺成本可理解为缺少流动资产的可能性，持有现金等流动资产越高，则持有成本越高，短缺成本越低。

趁热答题

例7-1·单选题（2021年） 关于宽松的流动资产投资策略，下列说法正确的是（　　）。

A. 资金流动性较低　　　　　　　　B. 流动资产持有成本较低

C. 企业收益水平较高　　　　　　　D. 财务风险较低

解析 本题考查流动资产的投资策略。在宽松的流动资产投资策略下，流动资产占销售收入的比例较高，因此资金流动性较高，经营和财务风险较低，选项A错误，选项D正确；但宽松的流动资产投资策略下流动资产持有成本较高，收益水平较低，选项BC错误。

答案 D

（二）流动资产的筹资策略

资产负债表

资产 ＝ 负债＋所有者权益

- 短期占用 → 波动性（临时性）流动资产 | 筹资性流动负债（临时性负债） ← 短期来源
- 永久性流动资产 | 经营性流动负债（自发性流动负债）
- 长期占用 → 非流动资产 | 非流动负债／所有者权益 ← 长期来源

▶ 很好懂 ▶
资产负债表中，左边资产是资金占用方，右边负债和所有者权益是资金来源方。

1. 流动资产、流动负债分类

狭义上来说，**营运资金＝流动资产－流动负债**，流动资产和流动负债的分类如下表所示：

资产类型		定义
流动资产	波动性（临时性）流动资产	由于**季节性**或**临时性**原因而形成的流动资产，其占有量随当时的需求而波动
	永久性流动资产	满足企业**长期最低需求**的流动资产，其占有量相对稳定
流动负债	临时性（筹资性）流动负债	为了满足**临时性流动资产需要而发生的负债**，一般只能供企业短期使用，如1年期以内的短期借款或发行短期融资券等融资方式
	经营性（自发性）流动负债	直接产生于**企业持续经营中的负债**，如商业信用筹资或日常运营中的其他应付款、应付职工薪酬、应付利息、应付税费等。可供企业长期使用

2. 三种流动资产融资策略

（1）匹配融资策略（"**长资长用，短资短用**"）。

波动性流动资产	临时性负债
永久性流动资产 非流动资产	自发性流动负债 长期负债 所有者权益

含义：**波动性流动资产＝临时性负债**
永久性流动资产＋非流动资产＝自发性流动负债＋长期负债＋所有者权益

短期来源（临时性负债）正好满足短期投资（波动性流动资产），长期来源（自发性流动负债＋长期负债＋所有者权益）正好满足长期投资（永久性流动资产＋非流动资产），刚好匹配。

特点：风险收益适中。

【提示】资金来源的有效期和资产的有效期的匹配是战略性的观念匹配，而不是实际金额完全匹配。

（2）激进融资策略（"**短资长用**"）。

波动性流动资产	临时性负债
永久性流动资产 非流动资产	自发性流动负债 长期负债 所有者权益

含义：**波动性流动资产<临时性负债**
　　　　永久性流动资产+非流动资产>自发性流动负债+长期负债所有者权益

短期来源（临时性负债）比重较大，不仅可以满足短期投资，还能满足部分长期投资。

特点：资本成本低，风险和收益均高。

（3）保守融资策略（"**长资短用**"）。

波动性流动资产	临时性负债
永久性流动资产 非流动资产	自发性流动负债 长期负债 所有者权益

含义：**波动性流动资产>临时性负债**
　　　　永久性流动资产+非流动资产<自发性流动负债+长期负债+所有者权益

短期来源（临时性负债）比重较小，仅能满足部分短期投资，另一部分短期投资由长期来源支持。

特点：资本成本高，风险和收益均低。

▶ 很好懂 ▶

临时性负债筹资性流动负债风险较大。根据风险收益均衡原理，临时性负债多的风险和收益也较高。相对于长期资金来源，临时性流动负债的资本成本也较低。因此，激进融资策略资本成本低，但风险和收益均高。同理可类比匹配融资策略和保守融资策略。

▶ 速提分 ▶

【命题角度】判断流动资产融资策略的类型及特点。多以客观题考查，也可在综合题中某一小问考查。

（1）客观题通常考查各项融资策略的含义及其特点或通过其判断融资策略类型，或以小计算形式判断融资类型。

（2）主观题通常需先判断资产、负债类型，然后通过计算判断融资类型。具体步骤如下：

第1步：**通过题目条件判断资产、负债类型**。一般题目会给出部分明确提示，但仍需判断个别负债类型，如"**应付××**"通常是自发性流动负债，"**短期借款**"通常是临时性负债。另外，波动性流动资产=流动资产-永久性流动资产。

第 2 步：求和后比较大小。 可比较短期来源与短期占用大小，也可比较长期来源与长期占用大小。

短期来源=临时性负债，长期来源=自发性流动负债+长期负债+所有者权益。

短期占用=波动性流动资产，长期占用=永久性流动资产+非流动资产。

第 3 步：判断融资类型。

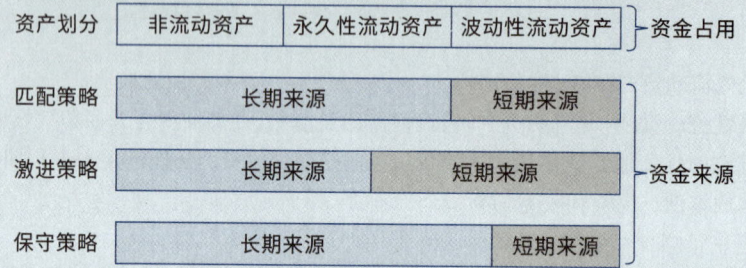

结论： 短期来源=短期占用，则为匹配融资策略；短期来源<短期占用（短期来源少），则为保守融资策略；短期来源>短期占用（短期来源多），则为激进融资策略。

趁热答题

例 7-2·单选题（2015 年） 某公司用长期资金来源满足全部非流动资产和部分永久性流动资产的需要，而用短期资金来源满足剩余部分永久性流动资产和全部波动性流动资产的需要，则该公司的流动资产融资策略是（　　）。

A．激进融资策略　　　B．保守融资策略　　　C．折中融资策略　　　D．匹配融资策略

【解析】本题考查营运资金的融资策略。在激进融资策略中，企业以长期负债、自发性负债和股东权益资本为所有的非流动资产融资，仅对一部分永久性流动资产使用长期融资方式融资。短期融资方式支持剩下的永久性流动资产和所有的临时性流动资产。这种策略观念下，通常使用更多的短期融资。短期融资方式通常比长期融资方式具有更低的成本。然而，过多地使用短期融资会导致较低的流动比率和较高的流动性风险。所以选项 A 正确。

【答案】A

例 7-3·综合题节选（2020 年） 甲公司是一家制造业公司，两年来经营状况稳定，并且产销平衡，相关资料如下：

资产负债表项目				利润表项目	
资产	2019 年年末余额	负债和股东权益	2019 年年末余额	项目	2019 年发生额
货币资金	1 000	应付账款	2 100	营业收入	30 000
应收账款	5 000	短期借款	3 100	营业成本	18 000
存货	2 000	长期借款	4 800	期间费用	6 000
固定资产	12 000	股东权益	10 000	利润总额	6 000
资产合计	20 000	负债与股东权益合计	20 000	净利润	4 500

资料一：公司 2019 年度资产负债表和利润表，如上表（单位：万元）。

资料二：存货采购成本为 9 450 万元，公司永久性流动资产为 2 500 万元。

要求

根据资料一、二，依据公司资产与资金来源期限结构的匹配情况，判断流动资产融资策略属于哪种类型，并说明理由。

解析 本题考查营运资金的融资策略。波动性流动资产=流动资产总额−永久性流动资产；短期资金来源是指短期筹资性资金，如短期借款，不包括经营性流动负债，如应付账款。

若波动性流动资产>短期资金来源，代表有一部分波动性流动资产是由长期资金支持，是保守融资策略。若波动性流动资产<短期资金来源，代表短期资金来源不仅支持短期资金占用，还支持一部分长期资金占用，是激进融资策略。若波动性流动资产=短期资金来源，则是匹配融资策略。

答案 公司采用的是保守融资策略。因为波动性流动资产=(1 000+2 000+5 000)−2 500=5 500 (万元)，短期资金来源=3 100 万元，短期融资来源小于波动性流动资产，所以公司采用的是保守型融资策略。

第二节　现金管理

考点 2　持有现金的动机（★）

考频 2022 年判断题；2021 年判断题

动机	含义	常见举例
交易性需求	企业为维持日常周转及正常商业活动而持有的现金额	季节性备货需求、为提供商业信用而持有现金
预防性需求	企业需要持有一定量的现金以应付突发事件	预防客户违约等导致企业突发性偿付而持有现金
投资性需求	企业为抓住突然出现的获利机会而持有的现金	为在证券价格下跌时买入证券而持有现金

【提示】企业的现金持有量一般小于（上述）三种需求下的现金持有量之和，因为为某一需求持有的现金可以用于满足其他需求。

趁热答题

│例 7-4·单选题（2019 年）│ 某公司发现某股票的价格因突发事件而大幅度下降，预判有很大的反弹空间，但苦于没有现金购买。这说明该公司持有的现金未能满足（　　）。

A. 投机性需求　　　　　　　　　　B. 预防性需求

C. 决策性需求　　　　　　　　　　D. 交易性需求

解析 本题考查持有现金的动机。

投机性需求是企业需要持有一定量的现金以抓住突然出现的获利机会。这种机会大多是一闪即逝的，如证券价格的突然下跌，企业若没有用于投机的现金，就会错过这一机会。因此，选项 A 正确。

答案 A

考点3 利用不同模型确定目标现金余额（★★）

考频 2023年单选题、多选题；2022年单选题；2021年单选题

靶心考点精讲

（一）成本分析模型

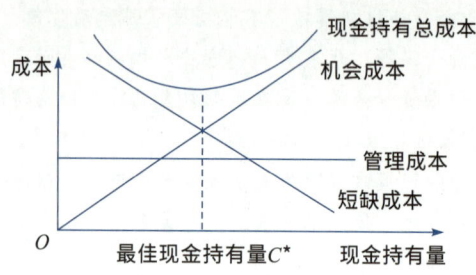

如上图所示，成本分析模型关键点就是要找到机会成本、管理成本和短缺成本所组成的总成本曲线中所对应的现金持有量为最佳现金持有量，下表中总结了具体各相关成本的含义和与现金持有量的关系。

相关成本	含义	与现金持有量的关系
机会成本	因持有一定现金余额而丧失的再投资收益	正相关
管理成本	因持有一定数量现金而发生的管理费用	无相关关系，一般为固定成本
短缺成本	现金持有量不足而又无法及时通过有价证券变现加以补充而给公司造成的损失	负相关
决策原则	(1) 上述三项成本之和最小的现金持有量即为最佳现金持有量； (2) 机会成本与短缺成本反方向变化，最佳现金持有量下的现金总成本＝min（机会成本+管理成本+短缺成本）。此时，机会成本＝短缺成本	

（二）存货模型

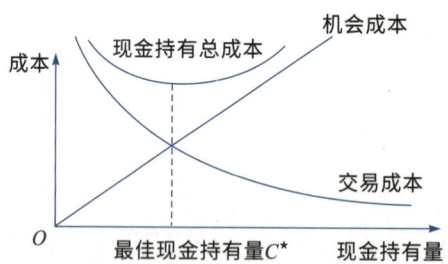

如上图所示，存货模型关键点就是要找到现金的交易成本与机会成本所组成的现金持有总成本曲线，下表中总结了存货模型的相关成本、计算和决策原则。

项目	说明
相关成本	(1) 机会成本：同成本分析模型； (2) 交易（转换）成本：现金同有价证券之间相互转换的成本（如手续费、证券过户费等），与现金持有量为负相关关系

续表

项目	说明
计算	当交易成本=机会成本时，现金持有量最佳。其中： 机会成本=平均现金持有量×持有现金的机会成本率=C/2×K； 交易成本=交易次数×每次交易成本=T/C×F。 令两者相等，得出： （1）最佳现金持有量 $C^* = \sqrt{\dfrac{2TF}{K}}$； （2）相关总成本 $TC^* = \sqrt{2TFK}$ =2×交易成本=2×机会成本=机会成本+交易成本。 式中，T 为年现金需要量，F 为每次交易成本，K 为机会成本率
决策原则	（1）机会成本和交易成本之和最小的现金持有量即为最佳现金持有量； （2）机会成本与交易成本反方向变化，最佳现金持有量下的现金总成本=min（机会成本+交易成本）。此时，机会成本=交易成本

（三）随机模型

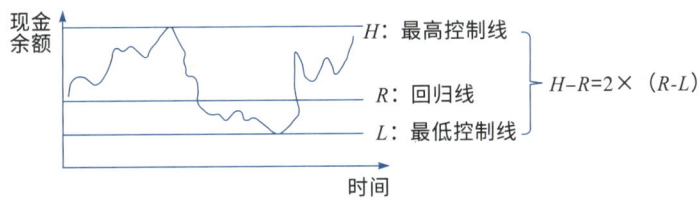

关于随机模型，结合上图，理解掌握下表中的内容。

项目	说明
相关成本	机会成本、交易成本（同存货模型）
基本原理	现金持有量只要在最高控制线和最低控制线之间就不需要调整。 若现金余额高于上限 H，就应进行证券投资，使其降至回归线 R； 若现金余额低于下限 L，就应转有价证券为现金，使其升到回归线 R
计算	（1）最低控制线 L 的确定：综合多种因素后确定（风险承受度、借款能力、日常周转所需资金、银行要求的补偿性余额等因素）； （2）最佳持有量 R 的确定：$R = \sqrt[3]{\dfrac{3b\delta^2}{4i}} + L$ 式中，b 为证券转换为现金或现金转换为证券的成本，δ 为企业每日现金流量变动的标准差，i 为以日为基础计算的现金机会成本（证券日利息率），L 为企业现金存量的下限； （3）最高控制线 H 的确定：**H=3R−2L**

速提分

【命题角度1】不同现金持有量模型的相关成本。主要以客观题考查。相关总结如下表：

成本模型	机会成本	管理成本	短缺成本	交易/转换成本
成本分析模型	√	√	√	—
存货模型	√	—	—	√
随机模型	√	—	—	√
与现金持有量的关系	正相关	—	负相关	负相关

【命题角度2】现金持有量存货模型和随机模型的相关计算。可以客观题、主观题考查。其中，随机模型中主要考查"$H=3R-2L$"的公式计算，还可以根据此公式判断是否需要调整目前现金余额，判断原则如下：

（1）目前现金余额>H，则现金可用于投资证券，使现金调整到R，调整额=目前现金余额-R；

（2）L<目前现金余额<H，无须调整；

（3）目前现金余额<L，则出售有价证券转为现金，使现金调整到R，调整额=R-目前现金余额。

结论：L、H决定是否要调整，R决定调整额。

【提示】随机模型中，一般不考查最佳现金持有量R的公式计算，但需了解各因素与最佳现金持有量的关系：b、δ、L——正相关；i——负相关。

趁热答题

|例7-5·单选题（2021年）| 某企业基于随机模型进行现金管理，目标现金余额为42万元，现金余额下限为27万元。公司当前的现金持有量为60万元，则公司应采取的策略为（　　）。

　　A. 买入有价证券21万元　　　　　　B. 无须调整现金持有量

　　C. 卖出有价证券12万元　　　　　　D. 卖出有价证券18万元

（解析）本题考查目标现金余额的确定：随机模型。最高控制线$H=3R-2L=3\times42-2\times27=72$（万元），目前现金持有量60万元处于最高控制线和最低控制线之间，因此无须调整。

（答案）B

|例7-6·多选题（2023年）| 使用成本分析模型确定目标现金余额时，下列表述正确的有（　　）。

　　A. 一般将管理成本视为固定成本

　　B. 交易成本与现金持有量负相关

　　C. 机会成本与现金持有量负相关

　　D. 短缺成本与现金持有量负相关

（解析）本题考查目标现金余额的确定：成本分析模型。成本分析模型考虑的成本有机会成本、短缺成本、管理成本，交易成本不属于成本分析模型考虑的成本类型，选项B错误；管理成本一般视为固定成本，与现金持有量没有相关关系，选项A正确；机会成本与现金持有量正相关，选项C错误；短缺成本与现金持有量负相关，选项D正确。

（答案）AD

| **例 7-7·计算分析题（2015 年）** | 乙公司使用存货模型确定最佳现金持有量。根据有关资料分析，2015 年该公司全年现金需求量为 8 100 万元，每次现金转换的成本为 0.2 万元，持有现金的机会成本率为 10%。

要求
（1）计算最佳现金持有量。
（2）计算最佳现金持有量下的现金转换次数。
（3）计算最佳现金持有量下的现金交易成本。
（4）计算最佳现金持有量下持有现金的机会成本。
（5）计算最佳现金持有量下的相关总成本。

解析 本题考查目标现金余额的确定：存货模型。

（1）最佳现金持有量 $C^* = \sqrt{\dfrac{2TF}{K}}$，其中 T 为现金需求量，K 为持有现金的机会成本率，F 为每次现金转换成本。
（2）最佳现金持有量下现金转换次数=现金需求量/最佳现金持有量。
（3）最佳现金持有量下现金交易成本=现金转换次数×每次现金转换成本。
（4）最佳现金持有量下持有现金的机会成本=最佳现金持有量/2×持有现金的机会成本率。
（5）最佳现金持有量下相关总成本=现金机会成本+现金交易成本或者相关总成本= $\sqrt{2TFK}$。

答案
（1）最佳现金持有量= $\sqrt{2 \times 8\,100 \times 0.2 / 10\%}$ =180（万元）。
（2）最佳现金持有量下现金转换次数=8 100/180=45（次）。
（3）最佳现金持有量下现金交易成本=45×0.2=9（万元）。
（4）最佳现金持有量下持有现金的机会成本=180/2×10%=9（万元）。
（5）最佳现金持有量下的相关总成本=9+9=18（万元）。

也可用公式计算，最佳现金持有量下的相关总成本= $\sqrt{2 \times 8\,100 \times 0.2 \times 10\%}$ =18（万元）。

考点 4 现金日常管理（★）

考频 2022 年单选题；2021 年单选题、综合题

（一）现金周转期

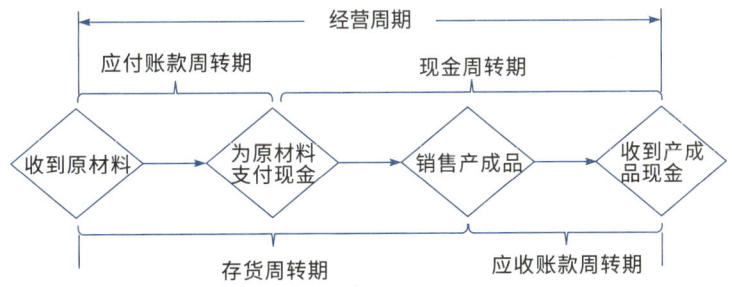

现金周转期与存货周转期、应收账款周转期和应付账款周转期都有关系，结合上图和下表理解掌握相关内容。

项目	说明
现金周转期（周转天数）计算	经营周期=存货周转期+应收账款周转期； 现金周转期=经营周期-应付账款周转期。 其中： 存货周转期=存货平均余额/每天的销货成本； 应收账款周转期=应收账款平均余额/每天的销货收入； 应付账款周转期=应付账款平均余额/每天的购货成本 【提示】××周转期的另一种计算方式：营业期天数/××周转率（第十章会学习和运用）。
缩短现金周转期措施	（1）加快制造与销售产成品（减少存货周转期）； （2）加速应收账款的回收（减少应收账款周转期）； （3）减缓支付应付账款（延长应付账款周转期）

趁热答题

例 7-8·多选题（2016 年） 下列管理方法中，可以缩短现金周转期的有（　　）。

A. 加快制造与销售产品　　　　　　B. 提前偿还短期融资券
C. 加大应收账款催收力度　　　　　D. 利用商业信用延期付款

解析 本题考查现金周转期。现金周转期=存货周转期+应收账款周转期-应付账款周转期，故减少现金周转期的措施：（1）减少存货周转期（加快制造与销售产成品）；（2）减少应收账款周转期（加快应收账款的回收）；（3）延长应付账款周转期（减缓支付应付账款）。选项ACD正确。

答案 ACD

例 7-9·单选题（2014 年） 某公司存货周转期为 160 天，应收账款周转期为 90 天，应付账款周转期为 100 天，则该公司的现金周转期为（　　）天。

A. 30　　　　B. 60　　　　C. 150　　　　D. 260

解析 本题考查现金周转期。现金周转期=存货周转期+应收账款周转期-应付账款周转期=160+90-100=150（天），选项C正确。

答案 C

第三节　应收账款管理

考点 5　应收账款的信用政策分析（★★★）

考频 2023 年单选题、判断题；2022 年单选题、综合题；2021 年单选题、计算分析题

靶心考点精讲

（一）应收账款的成本

项目	说明
应收账款的机会成本	因投放于应收账款而放弃其他投资的收益。 应收账款占用资金的应计利息（机会成本）=应收账款占用资金×资本成本 其中，应收账款占用资金=$\dfrac{日销售额×平均收现期×变动成本率}{应收账款平均余额}$ 【提示】平均收现期实质为应收账款周转天数，是各种收现期的加权平均数。

续表

项目	说明
应收账款的管理成本	进行应收账款管理时所增加的费用,如收账费用等
应收账款的坏账成本	债权人无法收回应收账款而发生的损失。 应收账款坏账成本=赊销额×预计坏账损失率

(二) 应收账款信用政策决策

项目	说明
基础公式	增加的净损益=增加的收益-增加的成本
决策原则	如果增加的税前净损益大于零,则方案可行
增加的收益	**增加的收益(增加的盈利)** =增加的销售收入-增加的变动成本-增加的固定成本 =增加的边际贡献-增加的固定成本 =增加的销售量×单位边际贡献-增加的固定成本
增加的成本	(1) 占用资金机会成本的增加 ①**应收账款占用资金应计利息增加** 增加的应收账款应计利息=增加的应收账款平均余额×**变动成本率**×资本成本 平均收现期=应收账款周转期=Σ 占比×信用期 例如:70%的客户15 天付款,30%的客户50天付款,则 平均收现期=70%×15+30%×50=25.5(天) ②**存货占用资金应计利息增加** 增加的存货的机会成本=增加的存货占用资金×资本成本 注:存货占用资金=平均库存量×单位变动成本 或 存货占用资金=存货平均余额=销货成本/存货周转率 ③**应付账款占用资金应计利息减少(抵减项)** 增加的应付账款机会成本=增加的应付账款平均余额×资本成本 (2) 现金折扣成本增加 增加的现金折扣成本=Σ(赊销额×现金折扣率×享受折扣的客户比例)-0 (3) 坏账损失的增加 增加的坏账损失=新政策的坏账损失成本-旧政策的坏账损失成本 其中,应收账款坏账成本=赊销额×预计坏账损失率 (4) 收账费用的增加

▶ 很好懂 ▶

(1) **应收账款**是按售价登记,售价中一部分是固定成本,一部分是变动成本,一部分是利润,固定成本在相关的业务量范围内是不变的(与决策无关),不增加资金占用,利润也没有占用企业的资金,只有**应收账款中的变动成本才占用企业资金**,因此需要"×变动成本率"。

存货是按照成本价登记,因此存货平均余额为存货占用资金,不需要"×变动成本率"。

应付账款登记的是企业占用别人的全部资金,因此也不需要"×变动成本率"。

(2) 应付账款作为负债的增加会节约企业的资金占用，从而减少资金占用的应计利息，所以可以作为增加的成本的抵减项。

(3) 以上介绍的是应收账款信用政策分析的第一种分析方法——**差量分析法**。原理是先计算各项增加额，再利用"增加的收益-增加的成本"计算增加的净损益。

第二种分析方法是**总额分析法**，原理是先计算新政策的净损益，再计算旧政策的净损益，最后二者相减计算增加的净损益。

两种方法均可使用，建议考生在考试中使用差量分析法。

▶ 速提分 ▶

【命题角度】应收账款信用政策决策的相关计算。多以主观题考查。考生可按如下思路记忆，考试时逐一进行匹配。注意计算的结果应为"**增量**"概念。

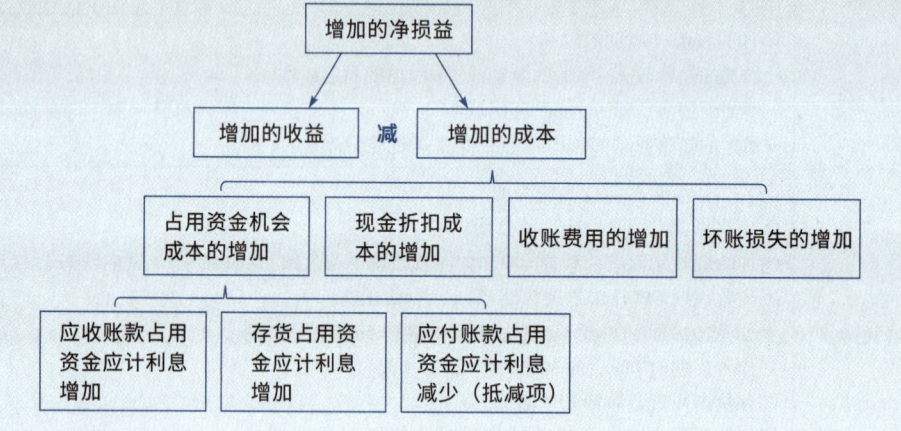

趁热答题

例 7-10·单选题（2018 年） 下列各项中，可用来表示应收账款机会成本的是（　　）。

A. 坏账损失　　　　　　　　　　　B. 给予客户的现金折扣
C. 应收账款占用资金的应计利息　　　D. 应收账款日常管理费用

解析 本题考查应收账款的成本。应收账款的机会成本可用应收账款占用资金的应计利息表示，即因投放于应收账款而放弃其他投资所带来的收益。

答案 C

例 7-11·计算分析题（2021 年） 甲公司当年销售额为 3 000 万元（全部为赊销），变动成本率为 50%，固定成本总额为 100 万元，应收账款平均收现期为 30 天，坏账损失占销售额的 0.2%。公司为扩大市场份额，计划于次年放宽信用期限并开始提供现金折扣。经测算，采用新信用政策后销售额将增至 3 600 万元（全部为赊销），应收账款平均收现期延长到 36 天，客户享受到的现金折扣占销售额的 0.5%，坏账损失占销售额的 0.3%，变动成本率与固定成本总额保持不变。一年按 360 天计算，不考虑企业所得税等其他因素，并假设公司进行等风险投资的必要收益率为 10%。

要求：

(1) 计算公司采用新信用政策而增加的应收账款机会成本。

(2) 计算公司采用新信用政策而增加的坏账损失与现金折扣成本。

(3) 计算公司采用新信用政策而增加的边际贡献。

(4) 计算新信用政策增加的损益，并据此判断改变信用政策是否合理。

解析 本题考查应收账款的信用政策分析。

(1) 应收账款机会成本=(改变后的赊销额/360×改变后的平均收现期-改变前赊销额/360×改变前的平均收现期)×变动成本率×资本成本。

(2) 应收账款增加的坏账损失=改变后赊销额×改变后坏账损失率-改变前赊销额×改变前坏账损失率；

增加的折扣成本=改变后赊销额×折扣率-改变前赊销额×折扣率。

(3) 采用新信用政策增加的边际贡献=(改变后销售额-改变前销售额)×(1-变动成本率)。

(4) 信用政策增加的损益=边际贡献增加额-应收账款机会成本增加额-坏账损失与现金折扣成本的增加额。

答案

(1) 公司采用新信用政策而增加的应收账款机会成本=(3 600/360×36-3 000/360×30)×50%×10%=5.5（万元）。

(2) 公司采用新信用政策而增加的坏账损失=3 600×0.3%-3 000×0.2%=4.8（万元）；

增加的现金折扣成本=3 600×0.5%-0=18（万元）。

(3) 公司采用新信用政策而增加的边际贡献=(3 600-3 000)×(1-50%)=300（万元）。

(4) 新信用政策增加的损益=300-5.5-(18+4.8)=271.7（万元）。

因为新信用政策增加的损益大于0，所以改变信用政策合理。

(三) 应收账款的监控

应收账款周转天数=应收账款平均余额/平均日赊销额

平均逾期天数=应收账款周转天数-平均信用期天数

【提示】这里的应收账款周转天数也可用第十章的公式记忆：应收账款周转天数=计算期天数/应收账款周转率，应收账款周转率=赊销额/应收账款平均余额。

趁热答题

|例7-12·单选题（2022年）| 某公司全年应收账款平均余额为360万元，平均日赊销额为10万元，信用条件为在30天内按全额付清款项，则该公司应收账款的平均逾期天数为（ ）天。

A.0 B.6 C.30 D.36

解析 本题考查应收账款的监控。平均逾期天数=应收账款周转天数-平均信用期天数=应收账款平均余额/日赊销额-平均信用期天数=360/10-30=6（天）。

答案 B

考点6 应收账款保理（★）

考频 2022年多选题、2021年多选题

(一) 保理的分类

分类标准	具体分类	说明
按保理商是否有追索权	有追索权保理（非买断型）	如购货商拒绝或无力付款，保理商有权向供应商要求偿还预付的货币资金 【提示】供应商承担风险。
	无追索权保理（买断型）	指保理商将销售合同完全买断，并承担全部的收款风险 【提示】保理商承担风险。

续表

分类标准	具体分类	说明
按是否通知购货商	明保理	通知购货商
	暗保理	供应商不将债权转让情况通知购货商
按保理商是否提前预付款	折扣保理（融资保理）	合同到期前，保理商将合同未收款部分先预付给供应商，一般不超过合同金额的70%~90%
	到期保理	保理商不提供预付款项融资，而是赊销到期时才支付

（二）保理的作用

(1) 融资功能（将未到期的应收账款作为抵押获得短期借款）；
(2) 减轻应收账款的管理负担（将应收账款交给专业的保理机构管理）；
(3) 减少坏账损失，降低经营风险（企业可与保理机构共同坏账风险）；
(4) 改善企业的财务结构（将企业的应收账款与货币资金置换）。

通关文牒

▶ 很好懂 ◀

应收账款保理可以简单理解为供货商将未到期的应收账款卖给保理商获得融资的行为，属于债务融资的形式。

趁热答题

例7-13·单选题（2017年） 在应收账款保理业务中，保理商和供应商将应收账款被转让的情况通知购货商，并签订三方合同，同时，供应商向保理商融通资金后，如果购货商拒绝付款，保理商有权向供应商要求偿还融通的资金，则这种保理是（　　）。

A. 暗保理，且是无追索权的保理
B. 明保理，且是有追索权的保理
C. 暗保理，且是有追索权的保理
D. 明保理，且是无追索权的保理

解析 本题考查应收账款保理。有追索权保理指供应商将债权转让给保理商，供应商向保理商融通货币资金后，如果购货商拒绝付款或无力付款，保理商有权向供应商要求偿还预付的货币资金，如购货商破产或无力支付，只要有关款项到期未能收回，保理商都有权向供应商进行追索，因而保理商具有全部"追索权"，这种保理方式在我国采用较多。明保理是指保理商和供应商需要将销售合同被转让的情况通知购货商，并签订保理商、供应商、购货商之间的三方合同，因此本题选项B正确。

答案 B

第四节 存货管理

考点7 利用不同模型确定最优存货量（★★★）

考频 2023年单选题、判断题、计算分析题；2022年单选题、多选题、判断题、计算分析题；2021年单选题、多选题、判断题

（一）存货的成本

成本类型		说明
取得成本	订货成本	(1) 订货固定成本：与订货次数无关，如采购部的基本开支； (2) **订货变动成本 = 年订货次数 × 每次订货成本**，如差旅费、邮资等
	购置成本	年需要量×单价
储存成本	固定储存成本	与存货占用量无关，如仓库折旧、仓库员工的固定工资等
	变动储存成本	**年平均库存量×单位存货的年变动储存成本**，如存货占用资金的应计利息、存货的破损和变质费用、保险费用等
缺货成本		存货供应中断而造成的损失

（二）最优存货量的确定

1. 基本模型

项目	说明
含义	使**存货总成本最低**的批量就是经济订货量或经济批量
假设	(1) 存货总成本需求量是已知常数；(2) 不存在订货提前期，即可以随时补充存货；(3) **货物是一次性入库**；(4) 单位货物成本为常数，无批量抵扣；(5) 库存储存成本与库存水平呈线性关系；(6) 货物是一种独立需求的物品，不受其他货物影响；(7) 不允许缺货
图示	（图：横轴 Q，纵轴 $TC(Q)$；曲线为相关总成本、变动储存成本、变动订货成本，交点对应 EOQ）
计算	变动订货成本 = 年订货次数 × 每次订货变动成本 = $(D/Q) \times K$； 变动储存成本 = 年平均存货量 × 单位变动储存成本 = $(Q/2) \times K_c$。 令变动订货成本 = 变动储存成本，得： **经济订货量 $EOQ = \sqrt{2KD/K_c}$**（此时相关总成本最低）； **相关总成本 $TC(EOQ) = \sqrt{2KDK_c}$**

续表

项目	说明
其他指标	（1）年最佳订货次数 $N^*=D/EOQ$； （2）最佳订货周期 $t^*=360/N^*$； （3）经济订货量平均占用资金$=EOQ/2×U$； （4）最高库存：Q； （5）平均库存：$Q/2$
决策原则	与购货相关的总成本最小的方案最优

注：式中，D——存货年需要量；K——每次订货变动成本；K_c——单位变动储存成本，U——存货单价。

▶ 很好懂 ▶

经济订货批量的基本模型与目标现金余额确定中的存货模型基本原理类似，二者可类比记忆。

项目	最佳现金持有量/经济订货量	相关总成本
目标现金余额确定（存货模型）	最佳现金持有量： $C^*=\sqrt{2TF/K}$	$TC^*=\sqrt{2TFK}$
最优存货量确定（基本模型）	经济订货量： $EOQ=\sqrt{2KD/K_c}$	$TC(EOQ)=\sqrt{2KDK_c}$

2. 扩展模型

项目	说明
适用情形	货物陆续入库
计算	变动订货成本=年订货次数×每次订货变动成本=$(D/Q)×K$； 变动储存成本=年平均存货量×单位变动储存成本=$[Q/2×(1-d/p)]×K_c$。 令变动订货成本=变动储存成本，得： 经济订货量 $EOQ=\sqrt{\dfrac{2KD}{K_c×(1-d/p)}}$（此时相关总成本最低）； 相关总成本 $TC(EOQ)=\sqrt{2KDK_c×(1-d/p)}$
其他指标	（1）年最佳订货次数 $N^*=D/EOQ$； （2）最佳订货周期 $t^*=360/N^*$； （3）经济订货量平均占用资金$=EOQ/2×U×(1-d/p)$； （4）最高库存：$Q×(1-d/p)$； （5）平均库存：$Q/2×(1-d/p)$
决策原则	与购货相关的总成本最小的方案最优

注：式中，D——存货年需要量；K——每次订货变动成本；K_c——单位变动储存成本；U——存货单价，d——每日耗用量；p——每日送货量。

▶ 很好懂 ▶

（1）存货扩展模型与存货基本模型相比，订货成本保持不变，但与存货量相关的指标都要多乘以"$(1-d/p)$"。相关推导公式及理解图示如下：

假设每批订货数为Q，每日送货量为p，每日耗用量为d，

则送货期$=Q/p$，送货期耗用量$=Q/p×d$。

由于零件边用边送，因此送货期内平均库存量$=(Q-Q/p×d)/2$，

变动订货成本$=D/Q×K$，变动储存成本$=(Q-Q/p×d)/2×Kc$。

当变动订货成本$=$变动储存成本时，得到经济订货量EOQ。列公式：

$D/Q×K=(Q-Q/p×d)/2×Kc$，

解得：$EOQ=\sqrt{\dfrac{2KD}{K_c×(1-d/p)}}$。

根据相关总成本$=$变动订货成本$+$变动储存成本，可以得到：

$TC(Q)=D/Q×K+(Q-Q/p×d)/2×Kc$。

再将EOQ代入上式，得出：$TC(Q)=\sqrt{2KDK_c×(1-d/p)}$。

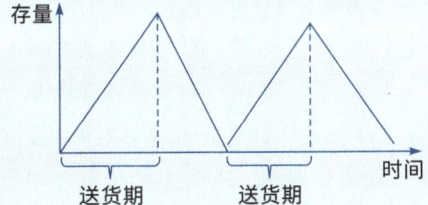

（2）根据公式可以判断影响经济订货批量的因素有：单位变动订货成本K、单位变动储存成本K_c、存货年需要量D。

▶ 速提分 ▶

【命题角度1】与存货的成本相联系考查最优存货量等指标。

（1）**判断影响最优存货量的成本类型**（可**直接**列举成本类型，也可通过相关成本举例**间接**判断）。

项目	直接判断	间接判断
影响最优存货量的成本	单位变动订货成本	差旅费、邮资
	单位变动储存成本	存货占用资金的应计利息、存货的破损和变质费用、保险费用

（2）**最优存货量的计算**。可考查主观题，也可考查客观题。有时会直接给出各个指标金额，有时需要计算个别指标金额，如**单位变动储存成本**。注意相关举例，将变动储存成本包含的几种类型成本相加即可。一般包含两种情形：

一种是从量计算的，单位一般为"元/件"；另一种是从价计算的，如存货占用资金的应计利息，需用"单位存货资金的机会成本率×单位存货购置成本"计算。其中，单位存货资金的机会成本率可以有多重表述方式，包括存货占用资金用于等风险投资最低收益率、存货占用资金应计利息率等。

(3) 单独或结合考查存货基本模型与存货扩展模型的计算及决策。相关对比如下表：

存货模型	基本模型	扩展模型
适用范围	材料一次入库	材料陆续到货
经济订货量（EOQ）	$\sqrt{2KD/K_c}$	$\sqrt{\dfrac{2KD}{K_c\times(1-d/p)}}$
与批量相关的总成本 TC（EOQ）	$\sqrt{2KDK_c}$	$\sqrt{2KDK_c\times(1-d/p)}$
最佳订货次数（N^*）	D/EOQ	D/EOQ
最佳订货周期（t^*）	$360/N^*$	$360/N^*$
最高库存	Q	$Q\times(1-d/p)$
平均库存	Q/2	$Q/2\times(1-d/p)$
决策原则	选择购货相关存货总成本最小的	

趁热答题

例 7-14·多选题（2021 年） 以下各项与存货有关的成本费用中，会影响经济订货批量的是（ ）。
A. 常设采购机构的基本开支
B. 采购员的差旅费
C. 存货资金占用费
D. 存货的保险费

解析 本题考查存货的成本。根据经济订货基本模型基本公式 $EOQ=\sqrt{2KD/Kc}$，可知影响经济订货批量的是变动订货成本和变动储存成本。选项 A 属于固定订货成本，不影响经济订货批量；选项 B 属于变动订货成本；选项 CD 属于变动储存成本。因此，选项 BCD 正确。

答案 BCD

例 7-15·计算分析题节选（2022 年） 甲公司生产需用某种零件，全年需求量为 3 600 件，一年按 360 天计算，该零件的采购单价为 100 元/件，每次订货的变动成本为 100 元。该零件从发出订单至到货需要 3 天，变动仓储保管费为 2 元/件，储存中的单件破损成本为采购单价的 0.5%。假设存货占用资金用于等风险投资最低收益率为 10%。

要求
(1) 计算单位零件占用资金的年应计利息。
(2) 计算该零件的单位变动储存成本。
(3) 根据经济订货基本模型，计算该零件的经济订货批量及最佳订货次数。

解析 本题考查最优存货量的确定。
(1) 单位零件占用资金的年应计利息=存货采购单价 100×存货占用资金用于等风险投资最低收益率 10%。
(2) 单位变动储存成本=单位变动仓储保管费 2+单件破损成本（100×0.5%）+单位零件占用资金的年应计利息（100×10%）。
(3) 经济订货批量=$\sqrt{2KD/K_c}$，K=100 元/件，K_c 为（2）计算出的金额，D=3 600 件。

答案
(1) 单位零件占用资金的年应计利息=100×10%=10（元）。

（2）单位变动储存成本 = 2+100×0.5%+10 = 12.5（元）。
（3）经济订货批量 = $\sqrt{2\times 3\,600\times 100/12.5}$ = 240（件）。

例7-16·计算分析题（2017年） 丙公司是一家设备制造企业，每年需要外购某材料 108 000 千克，现有 S 和 T 两家符合要求的材料供应企业，他们所提供的材料质量和价格都相同。公司计划从两家企业中选择一家作为供应商。相关数据如下：

（1）从 S 企业购买该材料，一次性入库。每次订货费用为 5 000 元，年单位材料变动储存成本为 30 元/千克。假设不存在缺货。

（2）从 T 企业购买该材料，每次订货费用为 6 050 元，年单位材料变动储存成本为 30 元/千克。材料陆续到货并使用，每日送货量为 400 千克，每日耗用量为 300 千克。

要求

（1）利用经济订货基本模型，计算从 S 企业购买材料的经济订货批量和相关存货总成本。
（2）利用经济订货扩展模型，计算从 T 企业购买材料的经济订货批量和相关存货总成本。
（3）基于成本最优原则，判断丙公司应该选择哪家企业作为供应商。

解析 本题考核最优存货量的确定。

（1）经济订货基本模型下，经济订货批量 = $\sqrt{\dfrac{2KD}{K_c}}$，与经济订货批量有关的总成本 = $\sqrt{2KDK_c}$。其中，K 为每次订货变动成本，D 为存货年需要量，Kc 为单位变动储存成本。

（2）经济订货扩展模型下，经济订货批量 = $\sqrt{\dfrac{2KD}{K_c\times\left(1-\dfrac{d}{p}\right)}}$，与经济订货批量有关的总成本 = $\sqrt{2KDK_c\times\left(1-\dfrac{d}{p}\right)}$。其中，K 为每次订货变动成本，D 为存货年需要量，Kc 为单位变动储存成本，d 为每日耗用量，p 为每日送货量。

答案

（1）从 S 企业购买材料：

经济订货批量 = $\sqrt{\dfrac{2\times 108\,000\times 5\,000}{30}}$ = 6 000（千克）；

相关存货总成本 = $\sqrt{2\times 108\,000\times 5\,000\times 30}$ = 180 000（元）。

（2）从 T 企业购买材料：

经济订货批量 = $\sqrt{\dfrac{2\times 108\,000\times 6\,050}{30\times(1-300/400)}}$ = 13 200（千克）；

相关存货总成本 = $\sqrt{2\times 108\,000\times 6\,050\times 30\times(1-300/400)}$ = 99 000（元）。

（3）基于成本最优原则，从 T 企业购买材料的相关存货总成本小于从 S 企业购买材料的相关存货总成本，所以应该选择 T 企业作为供应商。

（三）再订货点决策

项目	说明
再订货点（订货提前期）含义	企业再次发出订单时应保持的存货库存量

续表

项目	说明
不考虑保险储备的再订货点	再订货点 R=预期交货期内需求量=平均交货时间 L×每日平均需用量 d 【提示】每日需用量=年存货需要量 $D/360$。
考虑保险储备的再订货点	再订货点 R=平均交货时间 L×每日平均需用量 d+保险储备 B
与保险储备相关的成本计算	与保险储备量相关的总成本=缺货成本+保险储备的储存成本 (1) 缺货成本=年订货次数 N×每次订货的平均缺货量 S×单位缺货成本 K_u, 式中,每次订货的平均缺货量=Σ(缺货量×缺货概率)。 (2) 保险储备的储存成本=保险储备量 B×单位变动储存成本 K_c
决策原则	最佳的保险储备应该是**使缺货损失和保险储备的储存成本之和达到最低**

注:订货提前期对经济订货量无影响。

▶ 速提分 ▶

【命题角度 2】考虑保险储备时存货相关总成本的计算。以客观题考查时通常计算再订货点,较为简单。主观题较难,虽不常考,但仍需掌握做题思路。结合以下案例理解做题步骤。

案例: 某公司计划年度耗用某材料 100 000 千克,材料单价 50 元,经济订货量 25 000 千克,全年订货 4 次,预计交货期内的需求为 1 200 千克。单位变动储存成本为 12.5 元/千克,单位材料缺货损失 24 元。在交货期内,生产需要量及其概率如下表所示:

生产需要量(千克)	概率
1 000	0.1
1 100	0.2
1 200	0.4
1 300	0.2
1 400	0.1

要求:计算存货相关总成本,并选择最合适的保险储备量。

与保险储备量相关的总成本=缺货成本+保险储备的储存成本

$$= N \times S \times K_u + B \times K_c$$

N、K_u、K_c 都是确定的,因此需要确定 S 和 B。由于 S 受 B 的影响,因此可采用**逐步测试法**确定 B,从而确定 S。

第 1 步: 确定 B,令 $B=0$,从而确定 S 和相关总成本。

由于不考虑保险储备的再订货点 $R=1\ 200$ 千克,$B=0$ 时,生产需要量为 1 000、1 100 时会缺货,对应的缺货量 S 分别为 200 千克、100 千克。此时保险储备的储存成本为 0 元,只需考虑缺货成本。

$B=0$,与保险储备量相关的总成本=缺货成本=4×200×0.1×24+4×100×0.2×24=3 840(元)。

第 2 步：令 $B=$ 需要量的间隔，依次累加计算确定 S 和相关总成本。

这里需要量的间隔为 100，分别令 $B=100$ 和 200。$B=100$ 时只有生产需要量为 1 000 时会缺货，对应的缺货量 S 为 100 千克，此时需同时考虑缺货成本和保险储备储存成本。$B=200$ 时，无缺货，只需考虑保险储备储存成本。

$B=100$：

缺货成本 $=4×100×0.1×24=960$（元）；

保险储备储存成本 $=100×12.5=1\ 250$（元）；

与保险储备量相关的总成本 $=960+1250=2\ 210$（元）。

$B=200$：

缺货成本 $=0$（元）。

与保险储备量相关的总成本 $=$ 保险储备储存成本 $=200×12.5=2\ 500$（元）。

第 3 步：作出决策。

由于 $B=100$ 千克时，相关总成本最低，所以该公司保险储备量为 100 千克时最合适。

趁热答题

| 例 7-17 · 单选题（2017 年）| 某公司全年需要零配件 72 000 件，假设一年按 360 天计算，按经济订货基本模型计算的最佳订货量为 9 000 件，订货日至到货日的时间为 3 天，公司确定的保险储备为 1 000 件，则再订货点为（　　）件。

A. 1 600　　　　B. 4 000　　　　C. 600　　　　D. 1 075

解析 本题考查再订货点。每日平均需用量 $L=72\ 000/360=200$（件），再订货点 $=L×d+B=200×3+1\ 000=1\ 600$（件），所以选项 A 正确。

答案 A

第五节　流动负债管理

考点 8　短期借款的信用条件及付息方式（★★）

考频 2022 年单选题；2021 年判断题

（一）短期借款的信用条件

项目	信贷额度	周转信贷协定	补偿性余额
含义及特征	企业向银行借款的最高限额。无法律效应	(1) 有法律效应，银行必须满足企业不超过最高限额的借款要求； (2) 贷款限额**未使用**的部分，企业需要**支付承诺费**	银行要求企业留存在银行的最低存款余额

续表

项目	信贷额度	周转信贷协定	补偿性余额
计算	—	(1) 承诺费=(信贷额度-实际借款额)×承诺费率 (2) 实际借款成本=利息+承诺费	实际利率=$\dfrac{贷款额 \times 名义利率}{贷款额 \times (1-补偿性余额比例)}$ =$\dfrac{名义利率}{1-补偿性余额比例}$
结论	—	实际利率>名义利率	实际利率>名义利率

通关文牒

▶ 很好懂 ▶

实际利率可用通用公式理解：实际利率=实际负担利息/实际到手筹资额，周转信贷协定和补偿性余额分别由于额外承担了承诺费和补偿性余额，导致实际到手筹资额减少，因此实际利率>名义利率。

趁热答题

【例 7-18 · 单选题（2017 年）】 某企业获 100 万元的周转信贷额度，约定年利率为 10%，承诺费率为 0.5%，年度内企业实际动用贷款 60 万元，使用了 12 个月，则该笔业务在当年实际的借款成本为（　　）万元。

A. 10　　　　B. 10.2　　　　C. 6.2　　　　D. 6

【解析】 本题考查短期借款的信用条件。实际借款成本即支付的利息和承诺费之和。企业有40 万元额度没有使用，利息=60×10%=6（万元），承诺费=(100-60)×0.5%=0.2（万元），则实际的借款成本=6+0.2=6.2（万元），本题选项 C 正确。

【答案】 C

【例 7-19 · 单选题（2019 年）】 某公司向银行借款 2 000 万元，期限为 1 年，年利率为 6.5%，银行要求的补偿性余额比例为 12%，则该借款的实际利率为（　　）。

A. 7.28%　　　B. 6.5%　　　C. 7.39%　　　D. 12%

【解析】 本题考查短期借款的信用条件。借款的实际利率=名义利率/(1-补偿性余额比例)=6.5%/(1-12%)=7.39%。选项 C 正确。

【答案】 C

（二）短期借款利息的支付方式

付息方式	含义	实际利率的计算	实际利率与名义利率的关系
收款法	借款到期时还本付息（利随本清）	利息/本金	实际利率=名义利率
贴现法	发放贷款时，先从本金中扣除利息，到期时偿还本金（预扣利息）	利息/(本金-利息)=名义利率/(1-名义利率)	实际利率>名义利率
加息法	分期等额偿还本息	利息/(本金/2)=2×名义利率	实际利率>名义利率

通关文牒

▶ 很好懂 ▶

实际利率可用通用公式理解：实际利率=实际负担利息/实际到手筹资额。

趁热答题

例7-20·单选题（2020年） 某公司借入名义年利率为10%的银行借款6 000万元，分12个月等额偿还本息，则按照加息法计算的该借款的实际年利率为（　　）。

A. 21%　　　　B. 10.25%　　　　C. 20%　　　　D. 10%

解析 本题考查加息法。加息法是银行发放分期等额偿还贷款时采用的利息收取方法。由于贷款本金分期均衡偿还，借款企业实际上只平均使用了贷款本金的一半，却支付了全额利息。这样企业所负担的实际利率便要高于名义利率大约1倍。因此，实际利率为20%。

答案 C

考点9　应付账款的信用政策分析（★★★）

考频 2023年单选题；2021年判断题

（一）商业信用的形式

商业信用的形式包括应付账款、应付票据、应计未付款、预收货款。其中，应计未付款包括应付职工薪酬、应交税费、应付利润或应付股利等。

（二）商业信用的优缺点

优点：

（1）商业信用容易获得；

（2）企业有较大的机动权；

（3）企业一般不用提供担保。

缺点：

（1）商业信用筹资成本高（在有现金折扣条件下存在放弃现金折扣信用成本）；

（2）容易恶化企业的信用水平；

（3）受外部环境影响较大。

（三）应付账款的信用政策

（1）有信用期，无现金折扣：无成本。

（2）有信用期、有现金折扣：有成本（分为单一折扣和多重折扣两种形式）。

折扣方式	决策指标	计算	决策原则
单一折扣	放弃现金折扣的信用成本率	放弃现金折扣的信用成本率=折扣百分比/(1-折扣百分比)×360/(信用期-折扣期)	（1）当放弃现金折扣的信用成本率>短期借款利率（或短期投资收益率）时，应选择享受折扣； （2）当放弃现金折扣的信用成本率<短期借款利率（或短期投资收益率）时，应选择放弃折扣

续表

折扣方式	决策指标	计算	决策原则
多重折扣	享受折扣净收益	享受折扣净收益＝享受的折扣额－银行借款的利息＝享受的折扣额－付款额×年利率/360×(信用期－折扣期)	应选择享受折扣**净收益最大**的方案

通关文牒

▶ 很好懂 ▶

（1）放弃现金折扣的信用成本率可以理解为"如果放弃现金折扣"（即不在折扣期内付款）则要承担的成本。"放弃折扣信用成本率"的公式就是一个计算借款实际年利率的问题，（信用期－折扣期）表示的是"延期付款天数"，即"实际用款天数"。

【举例】假设现金折扣条件"1/10，n/30"，应付账款总额为10 000元。如果第10天付款，只需付10 000×(1－10%)＝9 900（元）；如果第30天付款，需要付10 000元。所以，相当于因为使用了这笔款30－10＝20（天），需要支付10 000－9 900＝100（元）利息，而借款本金是第10天的付款金额9 900元。因此，这笔借款的年利率为100/9 900×360/20＝(10 000×1%)÷[10 000×(1－1%)]×360÷(30－10)＝1%÷(1－1%)×360÷(30－10)。

（2）决策原则可以理解为将提前向银行借款支付货款的成本（银行借款利息、短期借款利率）与放弃现金折扣的成本相比较。若前者小，则应选择向银行借款从而享受现金折扣；若后者小，则放弃现金折扣，到期再支付货款。

趁热答题

|例7-21·单选题（2023年）| 某公司购货的付款条件为"2/20，N/90"，1年按360天计算，该公司放弃现金折扣的信用成本率为（　　）。

A. 8.5%　　　B. 9.5%　　　C. 12.5%　　　D. 10.5%

解析 本题考查放弃现金折扣信用成本率。该公司放弃现金折扣的信用成本率＝2%/(1－2%)×360/(90－20)＝10.5%。因此，本题选项D正确。

答案 D

|例7-22·计算分析题（2016年）| 丙商场季节性采购一批商品，供应商报价为1 000万元，付款条件为"3/10，2.5/30，N/90"。目前丙商场资金紧张，预计到第90天才有资金用于支付，若要在90天内付款只能通过银行借款解决，银行借款年利率为6%。假设一年按360天计算。有关情况如下表所示：

应付账款折扣分析表金额

单位：万元

付款日	折扣率	付款额	折扣额	放弃折扣的信用成本率	银行借款利息	享受折扣的净收益
第10天	3%	—	30	—	A	B
第30天	2.5%		C	D	—	15.25

续表

付款日	折扣率	付款额	折扣额	放弃折扣的信用成本率	银行借款利息	享受折扣的净收益
第90天	0	1 000	0	0	0	0

注：表中的"—"表示省略的数值。

要求

（1）确定表中字母代表的数值（不需要列式计算过程）。

（2）计算出丙商场应选择哪一天付款，并说明理由。

解析 本题考查应付账款的信用决策分析。

（1）A：银行借款利息=借款本金×借款日利率×借款天数。如果在第10天付款，那么就得去找银行借钱，然后在第90天的时候把钱还给银行，因此借款天数=90-10=80天。B：享受折扣的净收益=折扣额-借款利息。C：折扣额=付款额×折扣率。D：放弃折扣的信用成本率=折扣率/(1-折扣率)×360/(付款期-折扣期)。

（2）选择净收益最大的付款方案。

答案

（1）A=1 000×(1-3%)×6%×(90-10)/360=12.93（万元）；

B=30-12.93=17.07（万元）；

C=1 000×2.5%=25（万元）；

D=2.5%/(1-2.5%)×360/(90-30)=15.38%。

（2）第10天时享受折扣的净收益=17.07（万元）；

第30天时享受折扣的净收益=15.25（万元）；

第90天时享受折扣的净收益=0（万元）；

第10天付款时享受折扣的净收益最大，故丙商场应选择在第10天付款。

考点加油站

营运资金管理

营运资金管理概述

考点1 营运资金的投资及融资策略 ★★
- 投资策略 —— 紧缩策略、宽松策略
- 融资策略 —— 匹配策略、激进策略、保守策略 【主观题可考】

现金管理

考点2 持有现金的动机 ★
- 交易性 —— 维持日常周转
- 预防性 —— 应付突发事件
- 投资性 —— 为在证券价格下降时买入证券

考点3 利用不同模型确定目标现金余额 ★★
- 成本模型 —— 管理成本、机会成本、短缺成本
- 存货模型 —— 机会成本、交易成本
- 随机模型 —— 机会成本、交易成本；$H=3R-2L$
【主观题可考】

考点4 现金日常管理 ★
- 现金周转期 = 应收账款周转期 + 存货周转期 - 应付账款周转期
【主观题可考】

应收账款管理

考点5 应收账款的信用政策分析 ★★★
- 应收账款成本 —— 应收账款占用资金的应计利息、应收账款管理成本、应收账款坏账成本
- 信用政策分析 —— **增加的净损益=增加的收益-增加的成本**；决策：增加的净损益>0，方案可行
- 应收账款监控 —— 平均逾期天数的计算
【主观题可考】

考点6 应收账款保理 ★
- 保理类型 —— 有追索权/无追索权；明保理/暗保理；折扣保理/到期保理
- 保理作用

存货管理

考点7 利用不同模型确定最优存货量 ★★★
- 存货的成本 —— 订货成本、购置成本、储存成本、缺货成本
- 最优存货量的确定 —— 基本模型——EOQ、$TC(EOQ)$；扩展模型——考虑d、p
【主观题可考】

流动负债管理

考点8 短期借款的信用条件及付息方式 ★★
- 信用条件 —— 信贷额度、周转信贷协定、补偿性余额
- 利息支付方式 —— 收款法（实际利率=名义利率）；贴现法（实际利率>名义利率）；加息法（实际利率=2×名义利率）

考点9 应付账款的信用政策分析 ★★★
- 商业信用的形式 —— 应付账款、应付票据、预收货款、应计未付款
- 应付账款信用政策 —— 单一折扣——放弃现金折扣的信用成本率；多重折扣——享受折扣净收益
【主观题可考】

63%

第八章 成本管理

考情驿站

本章属于重点章节，难度较大。本章首先主要介绍本量利分析，然后在此基础上介绍标准成本、作业成本和责任成本。本章也是主观题的重点考查对象，考生需重点关注。本章近三年平均考查分值在 12 分左右。

考点地图

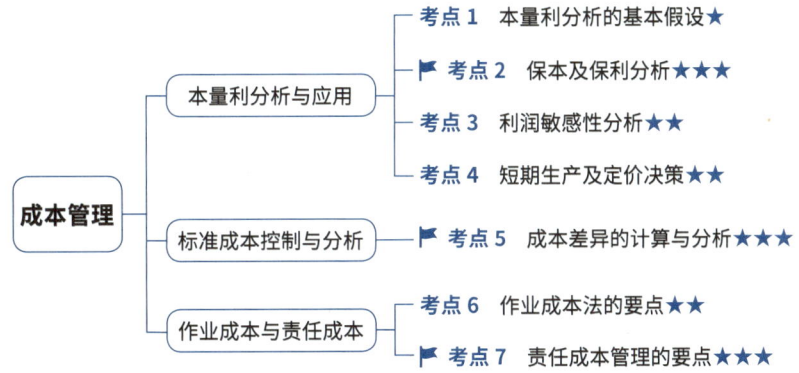

2024 年本章主要变化

本章内容改动较小，考试时须注意以下变动点，其他无实质性变化。

（1）新增：在作业成本分配中再次介绍主要作业和次要作业的含义。

（2）调整：本量利分析的含义中，"利"的含义从"营业利润"调整为"息税前利润"；固定制造费用项目成本差异的公式中，"固定制造费用项目标准成本"调整为"固定制造费用项目标准成本（预算）"。

第一节　本量利分析与应用

考点1　本量利分析的基本假设（★）

考频　2023年多选题

本量利分析，简称 CVP 分析，是在成本性态分析和变动成本法的基础上，研究企业在一定期间的成本、业务量、利润（息税前利润）之间的内在联系。这三者的数量关系主要基于以下四个假设前提：

（1）总成本由变动成本和固定成本两部分组成（成本性态不变，相关范围内固定成本总额和单位变动成本不变）；

（2）销售收入与业务量呈完全线性关系（单价不变）；

（3）产销平衡（生产量=销售量）；

（4）产品产销结构稳定（针对多品种盈亏平衡分析，各品种结构不变）。

例 8-1 · 多选题（2023年） 下列各项中，属于本量利分析基本假设的有（　　）。

A. 产品产销结构稳定
B. 产销平衡
C. 销售收入与业务量呈完全线性关系
D. 全部成本被区分为变动成本和固定成本

解析　本题考查本量利分析的基本假设。本量利分析基本假设包括：（1）总成本由变动成本和固定成本两部分组成（选项D）；（2）销售收入与业务量呈完全线性关系（选项C）；（3）产销平衡（选项B）；（4）产品产销结构稳定（选项A）。因此，本题选项ABCD正确。

答案　ABCD

考点2　保本及保利分析（★★★）

考频　2023年单选题、多选题、综合题；2022年单选题、多选题、综合题；2021年单选题、多选题、判断题、综合题

（一）基本概念及公式

基本概念	公式
单位边际贡献	=单价-单位变动成本
边际贡献总额	=销售收入-变动成本
边际贡献率	=边际贡献/销售收入=单位边际贡献/单价

续表

基本概念	公式
变动成本率	=变动成本/销售收入=单位变动成本/单价 【提示】边际贡献率+变动成本率=1。
息税前利润	=边际贡献−固定成本=销售收入×边际贡献率−固定成本 =(单价−单位变动成本)×销量−固定成本

▶ 很好懂 ▶

息税前利润、单位边际贡献、边际贡献总额具有相关联关系，如下图所示：

息税前利润（EBIT）=销售收入−变动成本−固定成本
　　　　　　　　＝销量×单价−销量×单位变动成本−固定成本
　　　　　　　　＝销量×(单价−单位变动成本)−固定成本
　　　　　　　　　　　　　　单位边际贡献
　　　　　　　　　　　边际贡献总额

（二）单一产品本量利分析

1. 盈亏平衡分析（保本分析）

靶心考点精讲

项目	说明
盈亏平衡点（保本点）	（1）含义：总收入=总成本，即**利润为零**时的业务量或销售额。 （2）计算：令利润=(单价−单位变动成本)×销量−固定成本=0， 解得：**盈亏平衡点销售量（Q_0）**=固定成本/(单价−单位变动成本)=固定成本/单位边际贡献　　　　　　　　　　　　　　——量 乘以"单价"，得： **盈亏平衡点销售额（S_0）**=盈亏平衡点销售量×单价=固定成本/(1−变动成本率)=固定成本/边际贡献率　　　　　　　　　　　　　　——金额 【提示】盈亏平衡点越低越好。
盈亏平衡作业率	**盈亏平衡作业率=盈亏平衡销售量（额）/正常销售量（额）**　　——率 【提示】分母也可用实际或预计销售量（额）。安全边际相关概念计算时同理。
降低盈亏平衡点的途径	（1）降低固定成本或单位变动成本； （2）提高单价

在进行本量利分析时，不仅可通过以上数据计算盈亏平衡点，还可结合本量利关系图进行分析。具体见以下两幅图。

（1）传统式本量利关系图。

①销售收入线与总成本线的交点是盈亏平衡点。

②在盈亏平衡点以上的销售收入线与总成本线相夹的区域为盈利区，盈亏平衡点以下的销售收入线与总成本线相夹的区域为亏损区。

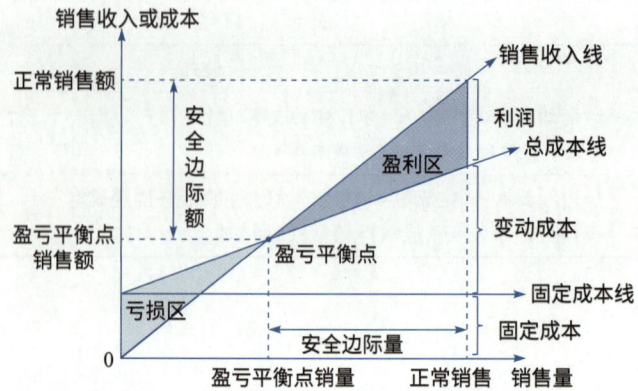

(2) 边际贡献式本量利关系图。
①销售收入线与总成本线的交点是盈亏平衡点（同传统式）。
②此图的主要优点是可以表示边际贡献的数值。
③销售收入线与变动成本线相夹的区域为边际贡献区。

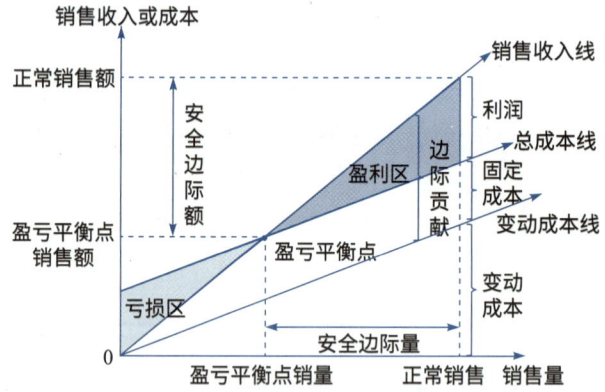

2. 安全边际分析

项目	说明
安全边际	(1) 含义：正常销售量（额）超过盈亏平衡点销售量（额）的差额。 (2) 计算：**安全边际量**=正常销售量-盈亏平衡点销售量 ——量 　　　　　**安全边际额**=正常销售额-盈亏平衡点销售额 ——金额 【提示】①安全边际越高越好；②这里的正常销售量（额）可用实际或预计销售量（额），下同。
安全边际率	安全边际率=安全边际量（额）/正常销售量（额） ——率 　　　　　=1-盈亏平衡作业率 【提示】安全边际率能直接体现企业的经营风险程度，安全边际或安全边际率越大，企业经营风险越小。
与利润的关系	利润=单位边际贡献×销量-固定成本 　　=单位边际贡献×销量-盈亏平衡点销售量×单位边际贡献 　　=单位边际贡献×（销量-盈亏平衡点销售量） 　　**=单位边际贡献×安全边际量** ——量 　　=边际贡献率×安全边际 ——金额 同时除以"销售收入"，得： **销售利润率=边际贡献率×安全边际率** ——率

续表

项目	说明
提高销售利润率的途径	前提：其他因素不变。 （1）扩大现有销售水平，提高安全边际率； （2）降低变动成本水平，提高边际贡献率

通关文牒

▶ 很好懂 ▶

安全边际与盈亏平衡的关系可通过下图理解：

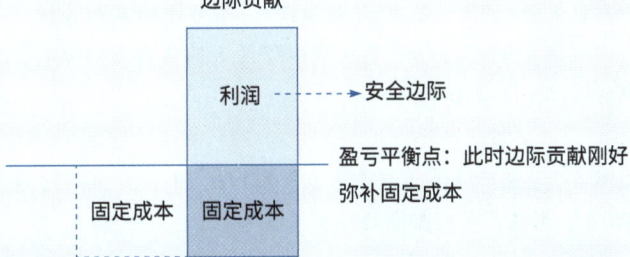

边际贡献=（息税前）利润+固定成本。

盈亏平衡点为边际贡献刚好弥补固定成本的点，剩余的边际贡献就是利润，也是安全边际中的边际贡献。因此，利润也可以表示安全边际中的边际贡献，（单价−单位变动成本）×$Q_{安}$=利润。

通关文牒

▶ 速提分 ▶

【命题角度】单一产品本量利分析中的相关概念及计算。可从"量""金额""率"三个方面总结共同点，方便记忆。

项目	①"量"	②"金额"（②=①×单价）	③"率"（③=①/正常销售量=②/正常销售额）
盈亏平衡	盈亏平衡点销售量=固定成本/（单价−单位变动成本）	盈亏平衡点销售额=盈亏平衡点销售量×单价=固定成本/（1−变动成本率）=固定成本/边际贡献率	盈亏平衡作业率=盈亏平衡点销售量/正常销售量=盈亏平衡点销售额/正常销售额
安全边际	安全边际量=正常销售量−盈亏平衡点销售量	安全边际额=正常销售额−盈亏平衡销售额=安全边际量×单价	安全边际率=安全边际量/正常销售量=安全边际额/正常销售额
相关关系	（1）盈亏平衡点销售量（额）+安全边际量（额）=正常销售量（额）； （2）盈亏平衡作业率+安全边际率=1		

趁热答题

例8-2·单选题（2023年） 本量利分析中，关于指标之间的数量关系，下列表述错误的是（　　）。

A. 单位边际贡献＝单价－单位变动成本
B. 盈亏平衡作业率＋安全边际率＝1
C. 边际贡献率＋变动成本率＝1
D. 销售利润率＝安全边际率×边际贡献

解析 本题考查单一产品的本量利分析。利润＝销售收入×边际贡献率－固定成本＝销售收入×边际贡献率－盈亏平衡点销售额×边际贡献率＝（销售收入－盈亏平衡点销售额）×边际贡献率＝安全边际×边际贡献率，等式"利润＝安全边际×边际贡献率"两边同除以销售收入，得到销售利润率＝安全边际率×边际贡献率。因此，选项D错误。

答案 D

例8-3·单选题（2016年） 某产品实际销售量为8 000件，单价为30元，单位变动成本为12元，固定成本总额为36 000元，则该产品的安全边际率为（　　）。

A. 25%　　　　B. 40%　　　　C. 60%　　　　D. 75%

解析 本题考查安全边际率。盈亏平衡点的业务量＝固定成本/（单价－单位变动成本）＝36 000/（30－12）＝2 000（件），安全边际量＝实际销售量－盈亏平衡点的业务量＝8 000－2 000＝6 000（件），安全边际率＝安全边际量/实际销售量＝6 000/8 000＝75%，选项D正确。

答案 D

3. 目标利润分析（保利分析）

项目	内容
基本原理	目标利润＝（单价－单位变动成本）×销售量－固定成本
实现目标利润销售量（"量"）	＝（固定成本＋目标利润）/（单价－单位变动成本）
实现目标利润销售额（"额"）	＝（固定成本＋目标利润）/边际贡献率 ＝实现目标利润销售量×单价
实现目标利润的措施	前提：其他因素不变。 （1）提高销售数量或销售单价； （2）降低固定成本或单位变动成本。

注：这里的目标利润通常指息税前利润。

▶ 很好懂 ◀

（1）目标利润分析的相关公式可结合盈亏平衡分析公式理解，就是在其基础上增加了目标利润。

（2）这里的目标利润一般指的是息税前利润，但实际中运用税后利润更符合企业营运的需要。息税前利润与税后利润的关系如下：

税后利润=(息税前利润−利息)×(1−所得税税率)。
若使用税后利润，则相关公式调整如下：

$$\text{实现目标利润的销售量} = \frac{\text{固定成本} + \dfrac{\text{税后目标利润}}{1 - \text{所得税税率}} + \text{利息}}{\text{单位边际贡献}};$$

$$\text{实现目标利润的销售额} = \frac{\text{固定成本} + \dfrac{\text{税后目标利润}}{1 - \text{所得税税率}} + \text{利息}}{\text{边际贡献率}}。$$

【提示】目标利润销售量公式只能用于单种产品的目标利润控制；而目标利润销售额既可用于单种产品的目标利润控制，又可用于多种产品的目标利润控制。

趁热答题

| 例8-4·单选题（2022年） | 某产品单价为60元，单位变动成本为20元，固定成本总额为50 000元，假设目标利润为10 000元，则实现目标利润的销售量为（　　）件。

A. 1 250　　　　B. 2 000　　　　C. 3 000　　　　D. 1 500

（解析）本题考查目标利润分析基本原理。实现目标利润的销售量=(目标利润+固定成本)/(单价−单位变动成本)=(50 000+10 000)/(60−20)=1 500（件）。选项D正确。

（答案）D

（三）产品组合本量利分析

1. 盈亏平衡分析（保本分析）

（1）加权平均法。

项目	说明
含义	在计算综合边际贡献率的基础上，确定产品组合的盈亏平衡点
计算步骤	**第1步**：以各产品的销售收入占比为权重，计算综合边际贡献率。 综合边际贡献率=∑（各产品边际贡献率×各产品销售额权重）=边际贡献总额/销售收入总额 【提示】综合边际贡献率=1−综合变动成本率。 **第2步**：计算综合盈亏平衡点销售额。 综合盈亏平衡点销售额=固定成本/综合边际贡献率 **第3步**：计算各产品的盈亏平衡点销售额（量）。 某产品盈亏平衡点销售额=综合盈亏平衡点销售额×该产品销售额占比 某产品盈亏平衡点销售量=该产品盈亏平衡点销售额/该产品单价

（2）联合单位法。

项目	说明
含义	将各种产品的产销实物量的最小比例作为一个联合单位

续表

项目	说明
计算步骤	第1步：确定联合单位的各产品最小销量比。 第2步：计算联合单价，即一个联合单位的全部收入。 联合单价=一个联合单位的全部收入 第3步：计算联合单位成本，即一个联合单位的全部变动成本。 联合单位变动成本=一个联合单位的全部变动成本 第4步：计算联合盈亏平衡点的业务量。 联合盈亏平衡点业务量=固定成本/(联合单价−联合单位变动成本) 第5步：计算某产品盈亏平衡点业务量。 某产品盈亏平衡点业务量=联合盈亏平衡点业务量×一个联合单位中该产品数量

（3）分算法。

项目	说明
含义	将固定成本按一定标准在各种产品之间进行合理分配
计算步骤	第1步：确定固定成本分配率。 固定成本分配率=固定成本总额/各产品分配标准合计 第2步：计算某产品分配的固定成本额。 某产品应分配的固定成本额=固定成本分配率×该产品的分配标准 第3步：计算某产品盈亏平衡点业务量。 某产品盈亏平衡点业务量=该产品分配的固定成本/(单价−单位变动成本)

注：常用边际贡献权重作为分配标准。

（4）主要产品法。

如果产品品种较多，就按照主要产品的有关资料进行本量利分析，主要以边际贡献为标志，边际贡献最大的为主要产品。

通关文牒

▶ 很好懂 ▶

产品组合的盈亏平衡分析也是基于单一产品盈亏平衡分析研究的，主要原理不变，考生无须特别记忆其中公式，了解每种方法的原理进行推理分析即可。

趁热答题

| 例8-5·综合题 | 甲公司生产A、B、C三种产品，预计固定成本总额为168 000元。这三种产品的单价、销售量和单位变动成本如下表所示：

项目	单价（元）	单位变动成本（元）	销售量（千克）
A产品	20	6	10 000
B产品	30	15	20 000
C产品	20	8	10 000

【要求】
(1) 计算 A、B、C 三种产品各自的边际贡献率。
(2) 利用加权平均法计算综合盈亏平衡点销售额。
(3) 利用联合单位法计算综合盈亏平衡点销售额。
(4) 假设按照边际贡献率由高到低的顺序补偿固定成本，利用分算法计算 C 产品的盈亏平衡点销售额。

【解析】本题考查产品组合盈亏平衡分析。
(1) 边际贡献率=单位边际贡献/单价×100%=(单价-单位变动成本)/单价×100%。
(2) 综合盈亏平衡点销售额=固定成本/综合边际贡献率。

加权平均法下，综合边际贡献率=∑(各产品销售比重×各产品边际贡献率)，综合(1)可以求出综合边际贡献率，再代入上式即可。

(3) 联合单位法下综合盈亏平衡点销售额有两种计算方法，两种方法都是基于计算出联合单价和联合单位变动成本基础上计算的。

根据销量比1：2：1构成一个联合单位，从而计算出联合单价和联合单位成本。

方法一：
综合盈亏平衡点销售额=联合盈亏平衡点销售量×联合单价。
其中，联合盈亏平衡点销售量=固定成本/(联合单价-联合单位变动成本)。

方法二：
综合盈亏平衡点销售额=固定成本/联合边际贡献率。
其中，联合边际贡献率=(联合单价-联合单位变动成本)/联合单价。

(4) 按照边际贡献率由高到低补偿顺序为 A、C、B，利用边际贡献补偿固定成本。
A 边际贡献=(20-6)×10 000=140 000（元），优先全部补偿固定成本，那么还剩 168 000-140 000=28 000（元）由 C 补偿，由于 C 边际贡献>280 000 元，所以没有剩余给 B 补偿，则 C 产品盈亏平衡点销售额=C 产品盈亏平衡点销售量×C 产品单价。
其中，C 产品盈亏平衡点销售量=28 000/(C 产品单价-C 产品单位变动成本)。

【答案】
(1) A 产品边际贡献率=(20-6)/20×100%=70%；
B 产品边际贡献率=(30-15)/30×100%=50%；
C 产品边际贡献率=(20-8)/20×100%=60%。
(2) A 产品销售比重=20×10 000/(20×10 000+30×20 000+20×10 000)×100%=20%；
B 产品销售比重=30×20 000/(20×10 000+30×20 000+20×10 000)×100%=60%；
C 产品销售比重=20×10 000/(20×10 000+30×20 000+20×10 000)×100%=20%；
综合边际贡献率=20%×70%+60%×50%+20%×60%=56%；
综合盈亏平衡点销售额=168 000/56%=300 000（元）。
(3) 产品销量比=A：B：C=1：2：1；
联合单价=20×1+30×2+20×1=100（元）；
联合单位变动成本=6×1+15×2+8×1=44（元）。
方法一：
联合盈亏平衡点销售量=168 000/(100-44)=3 000（千克）；

综合盈亏平衡点销售额=3 000×100=300 000（元）。
方法二：
联合边际贡献率=（100-44）/100×100%=56%；
综合盈亏平衡点销售额=168 000/56%=300 000（元）。
（4）边际贡献率由高到低排列是 A 产品、C 产品、B 产品。
A 产品补偿固定成本=（20-6）×10 000=140 000（元）；
剩下的固定成本28 000元由 C 产品补偿。
因此，C 产品的盈亏平衡销售量=28 000/（20-8）=2 333.33（千克）；
C 产品盈亏平衡销售额=2 333.33×20=46 666.6（元）。
2. 目标利润分析（保利分析）
实现目标利润的销售额=(综合目标利润+固定成本)/(1-综合变动成本率)。
实现目标利润率的销售额=固定成本/(1-综合变动成本率-综合目标利润率)。

考点3　利润敏感性分析（★★）

项目	说明
敏感系数计算	敏感系数=利润变动百分比/单一因素变动百分比 【提示】利润一般指息税前利润。
敏感程度区分	（1）**按绝对值大小判断敏感程度**。绝对值大于1的为敏感系数，绝对值小于1的为不敏感系数。 （2）**敏感系数与0的关系**：表示变动方向。敏感系数>0，正向；敏感系数<0，反向 【提示】敏感系数本身不代表敏感程度大小，只有其绝对值代表敏感程度，绝对值越大越敏感。
敏感系数大小排序	单价(+)>销量(+)>单位变动成本(-)、固定成本(-)
相关关系式	销量敏感系数=经营杠杆系数=1/安全边际率

注：目标利润要求变化对各因素的影响，实际为利润敏感性分析的反向推算，表现为敏感系数的倒数。

▶ 很好懂 ▶

推导"销量敏感系数=经营杠杆系数=1/安全边际率"。
（1）销量敏感系数=经营杠杆系数
由于销量敏感系数=息税前利润变动百分比/销量变动百分比，
　　经营杠杆系数=息税前利润变动率/销量变动率，
所以二者相等。

(2) 经营杠杆系数=1/安全边际率

安全边际率=(销售收入-盈亏平衡点销售额)/销售收入

=(销售收入-固定成本/边际贡献率)/销售收入

=1-固定成本/边际贡献

=(边际贡献-固定成本)/边际贡献

=息税前利润/边际贡献

而经营杠杆系数=边际贡献/息税前利润，

所以，经营杠杆系数=1/安全边际率。

趁热答题

例8-6·计算分析题（2020年） 甲公司2019年A产品产销量为3万件，单价为90元/件，单位变动成本为40元/件，固定成本总额为100万元。预计2020年A产品的市场需求持续增加，甲公司面临以下两种可能的情形，并从中作出决策。

情形一：A产品单价保持不变，产销量将增加10%。

情形二：A产品单价提高10%，产销量将保持不变。

要求

(1) 根据情形一，计算：①利润增长百分比；②利润对销售量的敏感系数。

(2) 根据情形二，计算：①利润增长百分比；②利润对单价的敏感系数。

(3) 判断甲公司是否应当选择提高A产品单价。

解析 本题考查利润敏感性分析。

(1) 利润对销售量的敏感系数=利润变动百分比/销量变动百分比。

(2) 利润对单价的敏感系数=利润变动百分比/单价变动百分比。

答案

(1) ①2019年息税前利润=3×(90-40)-100=50（万元）；

2020年息税前利润=3×(1+10%)×(90-40)-100=65（万元）；

利润增长百分比=(65-50)/50×100%=30%。

②利润对销售量的敏感系数=30%/10%=3。

(2) ①利润增长额=[90×(1+10%)-40]×3-100-50=27（万元）；

利润增长百分比=27/50×100%=54%。

②利润对单价的敏感系数=54%/10%=5.4。

(3) 应该提高A产品单价。理由：提高单价，引起的利润变动率更高，利润更高。

考点4 短期生产及定价决策（★★）

考频 2023年综合题

(一) 产品生产和定价策略

1. 计算指标

盈亏平衡点业务量或可接受最低售价。

2. 计算方法
①盈亏平衡点业务量=固定成本/单位边际贡献。
②可接受最低售价。
根据"利润=（单价-单位变动成本）×销量-固定成本"，已知目标利润、单位变动成本、销量、固定成本，计算最低售价。最低售价=（目标利润+固定成本）/销量+单位变动成本。
3. 决策原则
最终定价≥最低售价。

（二）生产工艺设备的选择

1. 计算指标
利润无差别点销量。
2. 计算方法
设年销量为 X，则：
原生产线利润=原单位边际贡献×X-原生产线固定成本；
新生产线利润=新生产线边际贡献×X-新生产线固定成本。
令原生产线利润=新生产线利润，求得 X。
3. 决策原则
当预计销量>利润无差别点销量 X 时，选择单位边际贡献大（斜率大）的方案；
当预计销量<利润无差别点销量 X 时，选择单位边际贡献小（斜率小）的方案。
【提示】可类比第五章每股收益无差别点的计算思路。

（三）新产品投产的选择

1. 计算指标
息税前利润增加额。
2. 计算方法
增量息税前利润=增量边际贡献-增量机会成本-增量专属固定成本。
【提示】（1）这里的增量机会成本通常指因新产品投产而减少的原产品边际贡献。
（2）增量息税前利润的计算不考虑与决策无关的成本。
3. 决策原则
选择息税前利润增加额最大的方案。

> **▶ 很好懂 ▶**
> 以上产品生产及定价决策虽然计算方法各异，但基本原则相同，都是找到利润最大的方案作为最优方案。

例 8-7·计算分析题（2018 年） 丙公司只生产 L 产品，计划投产一种新产品，现有 M、N 两个品种可供选择，相关资料如下：

资料一：L 产品单位售价为 600 元，单位变动成本为 450 元，预计年产销量为 2 万件。
资料二：M 产品的预计单价 1 000 元，边际贡献率为 30%，年产销量为 2.2 万件，开发 M 产品需增加一台设备,将导致固定成本增加100万元。

资料三:N产品的年边际贡献总额为630万元,生产N产品需要占用原有L产品的生产设备,将导致L产品的年产销量减少10%。

丙公司采用本量利分析法进行生产产品的决策,不考虑增值税及其他因素的影响。

要求

(1) 根据资料二,计算M产品边际贡献总额。
(2) 根据(1)的计算结果和资料二,计算开发M产品对丙公司息税前利润的增加额。
(3) 根据资料一和资料三,计算开发N产品导致原有L产品的边际贡献减少额。
(4) 根据(3)的计算结果和资料三,计算开发N产品对丙公司息税前利润的增加额。
(5) 选择应投产M产品还是N产品,并说明理由。

解析 本题考查短期生产及定价决策。

(1) 边际贡献总额=销售收入×边际贡献率。
(2) 开发M产品对丙公司息税前利润的增加额=M产品边际贡献总额-开发M产品导致的固定成本增加额。
(3) 开发N产品会使L产品销量减少10%,所以L产品边际贡献减少额=L产品原边际贡献总额×10%。
(4) 开发N产品增加N产品边际贡献总额630万元,减少L产品息税前利润30万元,所以总体导致公司息税前利润增加630-30=600(万元)。
(5) 应选择使得息税前利润增加最大的方案。

答案

(1) M产品边际贡献总额=1 000×2.2×30%=660(万元)。
(2) 开发M产品对丙公司息税前利润的增加额=660-100=560(万元)。
(3) 开发N产品导致原有L产品的边际贡献减少额=(600-450)×2×10%=30(万元)。
(4) 开发N产品对丙公司息税前利润的增加额=630-30=600(万元)。
(5) 开发M产品对丙公司息税前利润的增加额560万元小于开发N产品对丙公司息税前利润的增加额600万元,因此,应该投产N产品。

第二节 标准成本控制与分析

考点5 成本差异的计算与分析(★★★)

考频 2023年多选题、判断题;2022年单选题、多选题;2021年单选题、计算分析题

(一) 标准成本的制定

单位产品标准成本=直接材料标准成本+直接人工标准成本+制造费用标准成本=∑(标准用量×标准价格)

成本项目	标准用量(①单耗)	标准价格(②单价)	单位产品标准成本 (③=①×②)
直接材料	单位产品材料标准用量(千克/件)	材料的标准单价(元/千克)	直接材料标准成本(元/件)

续表

成本项目	标准用量（①单耗）	标准价格（②单价）	单位产品标准成本（③=①×②）
直接人工	单位产品标准工时（小时/件）	人工的标准工资率（元/小时）	直接人工标准成本（元/件）
制造费用	单位产品标准工时（小时/件）	制造费用标准分配率（元/小时）	制造费用标准成本（元/件）

注：（1）人工的标准工资率=标准工资总额/标准总工时，这里的标准总工时通常指的是预算产量下的工时，即预算总工时。

（2）制造费用标准分配率=标准制造费用总额/标准总工时，这里的标准工时可以用人工工时，也可以用机器工时，标准总工时在题中一般默认等于直接人工中的标准总工时。

通关文牒

▶ 很好懂 ▶

注意标准价格与单位产品标准成本的区别，前者的单位是"元/千克"或"元/小时"，后者的单位是"元/件"，考试时可通过单位辨别相关概念。

（二）变动成本差异的计算与分析

1. 计算分析

总差异=实际数−标准数=实际成本−实际产量下的标准成本=价差+量差

成本项目	量差	价差
直接材料	用量差异=（实际用量−标准用量）×标准单价	价格差异=实际用量×（实际单价−标准单价）
直接人工	效率差异=（实际工时−标准工时）×标准工资率	工资率差异=实际工时×（实际单价−标准单价）
变动制造费用	效率差异=（实际工时−标准工时）×变动制造费用标准工资率	工资率差异=实际工时×（变动制造费用实际单价−变动制造费用标准单价）

通关文牒

▶ 很好懂 ▶

变动成本差异中，量差、价差都具有统一计算公式，即**量差=$(Q_实-Q_标)×P_标$；价差=$(P_实-P_标)×Q_实$**。Q的单位为"千克"或"小时"，而不是"件"。$Q_实$表示实际产量下的实际用量（工时），$Q_标$表示实际产量下的标准用量（工时）。可通过下图理解变动成本差异的构成。

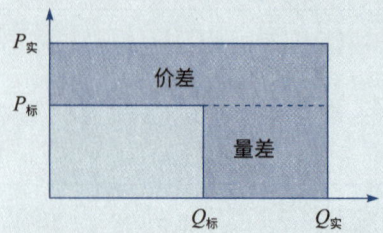

总差异=量差+价差>0时，实际成本>标准成本，表现为超支差异，属于不利差异；
总差异=量差+价差<0时，实际成本<标准成本，表现为节约差异，属于有利差异。

▶ 速提分 ▶

【命题角度】直接材料、直接人工、变动制造费用的成本差异计算。客观题、主观题均可考查。

以上都属于变动成本差异，因此其成本差异的计算具有共同点。建议考生在做题时将相关文字对应字母，然后通过成本差异的共同关系式计算相关成本差异。对应字母含义如下表所示：

项目	含义	单位	相关计算
P_0	标准价格（单价、工资率、分配率）	元/千克、元/小时	标准总成本/标准总用量（或已知）
P_1	实际价格（单价、工资率、分配率）	元/千克、元/小时	实际总成本/实际总用量（或已知）
Q_0	实际产量下的标准用量	千克（件×千克/件）、小时（件×小时/件）	实际产量×标准用量（或已知）
Q_1	实际产量下的实际用量	千克（件×千克/件）、小时（件×小时/件）	实际产量×实际用量（或已知）

变动成本差异计算以下图理解：

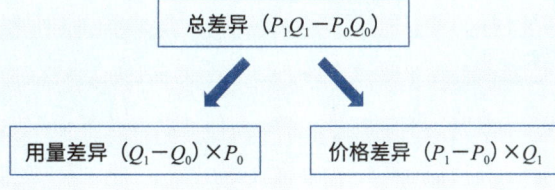

总差异 $(P_1Q_1 - P_0Q_0)$

用量差异 $(Q_1 - Q_0) \times P_0$　　价格差异 $(P_1 - P_0) \times Q_1$

趁热答题

例 8-8·计算分析题（2021年） 甲公司是一家制造企业，采用标准成本法对产品成本进行计算与分析，其某月实际生产产品800万件，公司部分成本项目数据如下表：

项目	直接材料		直接人工	
	标准	实际	标准	实际
单位用量	0.2吨/件	0.25吨/件	2小时/件	2.6小时/件
单位价格	50元/吨	45元/吨	6元/小时	5元/小时

要求

（1）计算产品直接材料数量差异。
（2）计算产品直接材料价格差异。
（3）计算产品直接人工效率差异、工资率差异。

解析 本题考查变动成本差异的计算与分析。
（1）直接材料数量差异=(实际用量−实际数量下的标准用量)×标准单位价格。
（2）直接材料价格差异=(实际单位价格−标准单位价格)×实际用量。

(3) 直接人工效率差异等同于直接材料数量差异,即直接人工效率差异=(实际用量-实际数量下的标准用量)×标准单位价格;直接人工工资率差异等同于直接材料价格差异,即直接人工工资率差异=(实际单位价格-标准单位价格)×实际用量。

答案

(1) 直接材料数量差异=(800×0.25-800×0.2)×50=2 000(万元)。
(2) 直接材料价格差异=(45-50)×800×0.25=-1 000(万元)。
(3) 直接人工效率差异=(800×2.6-800×2)×6=2 880(万元);
直接人工工资率差异=(5-6)×800×2.6=-2 080(万元)。

2. 责任归属

	差异类型	差异形成原因	责任归属
量差	直接材料数量差异	产品设计结构、原材料质量、工人技术熟练程度等	主要是生产部门
	直接人工效率差异	工人技术状况、工作环境和设备好坏等	
	变动制造费用效率差异	同直接人工效率差异	
价差	直接材料价格差异	市场价格、运输方式、供货厂商、采购批量等的变动	采购部门
	直接人工工资率差异	工资制度、工人升降级、加班或临时工增减等	劳动人事部门
	变动制造费用耗费差异	—	生产部门

趁热答题

例8-9·单选题(2022年) 在标准成本法下,下列各项中,不属于直接材料用量差异形成原因的是( )。

A. 产品废品率的差异　　　　　　　　B. 直接材料运输方式的不同
C. 产品设计结构的变化　　　　　　　D. 工人的技术熟练程度

解析 本题考查直接材料成本差异的计算与分析。直接材料的耗用量差异形成的原因是多方面的,有生产部门的原因,也有非生产部门的原因。产品设计结构(选项C)、原材料质量、工人的技术熟练程度(选项D)、废品率的高低(选项A)等,都会导致材料用量差异。选项B属于价格差异形成的原因。

靶心考点精讲

答案 B

(三)固定制造费用成本差异的计算与分析

总差异=实际数-标准数=实际成本-实际产量下的标准成本

方法	差异	计算公式
两差异分析法	耗费差异	=实际数-预算数 =实际固定制造费用-预算产量×标准工时×标准分配率
	能量差异	=预算数-标准数 =(预算产量-实际产量)×标准工时×标准分配率

续表

方法	差异	计算公式
三差异分析法	耗费差异	=实际数−预算数 =实际固定制造费用−预算产量×标准工时×标准分配率
	产量差异	=预算数−实际产量下实际工时×标准分配率 =(预算产量下标准工时−实际产量下实际工时)×标准分配率
	效率差异	=实际产量下实际工时×标准分配率−标准数 =(实际产量下实际工时−实际产量下标准工时)×标准分配率

▶ 很好懂 ▶

固定制造费用的总成本差异也是"实际成本−实际产量下的标准成本",与变动成本差异下的总原则相同,只是固定制造费用由于金额"固定",因此无法区分数量差异(量差)和价格差异(价差)。实务中,固定制造费用通常以预算数作为标准考核,因此引入预算成本计算成本差异。

▶ 速提分 ▶

【命题角度】固定制造费用成本差异的计算。客观题、主观题均可考查。

两差异法下,固定制造费用成本差异=耗费差异+能量差异;三差异法下,固定制造费用成本差异=耗费差异+产量差异+效率差异。由此可得,能量差异=产量差异+效率差异。

可通过下图理解两差异、三差异之间的联系,从而方便记忆公式。

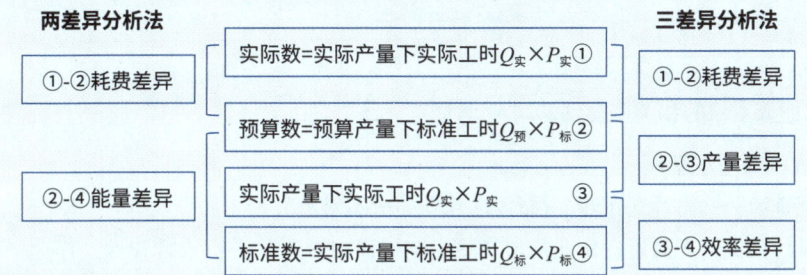

固定制造费用成本差异=①−④=(①−②)+(②−④)=(①−②)+(②−③)+(③−④)。

总差异>0时,实际成本>标准成本,表现为超支差异,属于不利差异;

总差异<0时,实际成本<标准成本,表现为节约差异,属于有利差异。

趁热答题

| 例8-10·计算分析题（2021年） | 甲公司生产某产品,预算产量为10 000件,单位标准工时为1.2小时/件,固定制造费用预算总额为36 000元。该产品实际产量为9 500件,实际工时为15 000小时,实际发生固定制造费用38 000元。公司采用标准成本法,将固定制造费用成本差异分解为三差异进行计算与分析。

要求

(1) 计算固定制造费用耗费差异。

(2) 计算固定制造费用产量差异。
(3) 计算固定制造费用效率差异。
(4) 计算固定制造费用成本差异，并指出该差异属于有利还是不利差异。

解析 本题考查固定制造费用成本差异的计算与分析。
(1) 固定制造费用耗费差异=实际成本-预算成本。
(2) 固定制造费用标准分配率=预算总成本/预算产量下的标准工时；
固定制造费用产量差异=预算总成本-实际工时×标准分配率。
(3) 固定制造费用效率差异=(实际工时-实际产量下标准工时)×标准分配率。
(4) 固定制造费用成本差异=实际总成本-实际产量下标准工时×标准分配率。

答案
(1) 固定制造费用耗费差异=38 000-36 000=2 000（元）。
(2) 固定制造费用标准分配率=36 000/(10 000×1.2)=3（元/小时）；
固定制造费用产量差异=(10 000×1.2-15 000)×3=-9 000（元）。
(3) 固定制造费用效率差异=(15 000-9 500×1.2)×3=10 800（元）。
(4) 固定制造费用成本差异=38 000-9 500×1.2×3=3 800（元）（超支），该差异属于不利差异。

第三节　作业成本与责任成本

考点6　作业成本法的要点（★★）

考频 2023年单选题、多选题、判断题；2021年多选题

（一）作业成本法的相关概念（2024年调整）

1. 作业成本法基本原理
作业消耗资源，产出消耗作业。（**资源→作业→成本对象**）
以产品设计为例，产品消耗作业是指产品生产过程中对产品进行设计作业，作业消耗资源是指产品设计过程中消耗的人力、物力、财力。

2. 作业成本分配
①按消耗对象不同，作业可分为主要作业和次要作业。主要作业是指被产品、服务或顾客等最终成本对象消耗的作业；次要作业是指被原材料、主要作业等介于中间地位的成本对象消耗的作业。
②从作业对企业价值创造的作用看，作业可分为增值作业和非增值作业。

（二）作业成本中心的设计（按受益对象、层次和重要性）

分类	特点	举例
产量级作业	使单个产品（服务）受益，与产品（服务）数量呈正比例变动	产品加工、检验等
批别级作业	使一组（一批）产品（服务）受益，与产品（服务）的批量数呈正比例变动	设备调试、生产准备等

续表

分类	特点	举例
品种级作业	使每种产品（服务）都受益，与品种的多少呈正比例变动	新产品设计、现有产品质量与功能改进、生产流程监控、产品广告等
顾客级作业	为服务特定客户而实施	向个别客户提供技术支持活动、咨询活动等
设施级作业	使所有产品（服务）都受益	管理作业、针对企业整体的广告活动等

通关文牒

▶ 速提分 ▶

【命题角度】根据举例判断作业类型。考查客观题。主要掌握以上表格中常用举例即可。不同作业类型可根据其受益对象联想判断。

(1) 产量级作业→"单个产品或服务"。
(2) 批别级作业→"一组（一批）产品或服务"。
(3) 品种级作业→"某品种产品或服务"。
(4) 顾客级作业→"特定客户"。
(5) 设施级作业→"所有产品或服务"。

趁热答题

例 8-11·单选题（2023 年） 对于一家制造业企业而言，在作业成本法下，下列作业中属于产量级作业的是（　　）。

A. 设备调试　　　　　B. 产品广告　　　　　C. 生产流程监控　　　　　D. 产品加工

解析 本题考查作业成本中心的设计。产量级作业是指明确地为个别产品（或服务）实施的、使单个产品（或服务）受益的作业。该类作业的数量与产品（或服务）的数量呈正比例变动，包括产品加工（选项 D）、检验等。选项 A 属于批别级作业，选项 BC 属于品种级作业。因此，本题选项 D 正确。

答案 D

（三）作业成本管理

1. 增值与非增值的划分

项目	是否增加顾客价值	判定条件	举例
增值作业	是	同时满足以下三个条件： (1) 该作业导致了状态的改变； (2) 该状态的变化不能由其他作业来完成； (3) 该作业使其他作业得以进行	不能同时满足增值作业的三个条件

续表

项目	是否增加顾客价值	判定条件	举例
非增值作业	否	产品设计、生产组装等	检验作业（不改变产品形态）、次品返工作业（重复作业）、原材料从仓库搬运到生产部门

通关文牒

▶ 很好懂 ◀

按照作业成本管理的流程观，企业更关心作业对完成工作的结果评价，因此将作业根据对顾客价值贡献的大小分为增值作业和非增值作业。为了节约成本，企业应尽量消除非增值作业以及低效作业带来的不利影响，降低非增值成本，提高增值成本。增值成本与非增值成本如下图所示。

$$\text{作业}\begin{cases}\text{增值作业}\begin{cases}\text{高效增值作业}\longrightarrow\text{增值成本}\\\text{低效增值作业}\end{cases}\\\text{非增值作业}\end{cases}\Bigg\}\text{非增值成本}$$

趁热答题

例8-12·多选题（2016年） 作业成本管理的一个重要内容是寻找非增值作业，将非增值成本降至最低。下列各项中，属于非增值作业的有（　　）。

A. 零部件加工作业
B. 零部件组装作业
C. 产成品质量检验作业
D. 从仓库到车间的材料运输作业

解析 本题考查作业成本管理。增值作业必须同时满足三个条件：(1) 该作业导致了状态的改变；(2) 该状态的变化不能由其他作业来完成；(3) 该作业使其他作业得以进行。非增值作业，是指即便消除也不会影响产品对顾客服务的潜能，不必要的或可消除的作业。如果一项作业不能同时满足增值作业的三个条件，就可断定其为非增值作业。检验作业只能说明产品是否符合标准，而不能改变其形态，不符合第一个条件；将原材料从集中保管的仓库搬运到生产部门，将某部门生产的零件搬运到下一个生产部门都是非增值作业。因此，只有选项CD属于非增值作业。

答案 CD

2. 成本节约途径

项目	含义	举例
作业消除	消除非增值作业，降低非增值成本	将原材料从仓库搬运到生产部门
作业选择	对于同样目的的不同作业，择其优者	不同销售策略下选择成本最低的销售策略
作业减少	不断改进来降低消耗	减少整备次数
作业共享	通过规模经济来提高增值作业的效率	新产品利用现有产品使用零件

趁热答题

例8-13·单选题（2018年） 根据作业成本管理原理，下列关于成本节约途径的表述中，不正确的是（　　）。

A. 将外购交货材料地点从厂外临时仓库变更为材料耗用车间属于作业选择
B. 将内部货物运输业务由自营转为外包属于作业选择
C. 新产品在设计时尽量考虑利用现有其他产品使用的零件属于作业共享
D. 不断改进技术降低作业消耗时间属于作业减少

解析 本题考查作业成本法：成本节约途径。作业消除是指消除非增值作业或不必要的作业，降低非增值成本。选项A，将外购交货材料地点从厂外临时仓库变更为材料耗用车间属于作业消除。

答案 A

考点7　责任成本管理的要点（★★★）

靶心考点精讲

考频 2023年单选题、多选题；2022年单选题、计算分析题、综合题；2021年单选题

（一）责任中心

1. 成本中心

项目	说明
特点	（1）不考核收入，只考核成本； （2）只对可控成本负责，不负责不可控成本； （3）责任成本（可控成本之和）是成本中心考核和控制的主要内容
可控成本的条件	同时满足以下三个条件： （1）该成本的发生是成本中心**可以预见**的； （2）该成本是成本中心**可以计量**的； （3）该成本是成本中心**可以调节和控制**的
考查指标	（1）预算成本节约额=实际产量预算责任成本-实际责任成本； （2）预算成本节约率=预算成本节约额/实际产量预算责任成本×100%

2. 利润中心

项目	说明
特点	同时对收入、成本、利润负责
考查指标	**边际贡献**=销售收入总额-变动成本总额 **可控边际贡献**（部门经理边际贡献）=边际贡献-该中心负责人可控固定成本 **部门边际贡献**（部门毛利）=可控边际贡献-该中心负责人不可控固定成本

注：可控边际贡献是评价利润中心**管理者业绩**的理想指标。部门边际贡献可用来评价**部门业绩**。

3. 投资中心

项目	说明
特点	既能控制成本、收入、利润，也能对投入的资金进行控制，是最高层次的责任中心，拥有最大决策权

续表

项目		说明
考查指标	投资收益率=息税前利润/平均经营资产	优点： (1) 具有横向可比性； (2) 使经理人员关注经营资产运用效率，有利于资产存量调整，优化资源配置。 缺点： (1) 会引起短期行为发生，追求局部利益； (2) 经理人员为眼前利益而牺牲长远利益
	(1) 剩余收益=息税前利润-(平均经营资产×最低投资收益率)； (2) 剩余收益=平均经营资产×(投资收益率-最低投资收益率)	优点：弥补了投资收益率指标会使局部利益与整体利益相冲突的不足。 缺点：属于绝对数指标，不利于不同规模之间的业绩比较
【提示】（1）平均经营资产=(期初经营资产+期末经营资产)/2；（2）最低投资收益率可以是企业整体的最低期望投资收益率，也可以是企业为该投资中心单独规定的最低投资收益率。		

通关文牒

▶ 很好懂 ▶

三类责任中心可以一起比较记忆。具体如下表所示：

项目	成本中心	利润中心	投资中心
层次	最低	居中	最高
权力范围	只控制成本	可控制成本、收入、利润	可控制成本、收入、利润和投入资金
考核焦点	可控成本	利润	投入产出
组织形式	一般为非法人	一般为非法人	一般为法人
考核指标	预算成本节约额、预算成本节约率	边际贡献、可控边际贡献、部门边际贡献	投资收益率、剩余收益

▶ 速提分 ▶

【命题角度】三类责任中心相关指标的计算。主要考查利润中心和投资中心的相关指标。注意各指标之间的换算关系，可考客观题和主观题。

(1) 成本中心。

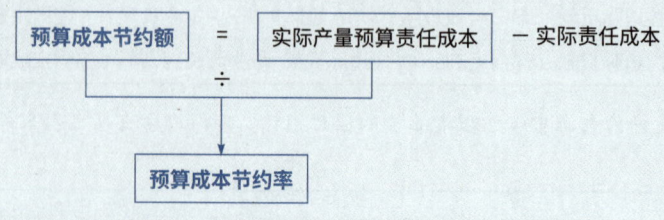

(2) 利润中心。

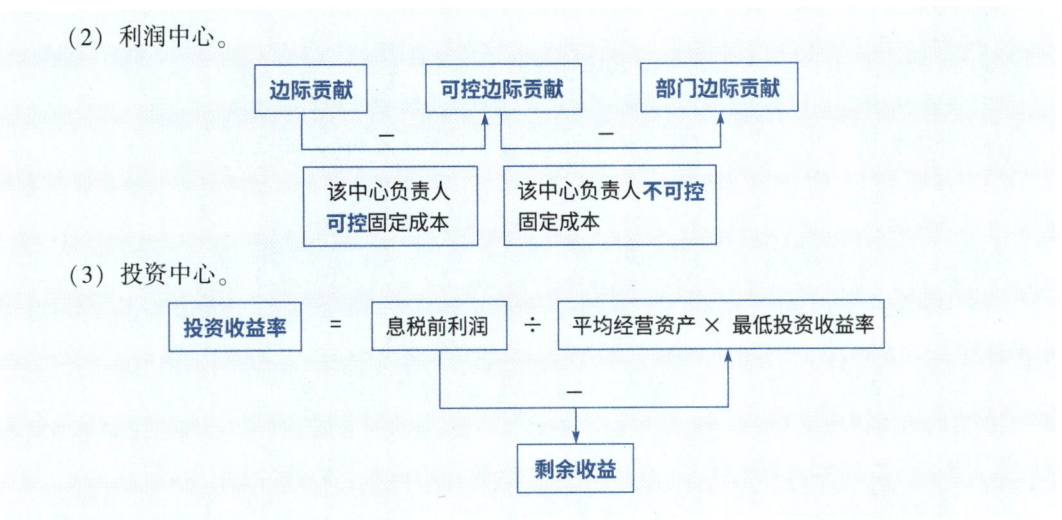

(3) 投资中心。

趁热答题

例 8-14·单选题（2023 年） 某利润中心本期销售收入 100 万元，变动成本 46 万元，该中心负责人可控固定成本 15 万元，不可控但应由中心负担的固定成本 12 万元，则可控边际贡献为（　　）万元。

A. 54　　　　B. 61　　　　C. 39　　　　D. 27

解析 本题考查利润中心。可控边际贡献＝销售收入－变动成本－该中心负责人可控固定成本＝100－46－15＝39（万元）。因此，本题选项 C 正确。

答案 C

例 8-15·单选题（2022 年） 关于成本中心及其业绩考核，下列说法错误的是（　　）。

A. 成本中心既对可控成本负责，又对不可控成本负责
B. 成本中心一般不会产生收入
C. 与利润中心相比，成本中心的权利和责任都较小
D. 成本中心仅考核发生的成本，不考核收入

解析 本题考查成本中心。成本中心具有以下特点：（1）成本中心不考核收入，只考核成本（选项 D）；（2）成本中心只对可控成本负责，不负责不可控成本（选项 A 错误）；（3）责任成本是成本中心考核和控制的主要内容。成本中心一般不会产生收入，通常只计量考核发生的成本，选项 B 正确。利润中心既能控制成本，又能控制收入和利润，而成本中心是指有权发生并控制成本的单位，因此成本中心的权利和责任都较小，选项 C 正确。

答案 A

例 8-16·计算分析题（2013 年） 甲公司为某企业集团的一个投资中心，X 是甲公司下设的一个利润中心，相关资料如下：

资料一：2012 年 X 利润中心的营业收入为 120 万元，变动成本为 72 万元，该利润中心负责人可控固定成本为 10 万元，不可控但应由该利润中心负担的固定成本为 8 万元。

资料二：甲公司 2013 年年初已投资 700 万元，预计可实现利润 98 万元，现有一个投资额为 300 万元的投资机会，预计可获利润 36 万元，该企业集团要求的最低投资收益率为 10%。

要求

(1) 根据资料一，计算 X 利润中心 2012 年度的部门边际贡献。

(2) 根据资料二，计算甲公司接受新投资机会前的投资收益率和剩余收益。

(3) 根据资料二，计算甲公司接受新投资机会后的投资收益率和剩余收益。

(4) 根据 (2)(3) 的计算结果从企业集团整体利润的角度，分析甲公司是否应接受新投资机会，并说明理由。

解析 本题考查利润中心、投资中心。

(1) 部门边际贡献＝营业收入－变动成本－该中心负责人可控固定成本－该中心负责人不可控固定成本。

(3) 接受投资后的投资收益率＝新的息税前利润/新的投资额×100%。

接受投资后剩余收益＝新的息税前利润－(新的投资额×最低投资收益率)，其中，新的息税前利润＝旧息税前利润＋新增息税前利润，新的投资额＝旧投资额＋新增投资额。

(4) 由于剩余收益弥补了投资收益率会使局部利益与整体利益相冲突这一不足，且投资前后都是基于甲这一个投资中心进行分析，因此用剩余收益指标决策。

答案

(1) 部门边际贡献＝120－72－10－8＝30（万元）。

(2) 接受新投资机会前：

投资收益率＝98/700×100%＝14%；

剩余收益＝98－700×10%＝28（万元）。

(3) 接受新投资机会后：

投资收益率＝(98＋36)/(700＋300)×100%＝13.4%；

剩余收益＝(98＋36)－(700＋300)×10%＝34（万元）。

(4) 从企业集团整体利益角度来看，甲公司应该接受新投资机会。因为接受新投资机会后，甲公司的剩余收益增加了。

(二) 内部转移价格的制定

1. 主要目标

界定各责任中心的经济责任，计量其绩效，为实施激励提供可靠依据。

2. 遵循原则

(1) 合规性；(2) 效益性；(3) 适应性。

3. 具体种类

种类	定价基础	适用范围	具体分类或价格区间
价格型内部转移定价	以市场价格为基础	内部利润中心	(1) 使用外销价格或活跃市场报价：适用于经常外销且比例较大或有外部活跃市场可靠报价的产品； (2) 参照外部市场或预测价格制定模拟市场价：适用于不对外销售且没有可靠报价的产品或管理层认为不需要频繁变动价格的情况； (3) 生产成本基础上加上一定比例毛利：没有外部市场但需要设置为模拟利润中心

续表

种类	定价基础	适用范围	具体分类或价格区间
成本型内部转移定价	以标准成本等相对稳定的成本数据为基础	内部成本中心	完全成本、完全成本加成、变动成本、变动成本加固定制造费用 【提示】适用情形：内部转移的产品或劳务没有市场价。
协商型内部转移定价	通过协商机制制定，双方协商僵持时，会导致高层干预	分权程度较高的企业	**单位变动价格≤协商价格≤市场价**

趁热答题

例8-17·单选题（2022年） 下列各项内部转移价格中，有可能导致公司高层干预的是（   ）。

A. 市场价格
B. 协商价格
C. 价格型内部转移价格
D. 成本转移价格

解析 本题考查内部转移价格的制定。采用协商价格，当双方协商陷入僵持时，会导致公司高层的干预，选项B正确。

答案 B

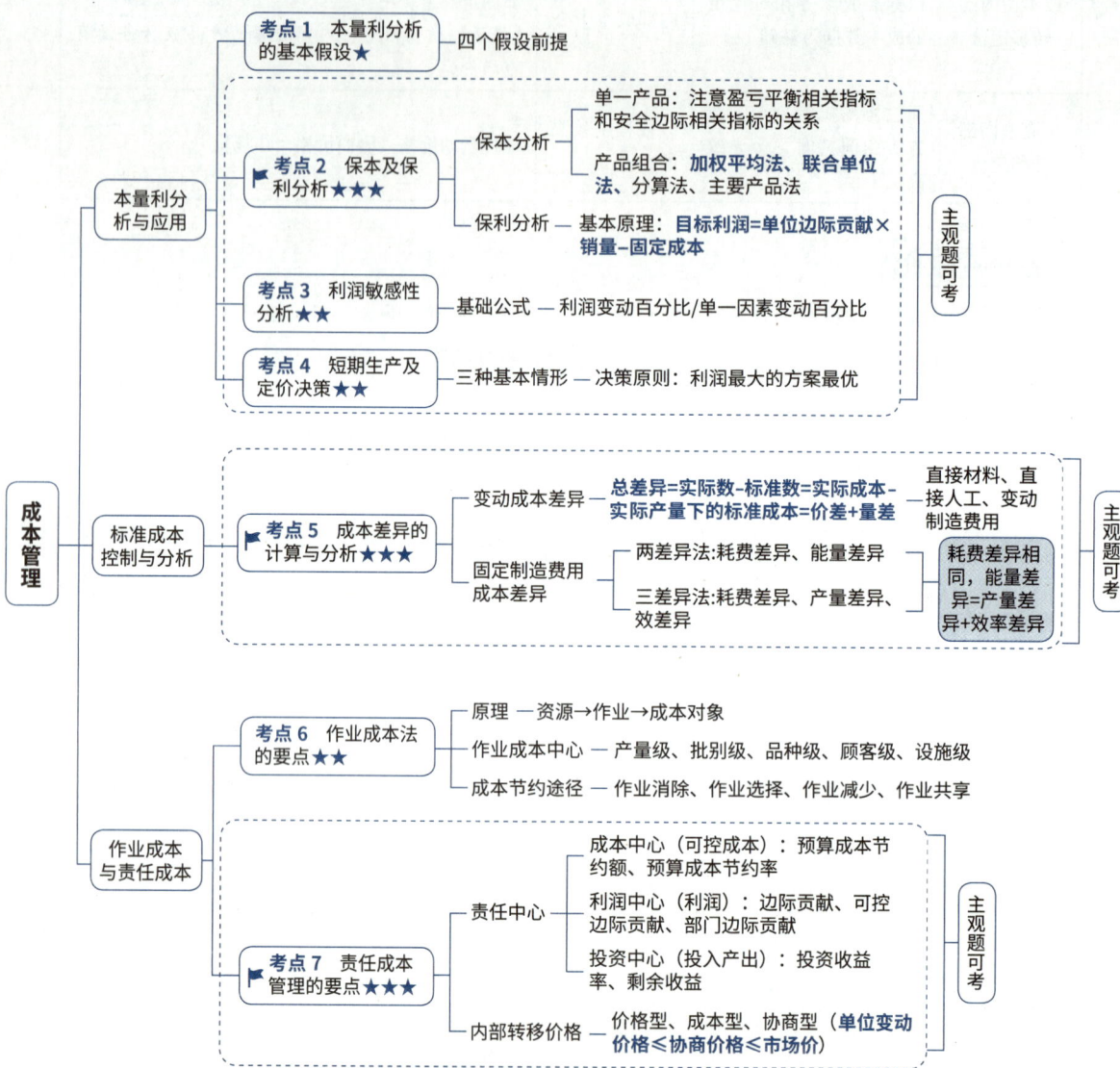

第九章 收入与分配管理

考情驿站

本章属于重点章节，难度不大。本章主要介绍了收入的预测、纳税管理以及利润分配相关事项。其中，收入的预测与利润分配是考查重点，且二者都可能以主观题考查。本章会涉及一些简单的会计知识，考生需掌握。本章**近三年平均考查分值在 8 分左右**。

考点地图

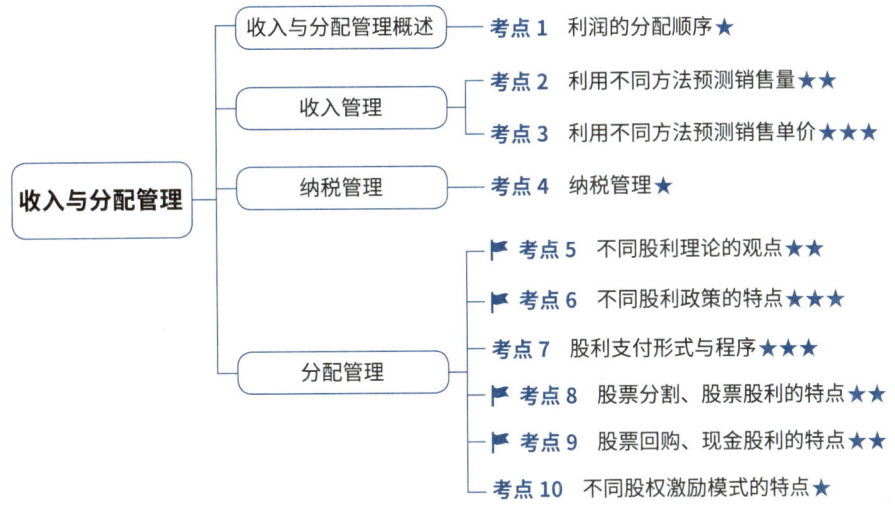

2024 年本章主要变化

本章内容改动较小，考试时须注意以下变动点，其他无实质性变化。
（1）新增：选择供货单位的纳税筹划相关表述。
（2）调整：直接对内投资纳税管理相关内容；小规模纳税人增值税相关的脚注内容；变动成本加成定价法公式。

第一节 收入与分配管理概述

考点1 利润的分配顺序（★）

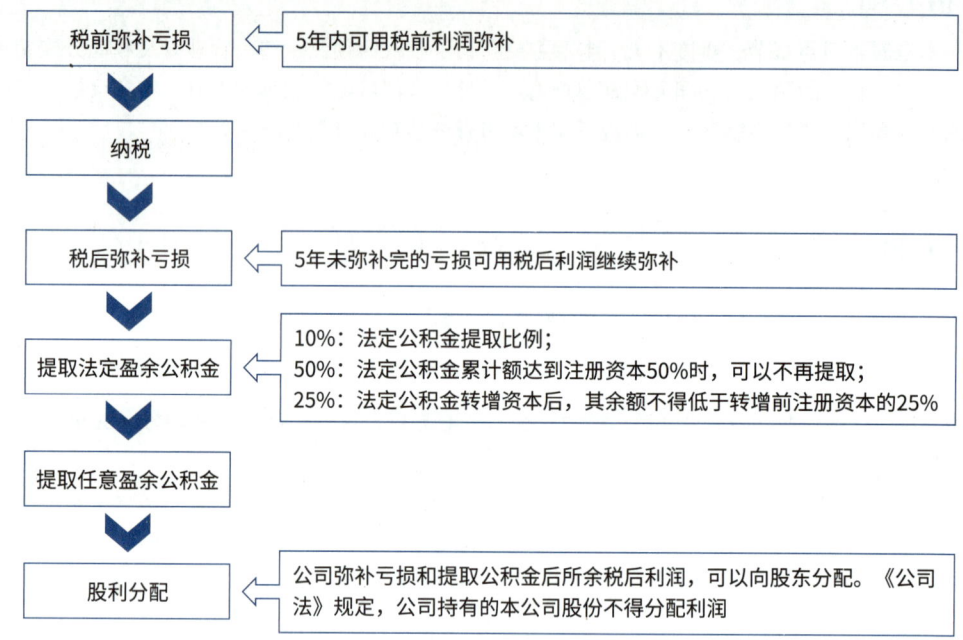

趁热答题

例 9-1·单选题（2018 年） 下列各项中，正确反映公司净利润分配顺序的是（　　）。

A. 提取法定公积金、提取任意公积金、弥补以前年度亏损、向投资者分配股利

B. 向投资者分配股利、弥补以前年度亏损、提取法定公积金、提取任意公积金

C. 弥补以前年度亏损、向投资者分配股利、提取法定公积金、提取任意公积金

D. 弥补以前年度亏损、提取法定公积金、提取任意公积金、向投资者分配股利

解析 本题考查利润的分配顺序。净利润的分配顺序依次是弥补以前年度亏损、提取法定公积金、提取任意公积金、向投资者分配股利，所以选项 D 正确。

答案 D

第二节 收入管理

考点 2 利用不同方法预测销售量（★★）

项目			说明
定性	(1) 营销员判断法（意见汇集法）； (2) 专家判断法：包括个别专家意见汇集法、专家小组法、德尔菲法等方法； (3) 产品寿命周期分析法		
定量	趋势预测分析法	算术平均法	(1) 计算方法：$Y=\sum X_i/n$ Y：预测值，X_i：第 i 期的实际销售量，n：期数 (2) 适用范围：适用于每期产品波动量不大的销售预测
		加权平均法	计算方法：$Y=\sum_{i=1}^{n} W_i X_i$ 权数 W_i 选择遵循"近大远小"的原则，比算术平均法合理
		移动平均法	(1) 正常移动平均（用实际数）： $Y_{n+1}=\dfrac{X_{n-(m-1)}+X_{n-(m-2)}+\cdots+X_{n-1}+X_n}{m}$ （实质：最近 m 期实际数据的简单算术平均） (2) 修正移动平均（用预测数）：$\overline{Y}_{n+1}=Y_{n+1}+(Y_{n+1}-Y_n)$ = 本期移动预测值+(本期移动预测值-上期移动预测值) (3) 缺点：只选用最后 m 期作为依据，代表性较差
		指数平滑法	(1) 计算方法：$Y_{n+1}=a\times X_n+(1-a)\times Y_n$（实质：上期实际销量与上期预计销量的加权平均） X_n：第 n 期实际销售量，Y_n：第 n 期预测销售量，Y_{n+1}：未来第 $n+1$ 期的预测值，a：平滑指数，n：期数 a 越大，说明近期实际销量对预测结果影响较大，在销售量波动较大或短期预测时，可用较大的 a（近大远小） (2) 特点 优点：适用范围广，运用灵活； 缺点：选择平滑指数 a 有一定的主观性
	因果预测分析法	回归分析法	预测公式：$y=a+bx$ $b=\dfrac{n\sum xy-\sum x\sum y}{n\sum x^2-(\sum x)^2}$，$a=\dfrac{\sum y-b\sum x}{n}$

▶ 很好懂 ◀

加权平均法中的"近大远小"原则指的是近期数据给大权重，远期数据给小权重；指数平滑法中的"近大远小"原则指的是贴近实际销量 X 的 a 用较大的平滑指数，相反，$(1-a)$ 就是较小的值。a 的取值一般在 0.3~0.7。

【命题角度1】 定性或定量分析法的判断。考查客观题。

可采用排除法，先选出定量分析法，剩下的就是定性分析法。注意专家判断法中包含的几种定性分析法也在选择范围内。与数量无关的定性分析法中尤其需注意德尔菲法、产品寿命周期分析法。

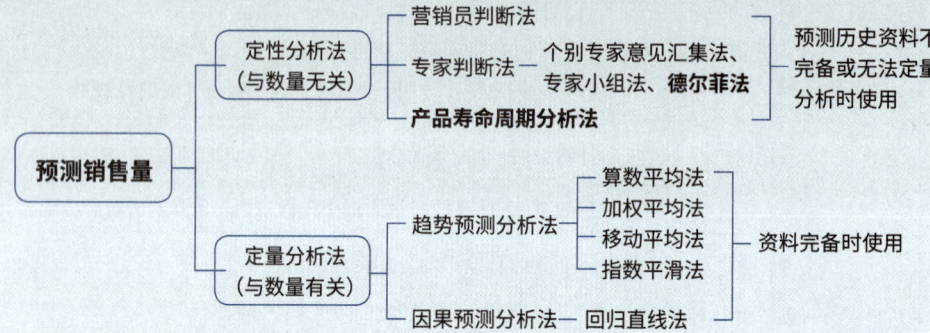

【命题角度2】 趋势预测分析法的计算。考查客观题或主观题，其中主观题通常考查的是移动平均法或指数平滑法。

考生需注意何时使用实际数 X，何时使用预测数 Y。通常设样本期 n 为3期，假设预测2024年的销售量。

方法	计算公式（$n=3$，预测2024年销售量）
正常移动平均法	$Y_{2024}=(X_{2021}+X_{2022}+X_{2023})/3$
修正移动平均法	$\bar{Y}_{2024}=Y_{2024}+(Y_{2024}-Y_{2023})$
指数平滑法	$Y_{2024}=aX_{2023}+(1-a)Y_{2023}$

【提示】（1）正常移动使用实际销量 X，修正移动使用预测销量 Y；（2）平滑指数 a 与实际销量 X"绑定"。

趁热答题

例9-2·单选题（2020年） 下列属于销售预测定量分析方法的是（　　）。

A. 营销员判断法　　　　　　　　　B. 专家判断法
C. 产品寿命周期分析法　　　　　　D. 趋势预测分析法

解析 本题考查利用不同方法预测销售量。销售预测分析包括定性分析法和定量分析法。定性分析法包括营销员判断法、专家判断法、产品寿命周期分析法；定量分析法包括趋势预测分析法、因果预测分析法。选项D正确。

答案 D

| 例 9-3 · 计算分析题节选（2014 年） | 丙公司只生产销售 H 产品，其销售量预测相关资料如下表所示：

销售量预测

单位：吨

	2008 年	2009 年	2010 年	2011 年	2012 年	2013 年
预计销售量	990	1 000	1 020	1 030	1 030	1 040
实际销售量	945	1 005	1 035	1 050	1 020	1 080

公司拟使用修正的移动平均法预测 2014 年 H 产品的销售量，并以此为基础确定产品销售价格，样本期为 3 期。2014 年公司目标利润总额（不考虑所得税）为 307 700 元，完全成本总额为 800 000 元，H 产品适用的消费税税率为 5%。

要求

(1) 使用移动平均法预测 2014 年 H 产品的销售量。
(2) 使用修正的移动平均法预测 2014 年 H 产品的销售量。

解析 本题考查利用不同方法预测销售量。

(1) 样本期为 3 期，预测 2014 年销售量应选取 2011~2013 年的实际销售量。使用正常移动平均法公式代入即可。

(2) 2014 年修正后的预测销售量 = 2014 年预测销售量 + (2014 年预测销售量 - 2013 年预测销售量)。

答案

(1) 2014 年 H 产品的预测销售量 = (1 050 + 1 020 + 1 080)/3 = 1 050（吨）。

(2) 使用修正的移动平均法预测的 2014 年 H 产品的销售量 = 1 050 + (1 050 - 1 040) = 1 060（吨）。

考点 3 利用不同方法预测销售单价（★★★）

考频 2023 年单选题、计算分析题；2022 年计算分析题；2021 年单选题、综合题

（一）以成本为基础的定价方法

1. 成本基础的选择

成本类别	成本内容	特点
变动成本	变动制造成本+变动期间费用	只能作为增量产品定价依据，不能作为一般产品定价依据
制造成本	直接材料+直接人工+制造费用	不包括期间费用，不能正确反映真实价值消耗和转移，不利于简单再生产的继续进行
完全成本	制造成本+期间费用	既有利于保证简单再生产，又有利于实现劳动者为社会创造价值

2. 产品定价方法

基本原理：单位价格 − 单位成本 − 单位税金 = 单位利润

单位价格 − 单位成本 − 单位价格×适用税率 = 单位利润

单位价格×(1 − 适用税率) = 单位成本 + 单位利润 ——通用公式

定价方法	基本公式
全部成本费用加成定价法	（1）成本利润率定价 因为单位利润=单位成本×(1+成本利润率)，利用通用公式"单位价格×(1-适用税率)=单位成本×(1+成本利润率)"，变形得： $$单位价格 = \frac{单位成本 \times (1+成本利润率)}{1-适用税率}$$ （2）销售利润率定价 因为单位利润=单位价格×销售利润率，利用通用公式"单位价格×(1-适用税率)=单位成本+单位价格×销售利润率"，变形得： $$单位价格 = \frac{单位成本}{1-销售利润率-适用税率}$$
保本点定价法	因为利润=0，利用通用公式"单位价格×(1-适用税率)=单位成本"，变形得： $$单位价格 = \frac{单位固定成本+单位变动成本}{1-适用税率} = \frac{单位完全成本}{1-适用税率}$$
目标利润法	已知目标利润，利用通用公式"单位价格×(1-适用税率)=单位成本+单位目标利润"，变形得： $$单位价格 = \frac{单位目标利润+单位完全成本}{1-适用税率}$$
变动成本加成定价法	因为利润按变动成本确定，利用通用公式"单位价格×(1-适用税率)=单位变动成本+单位利润=单位变动成本×(1+要求的成本利润率)"，变形得： $$单位价格 = \frac{单位变动成本 \times (1+要求的成本利润率)}{1-适用税率}$$ **（2024年调整）**

注：这里的适用税率为价内税，一般为消费税率。

通关文牒

▶ 很好懂 ◀

（1）以上基本公式无须记忆，均可根据通用公式的基本原理推导。

（2）适用税率不包含增值税，因为增值税是价外税，不计入成本，不影响利润。消费税是价内税，计入税金及附加，在所得税前扣除，影响利润。

趁热答题

例9-4·单选题（2023年） 某公司生产销售X产品，产销量为2万件，消费税税率为5%，单位产品成本为50元/件，期间费用为10万元，该公司采用全部成本费用加成定价法，成本利润率要求达到20%，则X产品单价为（　　）元。

A. 69.47　　　　B. 62.86　　　　C. 66　　　　D. 55

解析 本题考查产品定价方法。X产品单价=（单位产品成本+单位期间费用）×（1+成本利润率）/（1-消费税税率）=（50+10/2）×（1+20%）/（1-5%）=69.47（元）。因此，本题选项A正确。

答案 A

| 例 9-5·单选题（2018 年）| 在生产能力有剩余的情况下，下列各项成本中，适合作为增量产量定价基础的是（ ）。

A. 固定成本　　　　B. 制造成本　　　　C. 全部成本　　　　D. 变动成本

解析 本题考查产品定价方法。变动成本是指在特定的业务量范围内，其总额会随业务量的变动而变动的成本。变动成本可以作为增量产量的定价依据，但不能作为一般产品的定价依据。

答案 D

| 例 9-6·单选题（2021 年）| 甲企业生产 A 产品，本期计划销售量为 1 000 件，完全成本总额为 19 000 元，目标利润总额为 95 000 元，适用的消费税税率为 5%。不考虑其他因素，使用目标利润法测算的 A 产品的单价为（ ）元。

A. 108.3　　　　B. 120　　　　C. 80　　　　D. 72.2

解析 本题考查产品定价方法。A 产品的单价=（目标利润总额+完全成本总额）/[产品销量×（1-适用税率）]=（19 000+95 000）/[1 000×（1-5%）]=120（元）。

答案 B

（二）以市场需求为基础的定价方法

定价方法	基本内容
需求价格弹性系数定价法	需求价格弹性系数（E）： $E = \dfrac{\Delta Q/Q_0}{\Delta P/P_0} = \dfrac{销量变动率}{单价变动率}$ 令 $m=1/|E|$，则预计产品价格为： $P = P_0 Q_0^m / Q^m$ P_0：基期产品单价，Q_0：基期销量， P：预计产品单价，Q：预计销量 【提示】E 为负数。
边际分析定价法	根据微分极值原理，使得边际利润=0（即边际价格=边际成本）的价格最优，此时利润达到最大值

趁热答题

| 例 9-7·单选题 | 某企业生产销售 A 产品，第一季度销售价格 1 000 元，销售数量为 2 000 件，假设该产品需求价格弹性系数为-2，第二季度销售数量为 3 000 件，则第二季度销售价格为（ ）元。

A. 1 250　　　　B. 750　　　　C. 1 500　　　　D. 500

解析 本题考查需求价格弹性系数定价法。$\Delta Q/Q_0$=（3 000-2 000）/2 000=50%，根据 $\Delta Q/Q_0$=（-2）×（$\Delta P/P_0$）=50%，得到 $\Delta P/P_0$=-25%，ΔP=1 000×（-25%）=-250（元），所以第二季度销售价格为 1 000-250=750（元）。选项 B 正确。

答案 B

第三节 纳税管理

考点 4 纳税管理（★）

（一）纳税筹划的原则

原则	说明
合法性原则	是纳税筹划必须坚持的**首要**原则
系统性原则	也称整体性原则或综合性原则，在选择纳税方案时，要着眼于整体税负的降低
经济性原则	也称成本效益原则，选择净收益最大的方案
先行性原则	筹划策略实施通常在纳税义务发生**之前**

（二）纳税筹划的方法

目的	方法	内容
减少应纳税额	利用税收优惠政策筹划法	利用免税政策、减税政策、退税政策、税收扣除政策、税率差异、分劈技术以及税后抵免等
	转让定价筹划法	通过关联企业采用非常规方式和交易条件进行纳税筹划
递延纳税	采取有利的会计方法	包括存货计价和固定资产折旧的方法选择等

> **趁热答题**

例 9-8·单选题（2016 年） 纳税筹划可以利用的税收优惠政策包括（　　）。
A. 免税政策
B. 减税政策
C. 退税政策
D. 税收扣除政策

解析 本题考查纳税筹划的方法。利用税收优惠政策筹划法进行纳税筹划的主要政策包括利用免税政策、减税政策、退税政策、税收扣除政策、税率差异、分劈技术以及税后抵免等。因此，选项 ABCD 均正确。

答案 ABCD

第四节　分配管理

考点5　不同股利理论的观点（★★）

考频　2022年单选题；2021年单选题

（一）股利无关论

项目	说明
假设前提	建立在完全资本市场理论之上。假设条件包括： （1）市场具有强势效率，没有交易成本，任何股东实力均影响不了股价； （2）对公司或个人不存在任何所得税； （3）不存在任何筹资费用； （4）投资决策不受股利分配影响； （5）股东在股利收入和资本增值之间并无偏好
观点	公司市场价值和股票价格的高低与公司的利润分配政策无关，投资者不关心公司股利分配

（二）股利相关论

理论	观点
"手中鸟"理论 （高股利）	投资者不愿将收益留在公司去承担未来投资风险，从而更加**偏好现金股利**（**高股利→股价上升→公司价值提高**）
信号传递理论 （高股利）	在**信息不对称**情况下，公司通过股利政策向市场传递有关公司未来盈利信息，从而影响公司股价（**高股利→公司获利能力强→吸引投资者→公司价值提高**）
所得税差异理论 （低股利）	由于**资本利得收益税率通常低于股利收益税率**，且纳税时间上的差异使得资本利得收益比股利收益更有助于实现收益最大化目标（**低股利→股东纳税少→吸引投资者→公司价值提高**）
代理理论 （**代理成本与融资成本之和最小**）	高股利的支付能够有效降低代理成本，但同时增加了外部融资成本，理想的股利政策应当使**两种成本之和最小**。 股利支付能够有效降低代理成本有以下两个原因： （1）减少了管理者对自由现金流量的支配，可以抑制公司管理者的**过度投资或在职消费行为**； （2）支付较多股利会**引起内部留存收益减少**从而外部增加了外部融资成本

▶ 很好懂 ▶

"手中鸟"理论也可以用"一鸟在手，强于二鸟在林"这一俗语来理解。"手中鸟"：当期股利收益；"林中鸟"：未来的资本利得。

通关文牒

▶ 速提分 ▶

【命题角度】根据股利理论的观点判断股利理论的类型，考查客观题。

可结合概念与股利支付的高低判断股利理论类型，其中股利支付的高低可根据下表总结。

股利理论	偏好
"手中鸟"理论	高股利
信号传递理论	高股利
所得税差异理论	**低股利**
代理理论	不一定（代理成本与融资成本之和最小）

注：只有所得税差异理论偏好低股利支付政策。

趁热答题

例 9-9·单选题（2021 年） 有观点认为，投资者一般是风险厌恶型的，偏好确定的股利收益，不愿将收益留在公司而承担未来的投资风险。因此，支付较高股利有助于提高股价和公司价值。这种观点被称为（　　）。

A."手中鸟"理论　　　　　　　　B.信号传递理论
C.所得税差异理论　　　　　　　D.代理理论

【解析】本题考查不同股利理论的观点。"手中鸟"理论认为，用留存收益再投资给投资人带来的收益具有较大的不确定性，并且投资的风险随着时间的推移会进一步加大，因此，厌恶风险的投资者会偏好确定的股利收益，而不愿意将收益留存在公司内部去承担未来的投资风险，所以选项A正确。

【答案】A

考点 6　不同股利政策的特点（★★★）

靶心考点精讲

考频　2023 年计算分析题；2022 年单选题、多选题；2021 年单选题、判断题

（一）不同股利政策的区分

1. 剩余股利政策

项目	说明
含义	有良好的投资机会时，根据目标资本结构决定发放多少股利
适用范围	初创阶段
理论依据	股利无关论
优点	降低资金成本，保持最佳资本结构，实现企业价值长期最大化
缺点	股利波动，不利于投资者安排收入支出，不利于公司树立良好形象

2. 固定或稳定增长的股利政策

项目	说明
含义	股利固定在特定水平或在此基础上维持某一固定比率稳定增长
适用范围	经营比较稳定或成长期的企业，但很难被长期采用
理论依据	股利相关论
优点	（1）树立良好形象，增强投资者信心，稳定股价； （2）有利于投资者安排收入支出
缺点	（1）股利支付与盈利脱节，导致公司资金紧张，财务状况恶化； （2）企业无利可分时仍然分配，会违反《公司法》

3. 固定股利支付率政策

项目	说明
含义	按每年净利润的某一固定百分比（股利支付率）支付股利
适用范围	发展稳定且财务状况也稳定的企业
理论依据	股利相关论
优点	（1）股利支付与公司盈余紧密结合，体现"多盈多分、少盈少分、无盈不分"的原则； （2）从企业支付能力看是一种稳定的股利政策
缺点	（1）收益不稳定时，波动的股利易传递公司不利信息，从而影响股价； （2）易面临较大的财务压力； （3）合适的固定股利支付率确定难度大

4. 低正常股利加额外股利政策

项目	说明
含义	每年除了较低的正常股利额外，还在公司盈余较多、资金较充裕的年度向股东发放额外股利
适用范围	盈利随经济周期波动较大的公司或盈利与现金流量很不稳定的公司
理论依据	股利相关论
优点	（1）赋予公司较大的灵活性，使公司在股利支付上有较大弹性； （2）使那些依靠股利度日的股东至少可以得到较低但稳定的股利收入，从而吸引住这部分股东
缺点	（1）盈利波动使额外股利波动，易造成收益不稳定的感觉； （2）较长时间发放额外股利后，会被误认为正常股利，若取消，会传递财务恶化信号，导致股价下跌

（二）股利的计算

政策	说明
剩余股利政策	股利＝净利润－总投资额×目标资本结构的权益比重（要求净利润＞总投资额×目标资本结构的权益比重）
固定或稳定增长的股利政策	（1）固定：股利＝基期股利＝D_0； （2）稳定增长：股利＝基期股利×(1+股利增长率)＝$D_0 \times (1+g)$

续表

政策	说明
固定股利支付率政策	股利=净利润×固定股利支付率
低正常股利加额外股利政策	股利=固定低股利+额外股利 $Y=a+bX$ a 表示每股低正常股利，b 表示额外支付比率，X 表示每股收益

▶ 速提分 ▶

【命题角度1】股利政策优缺点判断。考查客观题。

股利政策的优缺点可根据股利政策与企业盈余的关系进行理解，也可相互比较记忆。

项目	剩余股利政策	固定股利支付率政策	低正常股利加额外股利政策	固定或稳定增长的股利政策
股利与企业盈余的关系	中相关（随投资机会和盈利水平波动）	强相关（紧密配合）	中相关（一定程度上随盈余波动）	弱相关（与企业盈利相脱节）
稳定股价、树立良好形象	不利于	不利于	低正常部分：有利；额外部分：不利于	有利于
投资者安排收入支出	不利于	不利于	低正常部分：有利；额外部分：不利于	有利于
保持目标资本结构	有利于	不利于	不利于	不利于
资金和财务压力	—	较大	较小（弹性大）	大

【命题角度2】计算可发放的现金股利或股利支付率。可考查客观题或主观题。
（1）计算可发放的现金股利，见"（二）股利的计算"下相关表格。
（2）计算股利支付率

注意事项：考试中若题目没有特意告知，则均默认为当年利润在当年分配。
①无特指，默认当年利润在当年分配。
t 年的股利支付率=t 年分配的股利/t 年的净利润
②有特指，当年净利润在下年分配。
t 年的股利支付率=$(t+1)$ 年分配的股利/t 年的净利润

趁热答题

例 9-10·判断题（2020 年） 与固定股利政策相比，低正常股利加额外股利政策赋予公司发放股利的灵活性。（　　）

解析 本题考查股利政策的优缺点。低正常股利加额外股利政策的优点：(1) 赋予公司较大的灵活性，使公司在股利发放上留有余地，并具有较大的财务弹性；(2) 使那些依靠股利度日的股东每年至少可以得到虽然较低但比较稳定的股利收入，从而吸引住这部分股东。因此，本题表述正确。

答案 √

| 例 9-11·计算分析题（2023 年）| 甲公司是一家上市公司，2021 年度实现净利润 10 000 万元，分配现金股利 3 000 万元；2022 年度实现净利润 12 000 万元。公司计划在 2023 年投资一个新项目，投资所需资金为 8 000 万元。

要求
（1）如果甲公司一直采用固定股利政策，计算 2022 年度的股利支付率。
（2）如果甲公司一直采用固定股利支付率政策，计算 2022 年度的股利支付率。
（3）如果甲公司采用的是剩余股利政策，其目标资本结构要求 2023 年新项目所需投资资金中债务资本占 40%，权益资本占 60%，计算 2022 年度的股利支付率。
（4）如果甲公司采用低正常股利加额外股利政策，低正常股利为 2 000 万元，额外股利为 2022 年度净利润扣除低正常股利后余额的 25%，计算 2022 年度的股利支付率。

解析 本题考查股利的计算。
（1）固定股利政策下，2022 年度股利支付率 = 2022 年度股利/2022 年净利润 = 2021 年度股利/2022 年净利润。
（2）固定股利支付率政策下，2022 年度的股利支付率 = 2021 年度股利支付率 = 2021 年度股利/2021 年度净利润。
（3）剩余股利政策下，分配的现金股利 = 净利润 − 投资额 × 权益资金比例。
（4）额外股利 = (2022 年净利润 − 低正常股利) × 25%，股利支付率 = (低正常股利 + 额外股利)/2022 年净利润。

答案
（1）2022 年度的股利支付率 = 3 000/12 000 = 25%。
（2）2022 年度的股利支付率 = 3 000/10 000 = 30%。
（3）2022 年度分配现金股利 = 12 000 − 8 000 × 60% = 7 200（万元），2022 年度的股利支付率 = 7 200/12 000 = 60%。
（4）额外股利 = (12 000 − 2 000) × 25% = 2 500（万元），2022 年度的股利支付率 = (2 000 + 2 500)/12 000 = 37.5%。

考点 7　股利支付形式与程序（★★★）

考频 2023 年判断题、综合题；2022 年单选题、判断题；2021 年单选题、多选题

（一）股利支付形式

支付方式	说明
现金股利	以**现金支付**的股利
财产股利	以**现金以外的其他资产支付**的股利，主要是**以公司所拥有的其他公司的有价证券**，如债券、股票等，作为股利发放给股东
负债股利	以**负债**方式支付的股利，通常以应付票据或公司债券的方式支付股利
股票股利	以**增发股票**的方式所支付的股利

通关文牒

▶ 很好懂 ▶

关于发放债券和股票作为股利，需要考虑公司发行的是自己的还是其他公司的。具体总结如下：

(1) 发放自己的股票→股票股利；
(2) 发放自己的债券→负债股利；
(3) 发放其他公司的股票→财产股利；
(4) 发放其他公司的债券→财产股利。

趁热答题

例 9-12·单选题（2019 年） 如果某公司以所持有的其他公司的有价证券作为股利发放给本公司股东，则该股利支付方式属于（　　）。

A. 负债股利　　B. 现金股利　　C. 财产股利　　D. 股票股利

解析 本题考查股利支付形式。财产股利是以现金以外的其他资产支付的股利，主要是以公司所拥有的其他公司的有价证券，如债券、股票等，作为股利发放给股东，选项 C 正确。现金股利是以现金支付的股利，负债股利是以负债方式支付的股利，通常以公司的应付票据支付给股东，有时也以发放公司债券的方式支付股利。股票股利是公司以增发股票的方式所支付的股利。

答案 C

（二）股利支付程序

日期	说明
股利宣告日 "我要发钱啦"	股东大会决议并由董事会宣告将股利支付情况予以公告的日期
股权登记日 "再不买就没钱拿"	有权领取本期股利的股东资格登记**截止日期** 【提示】只有在股权登记日在册的股东才有权领取本期股利，在股权登记日之后购买股票的股东无权领取本期股利。
除息日 "后悔也没用"	领取股利的权利与股票分离的日期，除息日的股票价格会下跌
股利支付日 "发钱！"	公司实际支付股利的日期

通关文牒

▶ 很好懂 ▶

因为股权登记日的股票价格包含本期股利，除息日的股票价格不包含本期股利，所以除息日的股价会下跌，股权登记日的股价>除息日的股价。

例9-13·单选题（2016年） 要获得收取股利的权利，投资者购买股票的最迟日期是（　　）。

A. 除息日　　　　　B. 股权登记日　　　　　C. 股利宣告日　　　　　D. 股利发放日

解析 本题考查股利支付程序。股权登记日是指有权领取本期股利的股东资格登记的截止日期，凡是在此指定日期收盘之前取得公司股票，成为公司在册股东的投资者都可以作为股东享有本期分派的股利，在这一天之后取得股票的股东则无权领取本次分派的股利，选项B正确。除息日通常是股权登记日的下一个交易日，在除息日当天或以后购买股票的股东不能领取本次股利。

答案 B

考点8　股票分割、股票股利的特点（★★）

考频 2023年判断题、综合题；2022年单选题；2021年单选题

（一）股票分割

股票分割又称拆股，是将一股股票拆分成多股股票的行为，其作用包括：（1）降低股票价格；（2）传递公司发展前景良好的信号，有助于提高投资者对公司股票的信心。

反分割又称股票合并或逆向分割，它与股票分割相反，是将多股股票合并为一股的行为。反分割会降低股票流通性，提高投资门槛，它向市场传递的信息通常是不利的。

▶ 很好懂 ▶

股票分割影响的事项同时也影响反分割，股票分割不影响的事项也不影响反分割，且股票反分割与股票分割的作用效果完全相反。

（二）股票股利

项目	说明
含义	以增发股票的方式支付的股利，实务中称为"红股"
优点	**对股东：** （1）稳定股价或使股价下降甚至不降反升，使股东获得股价相对上升的好处； （2）如果股东把股票股利出售，可获得资本利得纳税上的好处。 **对公司：** （1）不需要支付现金，公司可以为再投资提供成本较低的资金，从而有利于公司发展； （2）可降低股价，有利于股票交易和流通，吸引投资者，分散股权，防止被恶意控制； （3）可以传递公司未来发展前景良好的信号，增强投资者信心，稳定股价

(三)股票分割 VS 股票股利

项目	股票分割	股票股利
相同点	(1) 股数增加； (2) 每股收益和每股市价下降； (3) 资产总额、负债总额、所有者权益总额不变； (4) 传递公司发展前景良好的信号； (5) 股东持股比例不变	
不同点	(1) 面值变小； (2) 股东权益结构不变； (3) 不属于股利支付方式	(1) 面值不变； (2) 股东权益结构变化（股本增加，未分配利润减少）； (3) 属于股利支付方式

通关文牒

▶ 速提分 ▶

【命题角度】股票股利对所有者权益项目的影响金额。考查主观题或客观题。

股票股利**按面值发放**和**按市价发放**对所有者权益项目的影响不同，可结合会计分录理解：

发放方式	会计分录	说明
按**面值**发放	借：利润分配-未分配利润 　　贷：股本【面值】	(1) 未分配利润按面值**减少**； (2) 股本按面值**增加**
按**市价**发放	借：利润分配-未分配利润 　　贷：股本【面值】 　　　　资本公积-股本溢价【市价-面值】	(1) 未分配利润按市值**减少**； (2) 股本按面值**增加**； (3) 差额计入**资本公积**

趁热答题

|例 9-14·多选题（2019 年）| 假设某股份公司按照 1:2 的比例进行股票分割，下列正确的有（　　）。

A. 股本总额增加一倍

B. 每股净资产保持不变

C. 股东权益总额保持不变

D. 股东权益内部结构保持不变

（解析）本题考查股票分割的特点。股票分割之后，股东权益总额及其内部结构都不会发生任何变化，变化的是股票面值和股票数量，选项 CD 正确，选项 A 错误。股票分割是在不增加股东权益的情况下增加了股份的数量，所以每股净资产会下降，选项 B 错误。

（答案）CD

|例 9-15·综合题节选（2023 年）| 甲公司是一家上市公司，全部股东权益均归属于普通股股东。有关资料如下：

(1) 2022 年年初公司发行在外的普通股股数为 8 000 万股（每股面值 1 元）。2022 年 3 月 31 日分配 2021 年度的利润，分配政策为向全体股东每 10 股送红股 2 股，每股股利按面值计算。送股前公司的股本为 8 000 万元，未分配利润为 16 000 万元。

（2）2022 年 6 月 30 日公司增发普通股 1 000 万股。除上述事项外，2022 年度公司没有其他股份变动。

（3）2023 年 1 月 31 日，公司按 1∶2 的比例进行股票分割，分割前公司的股本为 10 600 万元。

要求

（1）①计算 2022 年 3 月 31 日送股后公司的股本和未分配利润；②计算 2022 年 12 月 31 日公司发行在外的普通股股数。

（2）计算 2023 年 1 月 31 日股票分割后的如下指标：①每股面值；②公司发行在外的普通股股数；③股本。

解析 本题考查股票分割、股票股利。

（1）送股后的股本＝原股本＋送股后新增股本＝原股本＋新增送股数×每股面值，新增送股数为 8 000/10×2，每股面值为 1 元。送股会使股本增加，未分配利润减少，因此未分配利润＝原未分配利润－送股后新增股本。

（2）按 1∶2 比例进行股票分割，则股数增加 1 倍，面值减少至原来的 1/2。股本金额不变。

答案

（1）①送股后的股本＝8 000＋8 000/10×2×1＝9 600（万元）；

未分配利润＝16 000－8 000/10×2×1＝14 400（万元）。

②2022 年 12 月 31 日公司发行在外的普通股股数＝8 000＋8 000/10×2＋1 000＝10 600（万股）。

（2）①每股面值＝1/2＝0.5（元）；

②公司发行在外的普通股股数＝10 600/1×2＝21 200（万股）；

③股本＝0.5×21 200＝10 600（万元）。

考点 9　股票回购、现金股利的特点（★★）

靶心考点精讲

考频 2023 年单选题、判断题；2022 年单选题；2021 年多选题

（一）股票回购

项目	说明
含义	上市公司出资将发行在外的普通股以一定价格购回予以<u>注销</u>或作为<u>库存股</u>的一种资本运作方式
动机	（1）现金股利的替代（区别是现金股利未来有派现压力，股票回购没有）； （2）改变公司的资本结构（提高财务杠杆水平）； （3）传递公司信息（传递股票价值被低估的信息）； （4）基于控制权的考虑（降低敌意收购，巩固既有控制权）
对上市公司影响	（1）提高公司调整股权结构和管理风险的风险，提高公司投资价值； （2）提高投资者回报，拓展融资渠道，改善资本结构； （3）有助于稳定股价，增强投资者信心； （4）造成资金紧张，降低流动性，影响后续发展，但持有大量现金时能更好地发挥货币资金的作用； （5）公开集中交易有利于防止操纵市场、内幕交易

（二）股票回购 VS 现金股利

项目	股票回购	现金股利
相同点	（1）公司现金流减少； （2）资本结构变化，财务杠杆提高（负债比例增加）	
不同点	（1）股东得到的资本利得需要缴纳资本利得税（税赋低）； （2）普通股股数减少； （3）每股收益和每股市价提高； （4）不属于股利支付方式； （5）巩固既有控制权，防止敌意收购； （6）传递股票价值被低估的信息	（1）发放现金股利后股东需缴纳股利收益税（税赋高）； （2）普通股股数不变； （3）每股收益和每股市价不变； （4）属于股利支付方式

通关文牒

▶ 速提分 ▶

【命题角度】股票分割、股票股利、股票回购、现金股利的特点比较。考查客观题。

内容	股票回购	现金股利	股票股利	股票分割
股票数量	减少	不变	增加	增加
每股面值	不变	不变	不变	降低
每股市价和每股收益	提高	不变	降低	降低
股东权益总额	减少	减少	不变	不变
股东权益内部结构	变化	变化	变化	不变
资本结构	变化，提高财务杠杆	变化，提高财务杠杆	不影响	不影响
自由现金流	减少	减少	不变	不变
控制权	巩固	不变	不影响	不影响

趁热答题

例 9-16·单选题（2020年） 下列可能改变企业资本结构的是（　　）。

A. 股票回购　　　　　　　　　　B. 股票股利
C. 股票分割　　　　　　　　　　D. 股票合并

解析 本题考查股票分割与股票回购。股票回购会导致公司资金减少，所有者权益减少，从而改变资本结构。股票股利、股票分割和股票合并都是所有者权益内部变动，都不会改变所有者权益总额，资本结构不发生改变。因此选项A正确。

答案 A

考点 10 不同股权激励模式的特点（★）

考频 2021年单选题、判断题

分类	含义	适用范围
股票期权模式	未来期间以预先确定的价格购买本公司股票的选择权	适合成长初期或扩张期的企业，如互联网、高科技等风险较高的企业
限制性股票模式	先赠与或低价出售，实现目标后，再抛售获利；若没有实现目标，则收回或回购	适合成熟期的企业
股票增值权模式	先授予权利，业绩上升或股价上升则可以差额或增值额的一定比例获利	适合现金流量比较充裕且比较稳定的上市公司或现金流比较充裕的非上市公司
业绩股票激励模式	先定业绩目标，完成目标后给股票或给奖金买股票	适合业绩稳定型的上市公司及其集团公司、子公司

通关文牒

▶ 速提分 ▶

【命题角度】根据含义辨别四种股权激励模式。考查客观题。主要掌握其深层含义。

（1）作为被激励对象，可以获得什么？
①股票期权模式：未来以较低的价格获得股票的权利，但现在没有股票；
②限制性股票模式：现在就获得一定数量股票，但得"解锁"后才能出售获益；
③股票增值权模式：未来获得一定比例的股价上升或业绩上升的收益权利；
④业绩股票激励模式：未来获得一定数量股票或一定数量奖金购买股票。

（2）被激励对象是否需要支付现金？
①股票期权模式：需要；
②限制性股票模式：可能需要，可能不需要；
③股票增值权模式：不需要；
④业绩股票激励模式：不需要。

（3）获得收益需达成的条件是什么？
①股票期权模式：公司股价、业绩条件、服务期限；
②限制性股票模式：业绩条件、服务期限；
③股票增值权模式：公司股价、业绩条件；
④业绩股票激励模式：业绩条件。

趁热答题

| 例 9-17·单选题（2021年）| 某公司将1%的股票赠与管理者以激励其实现设定的业绩目标，如果目标未实现，公司有权将股票收回，这种股权激励模式是（　　）。

　　A. 股票期权模式　　　　　　　　　　B. 股票增值权模式
　　C. 业绩股票激励模式　　　　　　　　D. 限制性股票模式

（解析）本题考查股权激励。限制性股票模式是指激励对象按照股权激励计划规定的条件，获得的转让等部分权利受到限制的本公司股票。公司为了实现某一特定目标，先将一定数量的股票赠与或以较低价格授予激励对象。只有当实现预定目标后，激励对象才可将限制性股票抛售并从中获利；若预定目标没有实现，公司有权将免费赠与的限制性股票收回或者将售出股票以激励对象购买时的价格回购。因此，选项D正确。

（答案） D

考点加油站

收入与分配管理

收入与分配管理概述
- **考点1 利润的分配顺序★**：税前弥补亏损→纳税→税后弥补亏损→提取盈余公积金（先法定，后任意）→股利分配

收入管理（可考主观题）
- **考点2 利用不同方法预测销售量★★**
  - 定性：营销员判断法、专家判断法、产品寿命周期分析法
  - 定量：算术平均法、**加权平均法、移动平均法、指数平滑法**、回归分析法
- **考点3 利用不同方法预测销售单价★★★**
  - 以成本为基础——**原理：单位价格–单位成本–单位税金=单位利润**
  - 以市场需求为基础——需求价格弹性系数E

纳税管理
- **考点4 纳税管理★**
  - 纳税筹划的原则——四原则
  - 纳税筹划的方法：①减少应纳税额；②递延纳税

分配管理
- **考点5 不同股利理论的观点★★**
  - 股利无关论：公司市场价值的高低与公司的利润分配政策**无关** → 剩余股利政策适用股利无关论
  - 股利相关论：公司市场价值的高低与公司的利润分配政策**有关**
    - "手中鸟"理论
    - 信号传递理论
    - 所得税差异理论
    - 代理理论
- **考点6 不同股利政策的特点★★★**
  - 剩余股利政策：**股利=净利润–总投资额×目标资本结构的权益比重**
  - 固定或稳定增长的股利政策：（固定）股利=基期股利；（额外股利）股利=基期股利×(1+股利增长率)
  - 固定股利支付率政策：股利=净利润×固定股利支付率
  - 低正常股利加额外股利政策：股利=固定低股利+额外股利
- **考点7 股利支付形式与程序★★★**
  - 股利支付形式：现金股利、财产股利、负债股利、股票股利
  - 股利支付程序：股利宣告日→股权登记日→除息日→股利支付日
- **考点8 股票分割、股票股利的特点★★**——注意其相同点与不同点
- **考点9 股票回购、现金股利的特点★★**——注意其相同点与不同点（可相互比较特点）
- **考点10 不同股权激励模式的特点★**：股票期权模式、限制性股票模式、股票增值权模式、业绩股票激励模式

87%

第十章 财务分析与评价

轻装上阵

考情驿站

本章属于重点章节，但难度不大。本章主要内容是各种指标的记忆与计算。理解指标表示的含义是快速记忆指标的方法。考生也可将指标进行分组，将同类型的指标放在一起记，并注意总结不同类型指标的规律。本章也是主观题的重点考查对象，考生需重点关注。本章近三年平均考查分值在 11 分左右。

考点地图

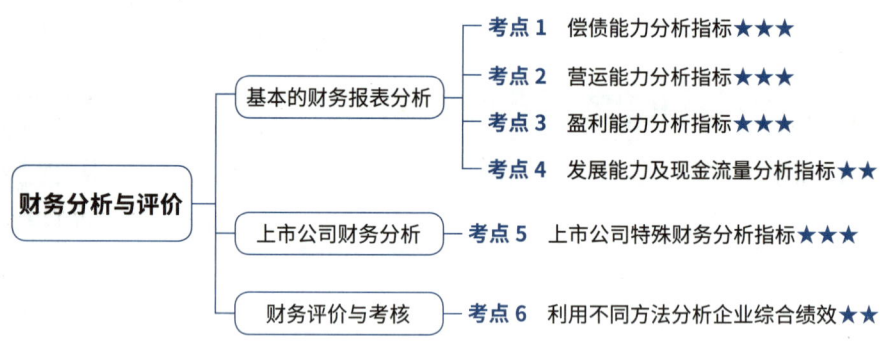

2024 年本章主要变化

本章内容改动较小，考试时须注意以下变动点，其他无实质性变化。
（1）新增：速动资产的范围中增加"衍生金融资产"。
（2）调整：每股股利公式分子"现金股利总额"调整为"普通股股利总额"。

第一节　基本的财务报表分析

考点1　偿债能力分析指标（★★★）

考频 2023年单选题、判断题、综合题；2022年单选题；2021年单选题、判断题、计算分析题、综合题

（一）短期偿债能力分析

指标及计算	说明
营运资金＝流动资产－流动负债＝长期资本－长期资产	绝对数指标，不便于不同企业之间的比较
流动比率＝流动资产/流动负债	(1) 流动比率越大，短期偿债能力越强，但并非越高越好； (2) 只有和同行业平均水平、本企业历史水平对比，才能判断高低
速动比率＝速动资产/流动负债	(1) 速动资产包括货币资金、交易性金融资产、衍生金融资产、应收款项（**主要剔除存货**）（2024年调整）； (2) 速动比率越大，短期偿债能力越强，但并非越高越好； (3) 速动比率因行业而异
现金比率＝(货币资金+交易性金融资产)/流动负债	(1) 现金比率越大，短期偿债能力越强，但并非越高越好，0.2的现金比率就可以接受； (2) 最能反映企业直接偿付流动负债的能力

通关文牒

▶ **很好懂** ▶

短期偿债指标 { 绝对数指标：营运资金＝流动资产－流动负债＝长期资本－长期资产　分子比率；
比率指标 { **流动**比率＝**流动资产**/流动负债
速动比率＝**速动资产**/流动负债
现金比率＝(**货币资金+交易性金融资产**)/流动负债 } 比率越高，短期偿债能力越强

(1) 3个比率指标中，分母都是"流动负债"，分子都在指标名称中体现，因此属于"分子比率"。

(2) 流动资产、速动资产、现金资产的范围见下图。

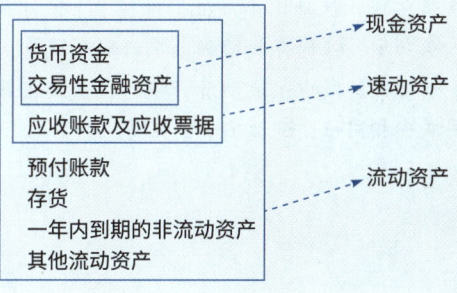

流动资产>速动资产>现金资产，因此，流动比率>速动比率>现金比率。

▶ 速提分 ▶

【命题角度】经济业务发生对短期偿债指标的影响。考查客观题。

方法如下：

（1）结合会计知识判断对指标中各个因素的影响，从而判断对指标的影响。

举例：假设速动比率大于1，其他条件不变，判断以银行存款购买原材料对速动比率的影响。

分析：以银行存款购买原材料，银行存款减少，原材料增加，原材料属于存货，不影响速动资产，但银行存款减少会同时减少速动资产，因此速动比率下降。

（2）代入数据测试其对指标的影响。

举例：假设公司流动比率为1.8，判断赊购一批原材料对流动比率的影响。

分析：赊购原材料，存货增加，短期借款增加，存货属于流动资产，短期借款属于流动负债，因此流动资产和流动负债均增加，且金额相等。假设流动资产和流动负债各自增加1，则流动比率=(1.8+1)/(1+1)=1.4<1.8，因此流动比率下降。

趁热答题

例10-1·单选题（2021年） 某公司当前的速动比率大于1，若用现金偿还应付账款，则对流动比率和速动比率的影响是（　　）。

A. 流动比率变大，速动比率变大　　B. 流动比率变小，速动比率变大

C. 流动比率变小，速动比率变小　　D. 流动比率变小，速动比率不变

（解析）本题考查短期偿债能力分析。假设速动比率为5/2=2.5，用现金偿还应付账款，速动资产和流动负债分别减少0.5，则减少后的速动比率=4.5/1.5=3，速动比率变大；流动比率大于速动比率，假设流动比率为8/2=4，用现金偿还应付账款，流动资产和流动负债分别减少0.5，则减少后的流动比率=7.5/1.5=5，流动比率变大。因此，选项A正确。

（答案）A

例10-2·单选题（2022年） 某企业目前的速动比率大于1，若其他条件不变，下列措施中，能够提高该企业速动比率的是（　　）。

A. 以银行存款偿还长期借款　　B. 以银行存款购买原材料

C. 收回应收账款　　D. 以银行存款偿还短期借款

（解析）本题考查短期偿债能力分析。速动比率=速动资产/流动负债，速动资产包括货币资金、以公允价值计量且其变动计入当期损益的金融资产和各种应收款项。选项A，银行存款是速动资产，偿还后速动资产减少，流动负债不变，速动比率降低；选项B，银行存款减少，速动资产减少，流动负债不变，速动比率降低；选项C，银行存款增加，应收账款减少，速动资产不变，流动负债不变，速动比率不变；选项D，银行存款减少，速动资产减少，短期借款减少，流动负债减少，速动比率大于1时，分子分母同时减少相同值，速动比率会提高。

（答案）D

（二）长期偿债能力分析

指标及计算	说明
资产负债率＝负债总额/资产总额×100%	（1）指标越低，长期偿债能力越强； （2）反映企业财务杠杆水平（同向）
产权比率＝负债总额/股东权益×100%	（1）指标越低，长期偿债能力越强； （2）反映企业财务结构是否稳定（反向）； （3）反映债权人资本受股东权益保障程度（反向）； （4）反映企业财务杠杆水平（同向）
权益乘数＝资产总额/股东权益	（1）指标越低，长期偿债能力越强； （2）反映企业财务杠杆水平（同向）； （3）**权益乘数＝1+产权比率＝1/（1－资产负债率）**
利息保障倍数＝息税前利润/应付利息	（1）指标越高，长期偿债能力越强； （2）息税前利润＝净利润+**利润表中的利息费用**+所得税，分母**应付利息指全部利息**，包括财务费用中的利息费用和资本化的利息； （3）从长期来看，指标至少应该大于1

通关文牒

▶ 很好懂 ▶

长期偿债指标
{
还本能力 { 资产负债率＝负债总额/资产总额×100%
产权比率＝负债总额/股东权益×100%
权益乘数＝资产总额/股东权益 } 权益乘数＝1+产权比率＝1/（1－资产负债率）；指标越**低**，长期偿债能力越强

付息能力：利息保障倍数＝息税前利润/应付利息→指标越**高**，长期偿债能力越强
}

体现还本能力的三个指标均与资产、负债、所有者权益相关，三者可相互转化，且三者之间**同向**变动。具体推导如下：

权益乘数＝资产总额/所有者权益 ＝（所有者权益+负债总额）/所有者权益＝**1+产权比率**
　　　　　＝资产总额/（资产总额－负债总额）
（分子、分母同除以"资产总额"）＝**1/（1－资产负债率）**

也可结合下图记忆：

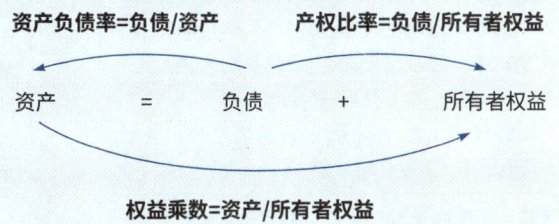

趁热答题

例10-3·单选题（2023年） 某公司2022年年末发行在外的普通股股数为250万股，每股净资产为30元，负债总额为5 000万元，该公司2022年年末的资产负债率为（　　）。

A. 50%　　　　　B. 40%　　　　　C. 33.33%　　　　　D. 66.67%

〔解析〕 本题考查长期偿债能力分析。股东权益总额=30×250=7 500（万元），资产总额=7 500+5 000=12 500（万元），资产负债率=5 000/12 500=40%。因此，本题选项B正确。

〔答案〕 B

| 例 10-4·单选题（2023 年） | 某公司 2022 年实现净利润 6 600 万元，所得税费用为 2 200 万元，全年应付利息为 800 万元。其中，计入财务费用 200 万元，其余为资本化利息支出。不考虑其他因素，2022 年利息保障倍数为（　　）。

A. 11.25　　　　B. 8.25　　　　C. 12　　　　　D. 11

〔解析〕 本题考查长期偿债能力分析。利息保障倍数=（净利润+所得税费用+计入财务费用中的利息费用）/全年应付利息=（6 600+2 200+200）/800=11.25。因此，本题选项A正确。

〔答案〕 A

（三）影响偿债能力的其他因素

影响偿债能力的其他因素包括：（1）可动用的银行贷款指标或授信额度；（2）资产质量；（3）或有事项和承诺事项。

| 例 10-5·多选题（2015 年） | 下列各因素中，影响企业偿债能力的有（　　）。

A. 承诺事项　　　B. 或有事项　　　C. 资产质量　　　D. 授信额度

〔解析〕 本题考查影响偿债能力的其他因素。

影响企业偿债能力的其他因素包括：（1）可动用的银行贷款指标或授信额度；（2）资产质量；（3）或有事项或承诺事项。因此，答案为ABCD。

〔答案〕 ABCD

考点 2　营运能力分析指标（★★★）

〔考频〕2023 年单选题、多选题、判断题；2022 年单选题、判断题；2021 年计算分析题、综合题

（一）营运能力分析指标规律

项目	指标及计算	说明
××周转率（次数）	通用公式：某资产周转率（次数）=**营业收入**/某资产平均余额 （1）应收账款周转率=营业收入/应收账款平均余额； （2）流动资产周转率=营业收入/流动资产平均余额； （3）固定资产周转率=营业收入/固定资产平均余额； （4）总资产周转率=营业收入/总资产平均余额。 特殊：某资产周转率（次数）=**营业成本**/某资产平均余额； 存货周转率=营业成本/存货平均余额	某资产周转速度越快，周转天数越少，说明资产管理水平越高，资产占用水平越低，即营运能力越强
××周转天数	某资产周转天数=计算期天数/某资产周转率（次数） 以应收账款为例： 应收账款周转天数=计算期天数/应收账款周转率	

（二）具体指标计算需注意的问题

具体指标	需注意的问题
应收账款周转率	分子——"营业收入"： 理论上应为赊销额，做题时可简化直接使用利润表中的"营业收入"。 分母——"应收账款"： （1）包括会计报表中的"应收账款"和"应收票据"； （2）应为未扣除坏账准备的余额，而非净额； （3）最好使用多个时点的平均数
存货周转率	（1）分子为利润表中的"营业成本"； （2）分母最好使用多个时点的平均数

▶ **很好懂** ▶

（1）当分子、分母来自**不同报表**时，资产负债表数据应取**平均余额，默认取年初和年末的平均数**（若资金波动较大，应按照更详细的资料计算平均余额，比如按季度数据计算平均余额），除非题目特指资产负债表数据取期末数。因为资产负债表数据为时点数，利润表与现金流量表数据为时期数，计算时需保持分子、分母口径一致。

（2）应收账款的周转天数也称应收账款周转期，有两种计算方式，可结合第七章学习。

应收账款周转天数＝计算期天数/应收账款周转率＝应收账款平均余额/日销货收入。

▶ **速提分** ▶

【命题角度1】营运能力指标的计算。可考查客观题或主观题。

（1）区分指标说法。

××周转率＝××周转次数，理论上指标数值越大越好；

××周转天数＝××周转期，理论上周转越快越好，指标数值越小越好。

（2）相关公式总结。（假设计算期天数为360天）

类型	××周转率/××周转次数	××周转天数/××周转期
应收账款	营业收入/应收账款平均余额	（1）360/应收账款周转率； （2）应收账款平均余额/日销货收入
存货	营业成本/存货平均余额	（1）360/存货周转率； （2）存货平均余额/日销货成本
应付账款	不涉及	应付账款平均余额/日购货成本

【命题角度2】判断经济业务对营运能力指标的影响。考查客观题。

一般利用会计知识分别判断其对分子和分母的影响，从而综合判断其对营运能力指标的影响。

举例：判断借入短期借款对总资产周转率的影响。

分析：借入短期借款，短期借款提高，银行存款也同步提高。而总资产周转率＝营业收入/平均总资产，银行存款提高会增加分母的金额，使得总资产周转率下降。

趁热答题

|例 10-6·多选题（2023 年）| 在其他条件不变的情况下，下列各项中，会引起总资产周转率指标上升的有（　　）。

A. 用银行存款支付广告费
B. 用现金偿还应付账款
C. 用银行存款购买设备
D. 借入短期借款

解析 本题考查营运能力分析。总资产周转率=营业收入/平均资产总额。选项 A 会使平均资产总额降低，营业收入不变，总资产周转率上升；选项 B 会使平均资产总额降低，营业收入不变，总资产周转率上升；选项 C 是资产内部的此增彼减，总资产周转率不变；选项 D 会使资产增加，营业收入不变，总资产周转率下降。因此，本题选项 AB 正确。

答案 AB

|例 10-7·单选题（2022 年）| 某公司 2021 年度营业收入为 9 000 万元，营业成本为 7 000 万元，年初存货为 2 000 万元，年末存货为 1 500 万元，则该公司 2021 年的存货周转次数为（　　）次。

A. 3.5　　　　B. 4.5　　　　C. 5.14　　　　D. 4

解析 本题考查营运能力指标的计算。存货周转次数=营业成本/存货平均余额=7 000/[（2 000+1 500）/2]=4（次）。

答案 D

考点 3　盈利能力分析指标（★★★）

> **考频** 2023 年判断题、综合题；2022 年综合题；2021 年综合题

指标及计算	说明
营业毛利率=营业毛利/营业收入×100%。其中，营业毛利=营业收入−营业成本	指标越高，盈利能力越强
营业净利率=净利润/营业收入×100%	可以反映产品最终的盈利能力
总资产净利率=净利润/平均总资产×100%	指标越高，说明企业资产的利用效果越好
净资产收益率（权益净利率）=净利润/平均股东权益×100%	该指标是盈利能力指标的核心，也是**杜邦分析体系的核心**

通关文牒

▶ 很好懂 ▶

（1）盈利能力指标属于"母子率"，指标名称前面表示分母，指标名称后面表示分子。

（2）总资产净利率和净资产收益率的分母、分子均来自不同报表，分子为时期指标，分母为时点指标，因此分母均取平均值。

（3）净资产收益率也叫权益净利率，是杜邦分析体系的核心，可以进行进一步分解：

净资产收益率＝净利润/平均股东权益×100%
　　　　　＝(净利润/平均总资产)/(平均总资产/平均股东权益)
　　　　　＝总资产净利率×权益乘数
　　　　　＝(净利润/营业收入)×(营业收入/平均总资产)×权益乘数
　　　　　＝营业净利率×总资产周转次数×权益乘数

趁热答题

| 例 10-8·判断题（2023 年）| 在利用相关财务指标衡量企业盈利能力时，如果营业净利率保持不变，仅通过提高总资产周转率并不能提高总资产净利率。（　　）

解析 本题考查盈利能力分析指标。总资产净利率＝总资产周转率×营业净利率，如果营业净利率保持不变，提高总资产周转率可以提高总资产净利率。因此，本题说法错误。

答案 ×

考点 4　发展能力及现金流量分析指标（★★）

考频 2023 年判断题；2022 年单选题；2021 年单选题

（一）发展能力分析指标

项目	内容
通用公式	某指标增长率＝(该指标本年数－该指标上年数)/该指标上年数×100%
具体公式	(1) 总资产增长率＝本年资产增长额/年初资产总额×100%； (2) 所有者权益增长率＝本年所有者权益增长额/年初所有者权益×100%； (3) 营业收入增长率＝本年营业收入增长额/上年营业收入×100%； (4) 营业利润增长率＝本年营业利润增长额/上年营业利润总额
特殊	资本保值增值率＝(期初所有者权益＋本期净利润)/期初所有者权益×100%

【提示】营业收入增长率、总资产增长率、营业利润增长率、所有者权益增长率大于 0，表示有所增长；资本保值增值率大于 1，表示有所增长。

（二）现金流量分析指标

分类	指标及计算	说明
获取现金能力分析	营业现金比率＝经营活动现金流量净额/营业收入	"母子率"，数值越大越好
	每股营业现金净流量＝经营活动现金流量净额/普通股股数	"母子率"，反映最大的分配股利能力
	全部资产现金回收率＝经营活动现金流量净额/平均总资产×100%	"母子率"

续表

分类	指标及计算	说明
收益质量分析	净收益营运指数=经营净收益/净利润=（净利润-非经营净收益）/净利润	（1）净收益营运指数**越小**，收益质量**越差**； （2）反映净资产构成的质量
	现金营运指数=经营活动现金流量净额/经营所得现金=经营活动现金流量净额/（经营净收益+非付现费用）	（1）现金营运指数**小于1**，说明收益**质量不好**； （2）反映收益转化为现金的程度

▶ 速提分 ▶

【命题角度】现金流量分析指标的计算。考查客观题或主观题。

【提示】考试通常不会要求计算经营活动现金流量净额，而是会直接给出，考生了解即可。

例 10-9·单选题（2021 年） 已知利润总额为 6 000 万元，所得税为 1 500 万元，非经营性收益为 450 万元，净收益营运指数是（　　）。

　A. 0.9　　　　　B. 1　　　　　C. 4　　　　　D. 0.1

解析 本题考查收益质量分析。净收益营运指数=经营净收益/净利润=（净利润-非经营净收益）/净利润，其中，净利润=利润总额-所得税=6 000-1 500=4 500（万元）。因此，净收益营运指数=（4 500-450）/4 500=0.9。

答案 A

例 10-10·单选题（2013 年） 某公司 2012 年年初所有者权益为 1.25 亿元，2012 年年末所有者权益为 1.50 亿元。该公司 2012 年的所有者权益增长率是（　　）。

　A. 16.67%　　　　　　　　　B. 20.00%
　C. 25.00%　　　　　　　　　D. 120.00%

解析 本题考查企业发展能力指标。所有者权益增长率=所有者权益增长额/年初所有者权益×100%=（1.5-1.25）/1.25×100%=20%。

答案 B

▶ 速提分 ▶

【命题角度】综合计算各项基本财务报表分析指标。考查主观题。

常考指标总结如下：

(1) 偿债能力指标：营运资金、流动比率、速动比率、现金比率；资产负债率、产权比率、权益乘数、利息保障倍数。

(2) 营运能力指标：总资产周转率、应收账款周转率、存货周转率、存货周转天数。

(3) 盈利能力指标：净资产收益率、营业毛利率、总资产净利率、营业净利率。

(4) 发展能力指标：资本保值增值率。

(5) 现金流量指标：净收益营运指数、营业现金比率、每股营业现金净流量。

| 例10-11·计算分析题（2018年） | 丁公司2017年年末的资产负债表（简表）如下。

资产负债表（简表）

单位：万元

资产	年末数	负债和所有者权益	年末数
货币资金	450	短期借款	A
应收账款	250	应付账款	280
存货	400	长期借款	700
非流动资产	1 300	所有者权益合计	B
资产总计	2 400	负债和所有者权益合计	2 400

2017年营业收入为1 650万元，营业成本为990万元，净利润为220万元，应收账款年初余额为150万元，存货年初余额为260万元，所有者权益年初余额为1 000万元。该公司年末流动比率为2.2。

要求

(1) 计算上表中字母A和B所代表的项目金额。

(2) 每年按360天计算，计算应收账款周转次数、存货周转天数和营业毛利率。

解析 本题考查基本的财务报表分析。

(1) 流动比率=流动资产/流动负债，所以流动负债=流动资产/流动比率。

A：短期借款=流动负债-应付账款；

B：所有者权益合计=负债和所有者权益合计-长期借款-应付账款-短期借款。

(2) 应收账款周转次数=营业收入/平均应收账款；

存货周转天数=360/存货周转次数，其中，存货周转次数=营业成本/存货平均余额；

营业毛利率=营业毛利/营业收入×100%，其中，营业毛利=营业收入-营业成本。

答案

(1) 流动负债=(450+250+400)/2.2=500（万元）[或=(2 400-1 300)/2.2=500（万元）]。

A=500-280=220（万元）；

B=2 400-700-280-220=1 200（万元）。

（2）应收账款周转次数=1 650/[（150+250）/2]=8.25（次）；

存货周转天数=360/[990/（260+400）/2]=120（天）；

营业毛利率=（1 650-990）/1 650×100%=40%。

第二节 上市公司财务分析

考点5 上市公司特殊财务分析指标（★★★）

考频 2023年判断题、综合题；2022年判断题、综合题；2021年单选题、计算分析题、综合题

（一）每股收益、每股股利

项目		说明
每股收益	基本每股收益	**基本每股收益=归属于公司普通股股东的净利润/发行在外的普通股加权平均数** 其中，发行在外的普通股加权平均数=期初发行在外普通股股数+当期新发普通股股数×已发行时间/报告期时间-当期回购普通股股数×已回购时间/报告期时间（记忆技巧：股数=期初+加权新增-加权减少）
	稀释每股收益	思路：在基本每股收益的基础上，**假设当期转换为普通股会减少每股收益**，分别作分子分母调整。 **(1) 可转换公司债券** 分子调整：+税后利息 分母调整：+增加普通股加权平均数（面值/每股转换价格×时间权重） **(2) 认股权证、股份期权**（行权价格<普通股平均市价） 分子调整：不调整 分母调整：+增加普通股加权平均数［行权认购的股数×（1-行权价格/普通股平均市价）×时间权重］ 【提示】时间权重=潜在普通股当年发行在外时间/12个月。
每股股利		每股股利=普通股股利总额/期末发行在外的普通股股数（**2024年调整**），受盈利和股利政策和投资机会影响
二者关系		股利发放率=每股股利/每股收益

通关文牒

▶ 很好懂 ▶

与每股收益相关：

（1）每股收益分子为时期数，分母为时点数，因此要将分母加权平均计算转为时期数。

（2）**导致股东权益总额发生变动的需按照时间加权平均计算**，如增发股票、回购股票等；**不导致股东权益总额发生变动的无须加权平均计算**，直接将变动的股数加入计算即可。发放股票股利（送红股）、股票分割、资本公积转增股本都是股东权益内部的变动，不引起股东权益总额变化。

（3）只有存在稀释性普通股的才需计算稀释每股收益，包括可转换公司债券、认股权证和股份期权等。稀释性每股收益的计算可以假设将稀释性潜在普通股当期转换为普通股，从而引起每股收益变化（减少每股收益）。具体理解如下：

①可转换公司债券：假设全部转股，公司可减少支付税后利息，从而增加净利润。同时增加转股数，转股数为转换比率（面值/转换价格）×时间权重。

②认股权证、股份期权：假设全部转股，一般不影响净利润，但会增加转股数，转股数为假设按照当前普通股平均市价发行普通股所增加的股数，即原股数−按当前普通股市价转换的股数（考虑时间权重）=行权认购的股数−行权认购的股数×行权价格/普通股平均市价×时间权重。

趁热答题

例 10-12·判断题（2023年） 在计算稀释每股收益时，认股权证和股票期权的行权价格低于当期普通股平均市场价格时，考虑其稀释性。（　　）

解析 本题考查稀释每股收益。认股权证或股份期权行权增加的普通股股数=行权认购的股数×（1−行权价格/普通股平均市价）。由此可知，行权价格低于当期普通股平均市场价格时，认股权证或股份期权行权会导致普通股股数增加。所以，应当考虑其稀释性。因此，本题表述正确。

答案 √

例 10-13·单选题 某上市公司20×6年度归属于普通股股东的净利润为25 000万元。20×5年年末的股本为10 000万股，20×6年5月1日新发行6 000万股，20×6年12月1日回购1 000万股，则该上市公司20×6年基本每股收益为（　　）元。

A. 1.5　　　　B. 1.6　　　　C. 1.7　　　　D. 1.8

解析 本题考查基本每股收益。基本每股收益=归属于公司普通股股东的净利润/发行在外的普通股加权平均数=25 000/(10 000+6 000×8/12−1 000×1/12)=1.8（元）。选项D正确。

答案 D

例 10-14·单选题 某公司2017年度归属于普通股股东的净利润为500万元，发行在外普通股加权平均数为1 250万股，该普通股平均每股市场价格为4元。2017年1月1日，该公司对外发行250万份认股权证，行权日为2020年3月1日，每份认股权证可以在行权日以3.5元的价格认购本公司1股新发的股票，2017年的稀释每股收益为（　　）元。

A. 0.38　　　　B. 0.39　　　　C. 0.40　　　　D. 0.41

解析 本题考查稀释每股收益。发行认股权证募集资金为250×3.5=875（万元），假设按照当前（2017年1月1日）普通股平均市价4元转为普通股，那么当期2017年增加的加权普通股股数=行权认购的股数−行权认购的股数×行权价格/普通股平均市价=250−250×3.5/4=31.25（万股）。认股权证的稀释每股收益=净利润/(原发行在外普通股加权平均数+认股权证行权增加的普通股股数)=500/(1 250+31.25)=0.39（元）。选项B正确。

答案 B

例 10-15·单选题（2021年） 某企业本年利润总额为1 000万元，企业所得税税率为25%，股利支付率为60%，年末股东权益总额为5 000万元，每股净资产为10，则每股股利为（　　）元。

A. 1.8　　　　B. 0.9　　　　C. 1.2　　　　D. 1

解析 本题考查每股股利。普通股股利总额=利润总额×(1−所得税税率)×股利支付率=1 000×

（1-25%）×60%=450（万元）。期末发行在外的普通股股数=年末股东权益总额/每股净资产=5 000/10=500（万股），每股股利=普通股股利总额/期末发行在外的普通股股数=450/500=0.9（元）。选项B正确。

答案 B

（二）市盈率、市净率

项目	市盈率	市净率
计算	**市盈率=每股市价/每股收益**	**市净率=每股市价/每股净资产** 其中，每股净资产=期末普通股净资产/期末发行在外的普通股股数（不含优先股）
意义	反映了市场上投资者对股票投资收益和风险的预期，市盈率越高，投资价值和风险越大	市净率越低，投资价值越大，但有时较低的市净率可能反映投资者的不良预期
影响因素	（1）上市公司盈利能力的成长性； （2）投资者所获收益率的稳定性； （3）利率水平	—

【通关文牒】

▶ 很好懂 ▶

　　与每股股利相同，每股净资产的分子和分母都是时点数，不需要加权平均，分母直接使用"期末发行在外的普通股股数"即可。

【趁热答题】

例10-16·单选题（2020年） 某上市公司股票市价为20元，普通股数量为100万股，净利润为400万元，净资产为500万元，则市净率为（　　）。

A. 4　　　　　　　B. 5　　　　　　　C. 10　　　　　　　D. 20

解析　本题考查市净率。每股净资产=净资产/普通股股数=500/100=5，市净率=每股市价/每股净资产=20/5=4，故选项A正确。

答案　A

第三节　财务评价与考核

考点6　利用不同方法分析企业综合绩效（★★）

> **考频**　2023年多选题、2022年单选题；2021年判断题

（一）杜邦分析法

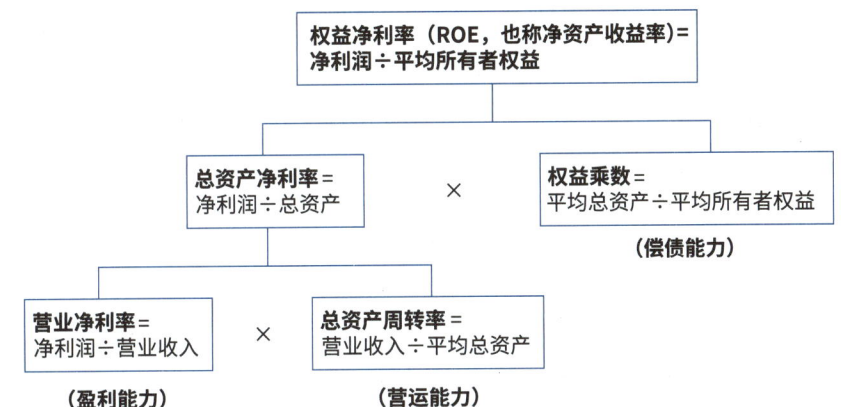

项目	说明
关键指标	权益净利率（**ROE，也称净资产收益率**）
关键公式	权益净利率＝总资产净利率×权益乘数 ＝营业净利率×总资产周转率×权益乘数
要点	净资产收益率是综合性最强的财务分析指标，是杜邦分析的起点

🛂 通关文牒

▶ **很好懂** ▶

杜邦分析的相关指标具有相关性，可按照下图记忆：

▶ **速提分** ▶

【命题角度】结合因素分析法进行综合指标分析。考查主观题。

因素分析法是根据分析指标与影响因素的关系，从数量上确定各因素对分析指标的影响方向和影响程度的一种方法，具体包括<u>连环替代法和差额分析法</u>。

连环替代法的步骤如下：

步骤	指标	因素变动的影响
基准值	$K_0 = A_0 \times B_0 \times C_0$	—
替换 A 因素	$K_1 = A_1 \times B_0 \times C_0$	$K_1 - K_0$：A 因素变动的影响
替换 B 因素	$K_2 = A_1 \times B_1 \times C_0$	$K_2 - K_1$：B 因素变动的影响
替换 C 因素	$K_3 = A_1 \times B_1 \times C_1$	$K_3 - K_2$：C 因素变动的影响

差额分析法是连环替代法的简易形式，如 A 的影响 $=(A_1-A_0) \times B_0 \times C_0$，B 的影响 $=A_1 \times (B_1-B_0) \times C_0$，以此类推。差额分析法只能适用连乘或连除，不适用加减。

使用因素分析法时，其比较值与基准值可有多项标准，考试中常用以下三类标准：

情形	基准值	实际值
1	计划数/预算数	实际数
2	X 年（如 2021 年，作为基期）	X+1 年（如 2022 年，作为预测期）
3	行业平均水平或标杆公司	某公司（分析的目标公司）

具体分析时，还需注意以下问题：
(1) 因素分解的**关联性**（题目给出的关系式）；
(2) 因素替代的**顺序性**（按照提问的顺序）；
(3) 顺序替代的**连环性**（每一次替代都以上一次为基础）；
(4) 计算结果的**假定性**（替代顺序不同，计算出各因素影响额可能不同）。

因素分析法与杜邦分析法结合，通常适用于情形 2 和情形 3。指定的关系式为"权益净利率 = 营业净利率 × 总资产周转率 × 权益乘数"，分别替换营业净利率、总资产周转率、权益乘数，并分析各影响因素对权益净利率的影响。

趁热答题

例 10-17 · 计算分析题（2019 年） 甲公司近年来受宏观经济形势的影响，努力加强资产负债管理，不断降低杠杆水平，争取在 2018 年年末将资产负债率控制在 55% 以内。为考察降杠杆对公司财务绩效的影响，现基于杜邦分析体系，将净资产收益率指标依次分解为营业净利率、总资产周转率和权益乘数三个因素，采用连环替代法予以分析。近几年有关财务指标如下表所示（单位：万元）。

项目	2016 年年末	2017 年年末	2018 年年末	2017 年度	2018 年度
资产总额	6 480	6 520	6 980		
负债总额	4 080	3 720	3 780		
所有者权益总额	2 400	2 800	3 200		
营业收入				9 750	16 200
净利润				1 170	1 458

要求：
(1) 计算 2018 年年末的资产负债率，并据以判断公司是否实现了降杠杆目标。
(2) 计算 2017 年和 2018 年的净资产收益率（涉及的资产、负债、所有者权益均采用平均值计算)。

(3) 计算2017年和2018年的权益乘数(涉及的资产、负债、所有者权益均采用平均值计算)。

(4) 计算2018年与2017年净资产收益率之间的差额,采用连环替代法,计算权益乘数变化对净资产收益率变化的影响(涉及的资产、负债、所有者权益均采用平均值计算)。

【解析】本题考查杜邦分析法。

(1) 资产负债率=总负债/总资产,结果若小于55%,则实现了降杠杆目标,否则没实现。

(2) 净资产收益率=净利润/平均所有者权益。

(3) 权益乘数=平均资产总额/平均所有者权益。

(4) 连环替代法的思路分析:

基期净资产收益率=$A_0 \times B_0 \times C_0$ ①

替代营业净利率:净资产收益率=$A_1 \times B_0 \times C_0$ ②

替代总资产周转率:净资产收益率=$A_1 \times B_1 \times C_0$ ③

替代权益乘数:净资产收益率=$A_1 \times B_1 \times C_1$ ④

②-①表示营业净利率对净资产收益率的影响;

③-②表示总资产周转率对净资产收益率的影响;

④-③表示权益乘数对净资产收益率的影响。

其中,A_0、B_0、C_0分别表示2017年的营业净利率、总资产周转率、权益乘数;A_1、B_1、C_1分别表示2018年的营业净利率、总资产周转率、权益乘数。

【答案】

(1) 2018年年末的资产负债率=3 780/6 980×100%=54.15%。

由于目标是2018年年末将资产负债率控制在55%以内,所以实现了降杠杆目标。

(2) 2017年净资产收益率=1 170/[(2 400+2 800)/2]=45%;

2018年净资产收益率=1 458/[(2 800+3 200)/2]=48.6%。

(3) 2017年的权益乘数=[(6 480+6 520)/2]/[(2 400+2 800)/2]=2.5;

2018年的权益乘数=[(6 520+6 980)/2]/[(2 800+3 200)/2]=2.25。

(4) 2018年与2017年净资产收益率的差额=48.6%-45%=3.6%。

2018年营业净利率=1 458/16 200×100%=9%;

2018年总资产周转率=16 200/[(6 980+6 520)/2]=2.4。

2017年营业净利率=1 170/9 750×100%=12%;

2017年总资产周转率=9 750/[(6 480+6 520)/2]=1.5;

2017年净资产收益率=12%×1.5×2.5=45%。

替代营业净利率:净资产收益率=9%×1.5×2.5=33.75%;

替代总资产周转率:净资产收益率=9%×2.4×2.5=54%;

替代权益乘数:净资产收益率=9%×2.4×2.25=48.6%;

权益乘数变化对净资产收益率变化的影响=48.6%-54%=-5.4%。

（二）经济增加值法

项目	说明
计算公式	经济增加值（EVA）＝税后净营业利润－平均资本占用×加权平均资本成本 【提示】 （1）税后营业利润衡量的是企业经营盈利情况，计算时需调整会计科目； （2）平均资本占用反映的是企业持续投入的各种债务资本和股权资本； （3）加权平均资本成本反映的是企业各种资本的平均成本率。
意义	该指标为正，表明经营者在创造企业价值；指标为负，表明经营者在损毁企业价值
优点	经济增加值考虑了所有资本的成本，能够更加真实地反映企业的价值创造
缺点	（1）仅能衡量 1~3 年的价值创造情况，无法衡量长远发展； （2）该指标计算主要基于财务指标，无法综合评价； （3）不同行业、不同规模等的公司，其指标计算可能不统一，可比性较差； （4）如何计算该指标尚存在争议

通关文牒

▶ 很好懂 ▶

注意将经济增加值与第八章的剩余收益相区分。剩余收益针对的是部门业绩评价，使用的是息税前利润；而经济增加值针对的是整个企业，使用的是经过调整后的税后净营业利润。

趁热答题

|例 10-18・多选题（2023 年）| 关于经济增加值指标，下列表述正确的有（   ）。

A. 不同企业之间经济增加值指标的可比性较强
B. 考虑了股东投入资本的机会成本
C. 有助于实现企业经营决策与股东财富最大化目标一致
D. 能够衡量企业长期发展战略的价值创造

解析 本题考查经济增加值法。由于不同行业、不同规模、不同成长阶段等的公司，其会计调整项和加权平均资本成本各不相同，故该指标的可比性较差，选项 A 错误。经济增加值仅能衡量企业当期或预判未来 1~3 年的价值创造，无法衡量企业长远发展战略的价值创造，选项 D 错误。选项 BC 表述正确。

答案 BC

|例 10-19・单选题（2022 年）| 甲公司 2021 年的税后经营利润为 500 万元，平均债务资本为 1 000 万元，平均股权资本为 2 000 万元，加权平均资本成本为 10%，甲公司 2021 年的经济增加值为（   ）万元。

A. 5 000 　　　　B. 300　　　　C. 400　　　　D. 200

解析 本题考查经济增加值法。经济增加值＝税后净营业利润－平均资本占用×加权平均资本成本＝500－（1 000＋2 000）×10%＝200（万元）。选项 D 正确。

答案 D

考点加油站

- 财务分析与评价
  - 基本的财务报表分析
    - **考点1 偿债能力分析指标★★★**
      - 短期：营运资金、流动比率、速动比率、现金比率 —— 母子比率（除营运资金外）
      - 长期：资产负债率、权益乘数、产权比率、利息保障倍数 —— **权益乘数=1+产权比率＝1/(1-资产负债率)**
      - 其他因素（表外）：三项
    - **考点2 营运能力分析指标★★★**
      - ××周转率（次数）=营业收入或营业成本/××资产平均余额 —— **存货使用"营业成本"**
      - ××周转天数=计算期天数/××周转率 —— 同第七章"××周转期"
    - **考点3 盈利能力分析指标★★★**
      - 营业毛利率、营业净利率、总资产净利率、**净资产收益率（杜邦分析的核心）** —— 母子比率
    - **考点4 发展能力及现金流量分析指标★★**
      - 发展能力指标：×增长额/××以上年数 —— **特殊：资本保值增值率=(期初所有者权益+本期净利润)/期初所有者权益**
      - 现金流量指标：营业现金比率、净收益营运指数、现金营运指数等
  - 上市公司财务分析
    - **考点5 上市公司特殊财务分析指标★★★**
      - 每股收益=属于普通股的净利润/期末加权平均股数
        - 基本每股收益：分母注意考虑时间权重
        - 稀释每股收益：可转债、认股权证、股份期权
      - 每股股利=现金股利总额/期末发行在外的普通股股数 ⇢ **股利发放率=每股股利/每股收益**
      - 市盈率=每股市价/每股收益 —— 越高，投资价值和风险越大
      - 市净率=每股市价/每股净资产（不用加权） —— 越低，投资价值越大
      - 每股净资产——分母无需加权，直接取期末发行在外股数 —— **与每股收益相区别，每股收益分母需考虑加权**
  - 财务评价与考核
    - **考点6 利用不同方法分析企业综合绩效★★**
      - 杜邦分析法——权益净利率（ROE） —— 注意结合因素分析法分析 **ROE=营业净利率×总资产周转率×权益乘数**
      - 经济增加值法——经济增加值（EVA） —— **EVA=税后净营业利润-平均资本占用×加权平均资本成本**

100%

寄语